润心养性 启智立德

浦东新区北蔡学区以『思政一体化』为导向的实践探索

史炯华 / 主编

上海社会科学院出版社
SHANGHAI ACADEMY OF SOCIAL SCIENCES PRESS

序　言

　　十年树木,百年树人,立德树人是教育的根本任务。近年来,在习近平总书记关于教育的重要论述,特别是关于学校思想政治工作的系列重要讲话精神指引下,学校思想政治教育改革不断向纵深推进,展现出全新的气象。新时代学校思想政治教育改革立足思想政治教育规律、教书育人规律和学生成长规律,突出系统思维和统筹推进,从加强思政课建设到实施"课程思政",从开展"大思政课"改革试点到推进"思政课一体化",努力将学校和全社会的思政教育力量和资源整合起来,协同发力,共同促进青少年成长和成才。

　　在这一背景下,在浦东新区教育综合改革中,北蔡学区以"生活元素融入学区思政课一体化的探索与实践研究"为题,申报了上海市教育科学研究项目。

　　思政教育改革是一项艰巨而复杂的工程。就推进"思政一体化"而言,改革难题主要不在于正确理解和把握这一重要理念,而在于如何使各相关课程教师切实理解"思想政治教育"深刻而丰富的内涵,并在课堂教学中得心应手地运用;在于如何通过有效的教学组织,使各门课程实现同向同行,形成合力;在于如何针对不同学段及年级学生的特点,使思政教育真正做到"循序渐进、螺旋上升",等等。围绕这些难题,北蔡学区思政一体化项目团队进行了深入且富有成效的探索。我们面前的这本《润心养性　启智立德——浦东新区北蔡学区以"思政一体化"为导向的实践探索》,则是这一教学改革实践的阶段性成果。纵观全书,该成果具有以下几个重要特点:

　　第一,鲜明的实践性。在北蔡学区和各学校范围内总体上实现了"思政一体化"从改革理念到教学实践的根本转化。近年来,关于"思政一体化"的各层面的研讨有很多,形成了许多重要的理念或思想观点,而实践层面的推进仍处于少量实验演示阶段,但是,好的理念终究要付诸教学实践才能真正发挥育人作用。北蔡学区团队的"思政一体化"已经在学区各学校的教学实践中全面展开,既有从小学到初中各年级的纵向一体化,也有从思政课到语文课、历史课等课程的横向一体化。从成果呈现来看,内容丰富,形式多样,有课程设计、课堂实录、教学心得,等等,十分鲜活、生动、精彩,为我们展现了一幅"思政一体化"教学实践的全景图。

　　第二,突出的针对性。以"生活"作为"思政一体化"的切入点和突破口,使思政教育具体化、形象化和生动化。从本质上说,思政教育是关于人的世界观、人生观和价值观的教育,实践中则要防止将这样的世界观和方法论教育变成抽象的说教,从而导致脱离学生成长的思想实际。为化解这一难题,北蔡学区团队将思政教育创造性地融入学生日常的生活经历或经验之中。在这里,"思政教育"既是德育课程中关于学生思想和心理成长的交流和讨论,也是语文课中对某一词语所体现的文化背景的认知,还可以是历史课上对某一历史事件或人物正确评价的思想方法,等等。总之,将思政教育融入学生的各门课程之中,体现于校园生活的时时处处。

第三,较强的理论性。基于实践探索对"思政一体化"进行了一定的理论思考,将实践经验上升为一种规律性认识。本书的作者大多是一线教师或基层管理者,他们基于自身实践,围绕"生活元素融入学区思政课一体化的探索与实践研究"这一主题和任务,对具体的教学理念、方法和教师的教学能力提升等方面进行了深入思考。这些思考可能不一定十分成熟,"思政一体化"毕竟是新生事物,没有现成经验可循,因此一线教师在亲身实践的基础上进行提炼和总结就显得十分重要。相对专家学者关于这一主题进行的学理性研究来说,这些经验总结有其独特的参考价值。

综上所述,北蔡学区的这一教学改革项目已经走在了很多思政同行的前列,因此,本书的出版对于当前正在广泛而深入开展的"思政一体化"改革探索来说,无疑具有重要意义。

是为序。

董金明

上海海事大学马克思主义学院党委书记、教授
上海学校思想政治理论课"教学名师"
2023 年 12 月 16 日

导论

润心养性，启智立德：我们的思考和实践

上海市北蔡中学　史炯华

一、题解："润心养性，启智立德"的含义

"润心"一词，虽尚未入"典"，但已经在社会上广为流传。从我们接触到的文本看，用法虽各不相同，但根据这个词的使用语境，一般可解释为"像及时雨一样润泽心灵，惬人心意"。在为本书取名时，这一解释所凸显的"及时雨""润泽心灵"的解释引起我们关注。

2019年3月18日，习近平总书记在"学校思想政治理论课教师座谈会"上明确指出："思想政治理论课是落实立德树人根本任务的关键课程。青少年阶段是人生的'拔节孕穗期'，最需要精心引导和栽培。""在大中小学循序渐进、螺旋上升地开设思想政治理论课非常必要，是培养一代又一代社会主义建设者和接班人的重要保障。"2019年8月，中共中央办公厅、国务院办公厅联合印发了《关于深化新时代学校思想政治理论课改革创新的若干意见》，明确了改革的目标及工作原则，并从"课程建设""师资培养""工作方法""基本保障"等各个方面作了具体部署。2020年，中共中央宣传部、教育部联合印发《新时代学校思想政治理论课改革创新实施方案》，进一步从"课程目标""课程内容""课程体系""组织保障"等方面做了具体细致的规定。至此，"大中小思政课一体化"的理念开始正式进入各级学校、进入课堂，逐步推向高潮。

我们感到，习近平总书记和中央的这一系列部署，对于正在深入思考如何深化教育改革，更好履行"立德树人"使命的教师们而言，就是一场"及时雨"——润泽我们心灵、启迪我们思维，对推动教育教学改革的全面深入，具有及时而深远的影响。

以"润心养性，启智立德"为本书的书名，就是体现了这一段时间里，我们的思考和实践。

"养性"的"性"指的是"德性"。我们认为，对义务教育阶段学校来讲，思想政治教育的根

本任务可以用"启迪德知、练就德行、养成德性"十二字概括。[①]

这里的"德知",狭义地讲,是指作为一个"人"所应该知道的行为准则和道德知识;广义地讲,不仅包括"狭义"的理解,还包括养成具有美德和善心的人性所必需的全部知识基础。我们知道,"德知"有显性和隐性两种表现形式。如果说日常对学生实施的直接的政治思想教育,如道德教育、公民教育等属于显性"德知"的话,那么,与"课程是学生在校全部经历的综合"的认识类似,学生在校期间学习的所有课程、参与的所有活动,不仅学习知识和技能,也必然会涉及隐藏在其背后的价值观等"思政元素"。我们以为,"德知"最好的方法是"启迪",因为"德知"不仅仅存在于显性的德育过程中,更多的是蕴藏在学生在学校所接触的所有经验中。我们不仅要通过显性的方式有效适度地"灌输",更需要通过开导、启发等方法,将其与学生日常学习、活动有机融合,使学生有所领悟,在领悟中理解并接受,得到"启迪",成为他们"养成德性"的重要依托和内容。

这里的"德行",是作为一个"人"必须具备的行为举止,是"德性"的外在表现。"德行",重在"行",它是通过人的行为表现出来的人的内在禀赋、气质等的综合表现。与"德知"相比,由于以"付诸行动"为特点,因此,虽然它也需要讲清"为什么这样做""怎样才能做好"的道理,但更为重要的是遵循"行为习惯养成"的规律,在初步了解基本原理和要领的基础上,通过模仿、践行、体验、强化等一系列反复循环的过程,逐步成为个人稳定的行为习惯。这个过程,用"练就"来描述,自然十分恰当。

这里的"德性",是"个体在道德活动中表现出来的思想与行为的优秀特质、品格,具有稳定一贯的特点"。作为一个"人"所应该具备的内在特质和外在表现的统一,它是道德品行的最高境界,是人们修养的最高追求。毫无疑问,"德性"的养成,是一个人终身的事情。在学校,特别是从事"人之初"为主教育的义务教育学校,至多只能是打好良好"德性"的基础,初步达到"有理想、有本领、有担当"的教育目标。有了这个基础,才能让学生们在未来发展得更好。

总之,"德性"是核心,"德知"和"德行"是它的两大支柱。基础教育虽然不可能涵盖一个人未来发展的全部,但是,打好"德知""德行""德性"的基础,应该成为学校教育尤其是中小学教育的最基本的目标和任务,也是我们落实"立德树人"根本目标的标志。

至于"启智立德",这本来就是义务教育学校义不容辞的责任。最新颁布的《义务教育课程方案和课程标准(2022年版)》归之为"有理想、有能力、有担当"等九个字的基本要求。就是对"启智立德"这一要求的集中表达。

由此可见,"润心养性,启智立德",不仅反映了我们对"思政课一体化"的理解,更体现了

[①] 本段论述,我们参考了上海社会科学院出版社2009年4月出版的《学校德育课程化探索——学校德育课程化区域性推进》的相关论述(第12—20页)。同时,也参考了近年来浦东有关教育科研成果。在引入本书时,根据时代变化和我们的理解,做了一些必要的修改,出处不一一罗列,在此对被引用者表示感谢。

我们的追求和对实现路径的思考。

二、行动:北蔡学区推进"思政课一体化"概述

本书中使用的"学区"概念,是指按照上海市教委、浦东新区教育局有关推进义务教育"优质均衡发展"的要求,由同一街镇义务教育阶段学校组建的办学联合体。

浦东新区北蔡学区,是由地处北蔡镇区域内的七所义务教育阶段学校——上海市北蔡中学、上海市新云台中学、上海市绿川学校、北蔡镇中心小学、上海市浦东新区育童小学、上海市浦东新区莲溪小学、上海市浦东新区御桥小学——于2016年正式组建的。组建以来,遵循"学区章程"和"学区规划",成员之间联系紧密,学区发展蒸蒸日上,多次受到表彰奖励。

2019年,上海市教育委员会提出"推进本市紧密型学区和集团建设"的要求,浦东新区教育局也做了相应的部署。根据这些要求,北蔡学区于2020年正式申报"创建紧密型学区"。经反复论证,学区确定以"大中小思政课一体化"作为"创建紧密型学区"的重要抓手之一。这一设想一经提出,即受到教育局领导的重视和支持。2020年底,在部署并落实浦东新区"大中小思政课教育一体化建设"试点工作时,北蔡学区被列为两个区级"试点学区"之一。

被确定为"区级试点学区"之后,在学区领衔学校北蔡中学的组织下,各成员校开展了一系列学习、研究和初步设计活动。

上海市北蔡中学具有近八十年的办学历史,是区域内有一定声望的初级中学。从2014年起,北蔡中学聚焦"生活"与"学校课程建设",以"面向生活构建普通初中微观课程结构的探索""关注学生,聚焦资源,优化普通初中微观课程结构的实践研究"为主题,展开了先后连贯、逐步提升的教育科研课题研究。两个课题聚焦当前学校课程远离生活的问题,紧扣"面向生活""基于学情""学校课程结构"等关键词,以"为每一位学生提供适合的优质教育"为出发点和归宿点,全面提升了学校教育教学品质和办学质量,也为"以课题推进发展"积累了经验。

近年来,随着教育改革的深入,人们对于"教育脱离生活"所带来的后果的认识越来越深刻,重构教育与生活的关系,成为教育改革的一个重要趋势,也成为近年来的热点之一。北蔡中学八年来以"面向生活"为主题展开的探索,给我们的启发是:当我们推进和落实"思政课一体化"时,引进生活元素不仅有助于优化教学,促进师生发展,而且还有可能带动学区全学段的课程教学改革的展开和深化。

我们重新深入学习有关文件,进一步明确目标、优化整体设计。为了更好地推进,我们以北蔡学区的名义先后申报了"浦东新区教育科研区级课题"和"上海市教育科学研究一般项目"。

2021年3—4月,作为"热身"行动,在教育局、教发院的支持鼓励下,我们以"引进生活

元素,促进学区思政一体化课程有效实施的研究"为题,正式申报区级教育科研课题,开始了早期的研究准备。

2021年5—6月,"上海市教育科学研究项目"申报启动,在区教育局、教发院有关领导和专家的鼓励下,我们组织专人对有关研究思路和方案进行了反复协商、修改完善,最终确定以"生活元素融入学区思政课一体化的探索与实践研究"为题,正式提出申报。

2021年9—10月间,当先后确认区级课题和市级课题均被批准立项之后,我们专门召开了学区治理委员会会议,对如何有效推进课题开展,作了专题讨论,细化相关方案,作出了安排和部署。

2021年11月起,我们按计划从"组织动员""文献检索""现状调查""目标细化""人员落实"等多方面展开工作。12月,在区教科研部门的支持下,区级课题正式开题。2022年寒假,我们又开始了市级的课题准备,尽管受到突如其来的疫情干扰,但还是按照预定计划,于3月24日正式开题。

2022年4月起,我们围绕区、市两级课题开展实践研究活动。

5月12日下午,由浦东新区初中教育中心主办、北蔡学区承办的主题为"挖掘学科德育元素,探索学区思政一体化有效路径"的线上区级展示活动成功举办。活动选取了语文、历史、道德与法治、音乐等学科,围绕学科德育,聚焦学科教学与思政教育的关系,探讨九年义务教育阶段思政教育一体化的课程教学设计与实施策略。

10月,学区各成员校的课题组成员及部分道德与法治学科的教师在北蔡中学北中路校区进行了主题为"基于学情、直面需求、源于生活、促进成长"的课题研讨活动。

11月,北蔡中学"近思书院"的45名青年教师面向全学区开展了为期两周,主题为"核心素养为引领,学科德育立课魂"的教学展示活动。

同月,我们组织学区各学校的教师参与了2022年浦东新区中小学"学科德育精品课程"征集活动,并组织了主题为"引入生活元素,培养学生核心素养,探索实践思政课情境教学"学区中学场的教学展示活动。

2023年4月18日,在北蔡镇中心小学举办了主题为"优化教学设计,创设生活化教学情境"的教学展示与研讨活动。

2023年6月,我们对两个课题实施以来取得的成果进行了收集整理,为进一步深化做了铺垫和准备。

三、收获:北蔡学区推进"思政课一体化"的初步成果

(一)我们的认识:核心概念的界定与论证

两个课题尽管名称和研究方向有所差异,但所涉及的核心概念基本一致。主要涉及以

下三组概念:

1."思政课"及相应的概念

"思政课"的全称是"学校思想政治理论课"。这是我国大中小学都要开设的一门课程,只不过在不同的学段有不同的称呼。在义务教育阶段,指的是道德与法治课(简称"道法课")。北蔡学区的成员都是义务教育阶段学校,因此,本书所说的"思政课""道法课"等,若无专门说明,即特指"道德与法治"课。

还需要说明的是"课"这一概念。一般理解为"课堂教学",即作为"教学的时间单位"来考虑的,也就是在相对固定的时间段和场所,以"教与学"为基本形式的活动。因为思政(道法)课内容和形式的特殊性,特别是"生活元素"融入所带来的新要求,所以这里的"课"不仅仅是"教学的时间单位",也包含了与"思政课程"相关的其他方面的内容,应该是"课堂教学"和"课程设计与实施"的有机融合。

2."生活元素"及相关概念

如前所述,近年来,随着教育改革的深入,人们对于教育脱离生活所带来的后果的认识越来越深刻,重构教育与生活的关系,成为教育改革的一个重要趋势,是近年来教育研究的一个热点。

在课题申报时,我们曾在"中国知网"等网站,以"思想政治教育生活化"为关键词检索,获得的文献数量达 600 篇;以"生活元素"为关键词,居然有 2 500 篇之多。我们注意到这 2 500 篇文稿标题,几乎都以"某某学科课程生活化"形式出现,由此可见,将"生活元素"引进课程教学,早有人关注。

我们这里所说的"生活元素",包含了"生活""生活经验""生活资源"等一组相互联系又有所区别的概念。

人们习惯于把人的各种活动称为"生活"。狭义的生活,是指人在生存期间为了维持生存和繁衍所必需从事的不可或缺的生计活动,它的基本内容即为衣、食、住、行;广义的生活,则是指人的各种活动,包括日常生活行动、工作、休闲、社交等职业生活、个人生活、家庭生活和社会生活。人生活在世界中,交往、劳作、意义、价值、理想、历史、语言等构成人类生活的基本要素。

"生活经验",在本课题中特指义务教育阶段学生在与其年龄特征相适应的生活领域所获得的经验。这些经验具有日常性、综合性、具身性、多样性、情境性、进程性等特点。它们随着学生知识积累、自我意识觉醒、综合能力提升的成长过程而逐渐丰富、趋向成熟。毋庸讳言,学校的责任,就是要遵循"立德树人"的根本育人目标,顺应孩子们这种"慢慢长大"的过程,为他们的终身发展奠定扎实的基础。毫无疑问,思政(道法)课在这个过程中具有举足轻重的作用。

"生活资源"则是能够给学生带来"生活经验"的各种资源的综合,对于义务教育阶段的学生来讲,就是他们"每天看到、听到、感受到的各种现象、信息"。引导孩子们学会关注生活,用活用好身边的生活资源,提升自己的素养,养成良好习惯,不但是思政(道法)课的应有之义,而且有助于他们养成终身发展必需的好习惯。

我们倡导"融入",就是要寻觅合适的路径和方法,实现"生活元素"与思政(道法)课有机、润物细无声的"联结",使它们融为一体,为"立德树人"目标的实现打好基础。

因此,在本书中,我们对"生活元素"作如下界定:

> 按照"源于生活、面向生活、回归生活"的思路,将学生每天看到、听到、感受到的各种现象、信息,采用与学生年龄特征相适应的方式,引进"思政课堂",引导学生学会"用活用好身边生活资源",掌握基本原理,实现"纵向各学段层层递进、横向各课程密切配合、必修课选修课相互协调"的目标,落实"中小学思政一体化",切实提高学生思想认识。

3. "学区思政课一体化"的概念及其研究价值

以"学区"为单位研究"思政课一体化",旨在"聚焦小学、初中等义务教育全学段,有助于从'九年一贯'的站位,观察、探索和研究,提炼义务教育全学段'一体化'发展的特点和规律"。

我国实行的是九年义务教育制。从小学到初中共九年构成的义务教育是基础教育的"大头"。但在现阶段,除少数"九年一贯制"学校之外,大部分学校初中和小学是分设的。这一体制,固然有历史和现实的原因,也有其合理性和必然性。但是,在某种程度上,使得小学和初中之间形成了一定的"隔阂"。当我们推进"思政(道法)课一体化"时,如何弥合这一"隔阂",成为必须面对的问题。

以"学区"这一"超然"中小学学校个体,又有完整的九年义务教育阶段学生群体的单位为载体展开研究和探索,对于践行好"义务教育阶段思政课一体化"这一理念,是有其价值的。

我们注意到,这或许是当前"一体化"研究的一个盲区。我们曾在"中国知网"等网站,以"义务教育全学段的思政一体化""学区与思政一体化"为关键词检索,获得的文稿不足100篇,其中"学区与思政一体化"仅2篇。可见,这一课题还有较大的探索研究空间。

立项以后,我们在学区层面,以抽样方式从初中和小学各选了一个学校,借助"道法教研活动"时间,对思政(道法)课现状和存在的问题做了一次调查。从两份简要的座谈记录中我们发现:尽管初中和小学遇到问题各有不同,但是"以讲授为主,学生主体意识不足,课堂上束手束脚""如何利用校园、家庭、社区等大课堂空间,使学生能将课本知识与生活实践融合"等,是共性的问题。由此可见,"学区思政课一体化"研究有其必然性和紧迫性。

聚焦于"生活"与"思政教育课一体化"有机联结的视角,以"学区"为载体展开研究,为优化大中小学思政课程发展生态,推动思政课资源在中小学之间有序流动、多维共建、协同共享提供了机会,有利于协同培育全面发展的合格人才。

(二)关于推进路径的探索和认识

方向确定之后,路径和方法成为主要的问题。我们注意到:

——有的研究者从课堂教学切入,试图从备课、上课等教学环节入手,提升思政课的品位,优化教学各要素,落实"一体化"的要求;

——有的研究者试图从教师层面入手,通过师资培训、集体备课等环节,为教师提供尽可能多的"素材",从"用足用好资源"的视角,落实"一体化"的要求;

——有的研究者则将目光转向"校外",试图通过优化和增加社会考察和社会实践,引进项目化学习、跨学科学习等路径,优化"思政一体化"的效果。

……

所有这些尝试和经验,值得我们借鉴和模仿。

特别值得一提的是,与我们同为浦东"学区试点"的张江学区,通过实践总结出了"一条主线、两个维度、三个圆圈、四大板块"的经验和做法,给了我们很大启示。[1]但是,我们觉得并没有能从根本上解决问题。

如前所述,我们将关注的重心放在"生活元素"的融入上。之所以这样考虑,除了上面在谈及"核心概念"时,对相关主题的界定之外,还有两个渊源。

其一是北蔡中学近八年来"课题促进发展"的成功经验[2]。

前面我们提到,北蔡中学从2014年起,聚焦"生活"与"学校课程建设"关系的主线,展开了先后连贯、逐步提升的教育科研课题研究。两个课题聚焦当前学校课程远离生活的问题,紧扣"面向生活""基于学情""学校课程结构"等关键词,以"为每一位学生提供适合的优质教育"为出发点和归宿,全面提升了学校教育的教学品质和办学质量,也为以"课题推进发展"积累了经验。

北蔡中学八年来紧扣"面向生活"的成功经验,给我们带来了启发:推进和落实"思政课一体化"时引进"生活元素",不但有助于完成课题,而且有助于优化教学,促进师生发展,带动学区全学段的课程教学改革。

其二是来自专家的提醒和指点。

在课题论证和设计过程中,有专家建议,既然是"融入生活元素",是否应特别关注、借鉴当代哲学界对"生活"研究的新成果。专家特别推荐了赵汀阳等当代哲学家有关这一方面的专著,希望能从"现实的生活""可能的生活"等成果的讨论中,发现课题研究的新视角。

---

[1] 《扎实推进"思政一体化":来自张江学区的报告》(2022.11)(内部资料)。
[2] 朱海兰.在这里我们,与最好的自己相遇[M].上海:文汇出版社,2021.

我们选读了有关文献,结合义务教育,我们意识到:义务教育的学校培养的是未来的一代,不仅要让孩子们关心"现实的生活",更应引导他们关心"可能的生活",从而从小立志,去创造美好新生活!

综合专家的建议、文献的研读和我们的思考,从学生的视角,我们对"生活"做了必要的细分和拓展。

——实际的生活:每天看到、听到、感受到的现象、信息的综合。它的特点是:平常、细微、平庸,或熟视无睹,或不被重视。对此,我们应该做的是:诱导关注、尝试选择、聚焦放大。

——感悟的生活:在对自己或他人生活经历的回味、体验、反思中,感受到得失与价值。它的特点是:类似"一石落水激起涟漪"带来的无穷回味,人们在判断、思考中领悟。对此,我们应该做的是:挑起"争议",适度点拨,澄清价值,提升认识,激发新的欲望。

——尝试的生活:人们基于新的认识和追求,形成"生活应该是怎样"的设计,通过实践去"证实"或"证伪",获得将理想变为现实的经验,从而能更好地走向新生活。它的特点是:基于设想,愿意多方位尝试,主动再提升。我们要做的是:尊重学生、注重激励、适当交流。

基于以上三个方面的深度思考,我们对北蔡中学八年研究中形成的"源自生活""直面生活""回归生活"的理念和做法重新做了解释,并以此作为课题推进的抓手,推进"生活元素融入思政课一体化"的实践与探索。

于是形成了本书目前的架构,也是本课题推进的经验——

▲源自生活引活水——这是从"设计"角度的考量,注意关注"现实的生活","从生活中寻觅素材",有机融合进教育教学的全过程,为学生打开"生活之窗",学会感受生活。

▲初步体验学方法——这是从"实施"角度的考量,以触发"感悟的生活"为导向,"引导学生尝试运用所学分析生活中的真实问题",在这个过程中,学会思考生活,从中领悟生活的真谛。

▲融入生活促践行——这是从"尝试的生活"的视角来考量,毕竟,学校的生活、学生的生活,只是学生们未来生活的"预演",我们需要鼓励学生在实践、探索中走向社会,实现"有理想、有能力、有担当"的目标,成为栋梁之材。

四、本书的编辑及内容梳理

本书的缘起,是在市、区两个课题正式推进过程中,初步形成基本思路之后。毫无疑问,作为以"思政课一体化"为主题的课题和项目,首先应该以道法(思政)课作为主体。但是,我们意识到,从"润心养性,启智立德"的视角和站位来看,仅仅局限于思政(道法)课,影响面和作用都是有限的。

习近平总书记 2016 年在全国高校思想政治工作会议上,谈及"高校思政工作"时曾提到:"要遵循思想政治工作规律,遵循教书育人规律,遵循学生成长规律,不断提高工作能力和水平。要用好课堂教学这个主渠道,思想政治理论课要坚持在改进中加强,提升思想政治教育亲和力和针对性,满足学生成长发展需求和期待,其他各门课都要守好一段渠、种好责任田,使各类课程与思想政治理论课同向同行,形成协同效应。"①这段话尽管是针对高校而言的,但对我们也很有启发。

我们倡导"融入生活",若离开了学生在学期间天天接触的"学科课程""主题活动""社会实践"以及在学校的点点滴滴,"生活"就会被架空——只有有机融合,才有可能"形成协同效应",从根本上实现"大中小思政课教育一体化"的目标。

因此,在推进中,我们不仅要求思政(道法)课,也要求所有学科教师、班主任等从各自的领域特点出发,从"润心养性"的视角,引进"生活元素",开辟"启智立德"的新局面。

为鼓励全体教师关注和投入本书编辑过程中,我们也向全体教师征集稿件。截至截稿日,共收到各种来稿53篇。其中思政(道法)课教师的来稿约占32%,其他学科教师的占68%,我们按照"三大板块"进行了整理。

当然,市、区两个课题还在进行中,目前的成果只是初步的,算是"抛砖引玉",我们期待在以后的研究中有更多的收获。

---

① 习近平在全国高校思想政治工作会议上发表重要讲话,新华社北京12月8日电。

目 录

序言 …………………………………… 上海海事大学马克思主义学院 董金明 001
导论 润心养性,启智立德:我们的思考和实践………… 上海市北蔡中学 史炯华 001

第一辑 源自生活引活水

1 运用生活资源开展道德与法治教学的实践思考……… 上海市绿川学校 康建军 003
2 小学低年级语文教学落实立德树人之我见………… 北蔡镇中心小学 陈 华 009
3 《大家的"朋友"》教学设计………………… 北蔡镇中心小学 吴斯娇 014
4 《买东西的学问》(第一课时)教学设计……… 上海市浦东新区育童小学 刘宁舒 023
5 《让友谊之树常青》教学设计………………… 上海市新云台中学 孙 婷 029
6 初中道德与法治课面向生活化教学的策略
　　——以《正视发展挑战》一课为例………… 上海市北蔡中学 邱 岚 033
7 立足生活本位,还原教材情境,创课堂之精彩
　　——以《别伤着自己》活动为例……… 上海市浦东新区莲溪小学 王逸雯 038
8 小学道德与法治生活化教学策略探讨
　　——以《公共生活需要秩序》为例…… 上海市浦东新区育童小学 姚琼露 041
9 小学数学课堂教学中实施德育的实践探索
　　——以《年、月、日》为例………………… 北蔡镇中心小学 钟慧琳 046
10 美育融入小学信息科技课堂教学的课例研究
　　——以《制作电子相册》为例………………… 上海市绿川学校 杜 俊 051
11 《七巧板》教学实录与反思……………… 上海市浦东新区御桥小学 杨燕丽 057
12 保护学生探索欲,迸发B1"小宇宙"
　　——莲溪小学建班育德活动分享……… 上海市浦东新区莲溪小学 周佳逸 062

第二辑 初步体验学方法

1 初中音乐学科育德实践研究
　　——基于"情境体验"教学策略………………… 上海市北蔡中学 史炯华 069
2 教学有方法 课堂有温度………………………… 上海市北蔡中学 葛筱宁 077

3　小学语文教学中的德育策略运用与研究……　上海市浦东新区莲溪小学　张敏燕　085
4　指向小学道德与法治学科规则教育的项目化学习实践探索
　　………………………………………………………　北蔡镇中心小学　吴斯娇　091
5　浅谈部编初中道德与法治教学设计的有效性
　　——以《创新永无止境》一课为例…………　上海市建平实验地杰中学　强语晴　096
6　关于小学语文学科与德育教育融合的思考和实践
　　——以习作《中国的历史文化遗产》为例……　上海市浦东新区御桥小学　张　婷　104
7　家国情怀在初中历史课堂教学中的应用策略
　　——以《清朝君主专制的强化》为例…………………　上海市绿川学校　张晓芸　108
8　聚焦单元整体教学，探寻小学英语学科育人价值
　　………………………………………………　上海市浦东新区御桥小学　卫丽红　114

第三辑　融入生活促践行

1　推进思政一体化　多维育人润芳华
　　——上海市新云台中学思政一体化工作阶段性总结…　上海市新云台中学　高　林　121
2　"五育"融合　一体建设
　　——探究新时代背景下小学道德与法治一体化建设策略
　　………………………………………………　上海市浦东新区御桥小学　滕晓妍　128
3　小学与初中思政课教学的异同及衔接分析…………　上海市北蔡中学　方　颖　133
4　优化教学设计　创设生活化教学情境的实践研究……　北蔡镇中心小学　许利华　139
5　引进生活元素，优化课堂教学
　　——以《深深浅浅话友谊》教学设计为例………………　上海市北蔡中学　王雪晶　145
6　关于新媒体背景下搭建思想政治教育话语框架的思索
　　——以初中道德与法治学科教学为例………　上海市建平实验地杰中学　杨　澜　153
7　道德与法治学科促进学生学习主观能动性提升的实践探析
　　………………………………………………………　北蔡镇中心小学　厉雯卿　157
8　挖掘学科特点，融合德育特色，提升小学生英语学习综合素养
　　………………………………………………………　北蔡镇中心小学　黄踏程　163
9　课程思政理念下初中体育教学中德育价值的探究……　上海市北蔡中学　卫骏超　169
10　整体语言教学视域下的初中英语主题式写作复习教学
　　………………………………………………………　上海市新云台中学　倪凤英　176
11　寻找丢失的课堂
　　——家庭教育指导案例………………………………　上海市北蔡中学　李祎祎　185
12　思政教育一体化背景下的小学道德与法治教学的创新策略
　　………………………………………………………　上海市绿川学校　陆非儿　190

第一辑　源自生活引活水

1　运用生活资源开展道德与法治教学的实践思考

上海市绿川学校　康建军

　　思政一体化设计需要我们挖掘并整合各类教育资源,尤其是贴近学生生活的教育资源。在道德与法治教学实践中,更需要我们思考怎样把学生鲜活的生活资源转化为重要的教学资源,以此来落实道德与法治学科的核心素养。

一、问题分析

　　小学道德与法治课程目标强调,要调动学生已有的经验,通过自身的观察和反思进行活动,在自主参与和体验中,培养本学科的核心素养,提升学生道德思想水平与法治生活能力。

（一）内涵理解不到位

　　有的老师对生活资源的理解有偏差,一味地把精力放在堆砌教学案例上,并未关注所取素材与教学内容的关系,也不去引导学生开展对所用资源的思考,因此脱离学生生活实际。比如《班级生活有规则》的教学设计,通过日常校园生活中的小游戏来引出"规则"的概念,但如果我们没有充分引导学生去讨论"什么样的规则是合理的"以及"大家一起来制定班级规则"两个重要的环节,那只能是匆匆走完流程,学生没有足够的时间去自主思考,从而不能辩证地制定出适合本班的班级规则。

（二）资源利用不贴切

　　我们的课堂更应注重将生活资源和学科知识有机融合。有时,我们选取的教学资源比较简单,没有经过提炼,使教学成为一个只是简单复述的过程,更谈不上引导学生情感的升华。有时,教学资源没有考虑到学生现有的知识储备而显得脱节。因此,我们有时虽然把生活资源带进了课堂,但也只是为了情境设置而设置情境,教学效果不明显。

（三）方法运用不恰当

　　虽然我们有时给学生讲述许多生动有趣的生活案例,却并未组织学生开展实践体验活动。学生对所学知识的理解和感悟只停留在课堂学习中,无法用道德来约束自己的日常生活。比如,一年级上册《快乐过新年》,教师为了让学生了解我国春节的传统习俗,设计了"剪窗花"的教学环节。但是,刚入一年级的小学生独立完成这一任务是有一定难度的,而且这一习俗存在地域性,我们要充分考虑学生生活的背景、生活的经验和认知的水平。

二、策略思考

其实,学生的生活资源类型多元,形式多样。在教学实践中,需要我们根据教学内容和学情,引用学生最真实的生活资源设计不同的教学活动,帮助他们解决最真实的生活难题,培养他们积极向上的生活态度。

(一) 征集生活资源,理解生活意义

《道德与法治》二年级上册《我们的节假日》单元中,以学生现实生活中的社会时间为线索,编排《假期有收获》《周末巧安排》《欢欢喜喜庆国庆》《团团圆圆过中秋》等内容,旨在引导学生学会有意义地度过闲暇时光,理解节假日的文化意义。我们以《周末巧安排》一课为例,在课堂教学活动设计时,引用学生生活中的真实资源,把学生在周末生活中所遇到的各种烦恼进行呈现,同时征集学生丰富多彩的周末生活,并将此贯穿课堂教学全过程。

【生活资源设计一】

时间:周日上午10时许。

地点:A同学的房间。

画面:A同学不愿起床,爸爸一直在叫他起床。

讨论:你会支持A同学吗?

思考:早睡早起的习惯你养成了吗? 你是怎样安排周末起床时间的?

根据道德与法治的教学内容与目标,我们要有意识地去征集学生的生活资源。在这一过程中,引导学生理解为什么要学会有计划、有目标地安排自己的生活。同时,帮助学生理解时间的意义和生命的色彩。通过课堂实践,引导学生树立规划时间的意识,使自己的生活变得更有条理。

【生活资源设计二】

时间:周六下午。

地点:B同学客厅。

画面:奶奶要带B同学去上英语兴趣班,但B同学不愿去。

讨论:你的周末时间是怎样安排的?

思考:你有类似的情况吗?你是怎样处理的?

征集学生真实的生活资源,直面学生周末生活的真实问题,在课堂教学中把问题串联并呈现出来,引导学生反思自己的周末生活。教师在帮助学生想办法的同时,要教导学生遇到问题时学会换位思考、积极沟通。在家长开放日活动上,家长深有感触:老师这样的教学设计,是对孩子自己已有周末生活的回望,也是为孩子周末生活的安排和问题处理提供有效的方法和清晰的指引。

(二)模拟生活情境,掌握生活技能

《道德与法治》二年级上册以"共有与共享,为公共生活奠基"为主题,编排《我们的班级》和《我们在公共场所》两个单元。以《我们小点儿声》为例,可以设计不同的生活场景,让学生在情境中学会如何控制说话的声音,这是尊重他人的具体表现,更是培养社会公德的具体实践。

【生活资源设计三】

时间:学校上课时。

地点:教室。

画面:做作业时,一男生使劲摇晃自己的椅子,发出刺耳的声音,并暗自高兴。

讨论:你能忍受这样的声音吗?为什么?

思考:你有这样的行为吗?通过模拟情境,引导学生学会主动劝一劝,在课堂上亲身做一做,学会轻轻移动桌椅,以免打扰他人,并交流自己的感受。

二年级学生习惯于以自我为中心,经常会忽略自身的行为对其他同学带来影响。通过模拟生活情境,培养学生公共意识和规则意识,需要教师以学校、家庭和社区,甚至是国家和世界为区域来架构教材,引导学生走进广阔的生活世界,认识和理解公共生活,学会主动承担生活的责任,从小养成遵守公共规则的良好习惯。

【生活资源设计四】

时间:放学后。

地点:地铁上。

画面:C同学拿着奶奶的手机刷抖音,声音开得很响,很投入的样子,而周围的人却投去了异样的目光。

讨论:你有这样的行为或看到过这样的现象吗?

思考:地铁属于公共场所,为什么需要小点声?当影响到其他人时,你会怎样做?

模拟学生生活中的情境,旨在引导学生建立遵守规则的生活意识和社会公共意识,从小培养举止文明有礼的良好公共习惯。从课堂到公共场所的模拟情境设计,丰富学生的生活内涵,"以我为中心"拓展生活的区域,扩展生活的视野,从而养成良好的生活品行。

(三)聚焦生活案例,体验生活情感

合理运用生活资源设计教学活动,不仅能够拓展学生的知识阅历与生活经验,也能帮助学生深入理解课程内容知识。我们在二年级上册第三单元《我们在公共场所》教学中,选取两个具有代表性的日常生活案例,以此引导学生反思自己的日常生活,从而养成良好的习惯,树立积极、向上、乐观的生活态度。

【生活资源设计五】

时间:课间。

地点:厕所。

画面:同学们在排队上厕所,有位面色难看的男同学想要插队先上,却引发同学们的争议。

讨论:你有这样的情况吗?

思考:如果遇到这样的紧急情况,究竟是坚持排队还是可以礼让为先?我们要养成排队上厕所的良好习惯,但也要有在规则中礼让的道德情怀,你会怎样做?

小学道德与法治的教学内容十分贴近学生的生活,尤其关注到学生的常态生活,包括吃、穿、住、行等日常活动,也涵盖家庭、学校、社区的日常活动,在《大家排好队》教学中把这些生活素材形成教学案例,是最鲜活的教学资源。

【生活资源设计六】

时间:午间。

地点:学校图书馆。

画面:同学们在图书馆看书,有两位女同学手里拿着书,大声聊天,有的同学做了提醒,有的同学表现出很反感。

讨论:这个场景你觉得熟悉吗?

思考:图书馆为什么要张贴"禁止大声喧哗"的提示语?哪些地方和我们的图书馆有着同样的要求?

我们在《我们小点儿声》教学设计中运用这样的生活案例,旨在让学生回到自己的生活情景中,通过对自己生活态度、生活习惯、生活方式的再认知与再实践,实现自身道德能力的再提升。

三、实施成效

对生活资源的挖掘、积累、选择与运用,既丰富了课堂教学,也使课堂教学凸显以学生为中心的教学理念,同时激发学生对生活的热爱之情,促使他们主动认识世界与探索世界。

(一)基于内容选择资源

根据教材内容,我们树立积累生活资源的意识。那么,如何在众多的生活资源中进行选择?我们在设计教学目标时要基于教材内容,做到自觉将教材内容与现实生活相融合,把现实生活与学生个体差异的特点相结合,制定出符合学生特点的教学设计。根据教材内容积极寻找与学生现实生活的共同点,并选择适合的生活资源融入课堂,引导学生在实际生活中理解和运用所学知识。

(二)基于目标运用资源

运用生活资源开展教学实践活动,充分调动小学课堂的气氛,也帮助学生集中注意力,从而让学生对学习保持积极的态度,对自己的生活建立坚定的信心和深厚的情感。在二年级上册《团团圆圆过中秋》教学中,我们将中秋佳节吃月饼的场景在课堂中还原。学生在课堂上再现和家人一起赏月吃月饼的场景,民俗传统、家国情怀、节日知识都得到了综合体现。

(三)基于成效评价资源

在教学中,场景的创设和情感的共鸣可以帮助学生从自己的角度思考问题,从他人的角度观察现象,从而帮助学生更快地了解社会,从小树立起责任感,并产生同理心,培养积极向上的生活态度。二年级上册《我们不乱扔》教学中,为帮助学生在学习后学会爱护环境,我们在课前创设一个"一团糟"的教室(让整个教室地面随处都可以看到垃圾)。当学生进入课堂之后,引导学生进行思考:"同学们,请问你们愿意一直生活在这样的环境中吗?"学生对干净的环境有了更为深刻的认知后,利用生活资源让学生对爱护环境产生情感共鸣——爱护环境的重要性。在这一过程中培养和锻炼学生的评判和比较能力,凸显生活资源的教育功能。

四、实践反思

利用生活资源开展道德与法治教学,创设更有趣、更富情境的课堂,让学生沉浸于课堂的学习之中,从各种生活资源中去感受现实生活所带来的丰富内涵。

（一）生活资源体现可学性

生活资源的可学性应体现在资源本身所寄寓的教育功能。在积累生活资源时，要考虑资源的内涵能否引发学生的共鸣与共情。《祖国的生日》是一篇对学生进行初步爱国主义教育的课文，帮助学生培养良好的社会适应能力，也包含法治教育、规则教育、传统文化等教育。教育的本质，就是将学生"摆渡"到社会生活中去。因此，我们引用的生活资源应发挥"摆渡"的作用。

（二）生活资源体现两难性

我们在教育方式、活动方式的选择上，要考虑如何为学生所喜欢、所接受，让他们在愉快的活动中去参与、去感悟、去体验。生活资源的两难性应体现出资源的实践功能，在两难的情境中培养学生思考与分析的能力，这也是符合学生成长的需求和发展的规律。积累、开发、整合优质的生活资源，旨在帮助学生在两难判断中树立向榜样、向优秀人物学习的意识，从而体现生活资源的教育价值，激发学生学习的兴趣。

（三）生活资源体现时代性

道德与法治课程的时代性主要体现在资源联结的时代性。全民抗疫的伟大胜利可作为五年级下册第三单元《百年追梦　振兴中华》的正面资料，引导学生感受祖国的强大，中国共产党的伟大。在《灿烂的中华文化》一课中，可以展示学生学习制作的蜡染、泥塑、书法等作品，甚至是新时代优秀人物的作品，学生在集思广益的过程中，能调动起探究的热情和表现的欲望，体现新时代学生的精神风貌。

2　小学低年级语文教学落实立德树人之我见

北蔡镇中心小学　陈　华

著名教育家叶圣陶先生曾经说过:"学语文,就是学做人。"语文课程既有明显的工具性,又有承担落实立德树人的时代使命。语文教学,就老师而言,既要教给学生语言文字的运用,又要引导学生在学习语言文字运用的过程中,逐步树立正确的世界观、人生观、价值观,体认和传承中华优秀传统文化、革命文化、社会主义先进文化,积淀深厚的文化底蕴,增强文化自信。就学生而言,不仅要学习语言文字这个工具,更要提升人文素养。因此,"教师要创造性地开展语文教学,充分发挥语文学科独特的育人功能"。

那么如何在低年级语文教学中进行多角度的德育渗透,起到春风化雨、润物无声的育人效果呢?

一、识字写字中渗透文化理念

识字、写字是阅读和写作的基础,是整个义务教育阶段的重要教学内容,更是低年级语文教学的重中之重。在识字教学中,不仅要教给学生识字方法——蒙学识字、儿歌识字、看图识字、象形字识字、形声字识字等,更要激发学生对识字的渴望。中国人识中国字,汉字是最好的中国文化,它记录着中华民族的文明史,是中华文化的"活化石"。

如学习《雷锋叔叔,你在哪里》一课的生字"冒"的书写时,学生很容易将这个字的上半部分写成"曰"。通过追溯字源,我们可以知道"冒"字的上半部分原来指的是脑袋上戴帽子,而下半部分是表示眼睛的"目"。

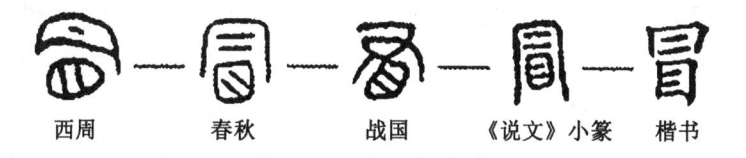

西周　春秋　战国　《说文》小篆　楷书

根据字形,引导学生发现:眼睛上面有一个横线是眉毛,眉毛上面的一条横线是发际线,再上面是戴的帽子,所以这两个部分都不能紧紧地长在帽子上。所以,书写时要注意:竖和横折,先把这个框摆好,接下来里边两个小横左边右边都不能挨上。

"留"跟"冒"一样是上宽下窄，书写时引导学生发现上半部分如果左右同宽就不好看了，所以"刀"的起笔要伸到左半格，撇也要进入左边的领地里边。这不是侵略，是互相谦让。互相谦让，字形才能美观，同样在集体生活中不能处处以"我"为中心，应多想想他人、集体的需要。汉字的书写指导，同样可以渗透品德修养的教育。

汉字是可爱的，它具有图画性和故事性。教师要让学生把所学的汉字与自己的所见、所感、所思融合起来，理解字义、品读汉字的内涵，把孩子的目光引向汉字来时的方向，增强他们对文字的崇敬。汉字的结构疏密、点画轻重、墨色浓淡、行笔缓急，包含着我国几千年来丰富的文化底蕴。

二、背景图画中提升审美素养

《义务教育语文课程标准（2022年版）》特别指出：要在语文学习过程中"涵养高雅情趣"，让学生"具备健康的审美意识和正确的审美观念"。语文课程的审美，首先是对语言作品的审美，也就是说，是以具体的语言作品作为审美对象。但表现美不一定要借助语言，也可以借助图画、音乐、舞蹈、建筑等这些非语言文字类的作品。

部编版的小学语文教材中几乎每篇课文都有一幅或几幅与文本内容相关的精美插图。小学生以形象思维为主，吸引孩子目光的是颜色、大小、形状等直观的外部特征，因而年级越低，教材中的插图也越多。

如《天地人》是一年级识字第一课，全课只有六个字，"天地人　你我他"，背景图画是现代画家傅抱石的国画作品《一望大江开》，寥寥几笔，画出广袤天地，两人立于其间，似在远眺，似在交流。教师一开始便出示课文插图并提出问题"你在这幅画中看到了什么？"引出"天地人"后，让学生在图画中摆一摆三个字的位置，让学生明白"人立于天地之间"，这样学生在个性化解读中领悟到了国画的魅力，从而揣摩其中的思想感情，在潜移默化中接受中国传统文化的熏陶。

《千人糕》一文，如果单纯地依靠文字进行讲解，学生很难梳理出制作米糕的繁杂流程。教材中的插图让学生很直观地感受到米糕制作的每一个环节、每一道工序，让学生感受到千人糕的制作需要许许多多的人的劳动，这不单单有助于让学生领会到要珍惜粮食、珍惜他人的劳动成果，也让学生明白只有共同努力、互相合作，才能使我们的国家、我们的社会更加美好。

学生审美素养的提升不仅仅潜藏在每篇文章的字里行间，也在每篇课文精美的插图中，教师要引导他们感受自然之美、文化之美、艺术之美、人性之美。审美不只是生命个体的事，一个民族、一个时代的审美能力影响着整个国家的社会风尚与精神风貌。

三、朗读感悟中激发情感认同

俗话说:"书读百遍,其义自见。"朗读是一个感悟的过程,在语文学习过程中,通过反复朗读,学生与文本发生"碰撞",产生思维的火花,感悟作品的情思美感。小学低年级语文课本中有许多美文,儿歌、古诗、童话,中国的、外国的,古代的、现代的……"有意思"和"有意义"兼具,在激发学生学习的同时,有助于学生的精神成长。

如教材中的国学经典《三字经》《弟子规》,以三字为一句,二句押韵。语言浅显易懂,读来朗朗上口,便于学生朗读与背诵。其中《三字经》的节选片段,让学生明白要不断进取、珍惜时间的道理。《弟子规》的节选片段,让学生懂得养成良好的行为习惯,做一名讲文明的学生。通过诵读这些经典,学生感受到传统文化的魅力,从而规范自己的行为,约束自己的行事,养成良好的行为习惯,提高自己的品德修养。

如学习了《四季》,学生通过诵读表演感受各个季节的美丽,激发出对大自然的热爱;学习《升国旗》,学生了解了国旗的知识和基本的升旗礼仪,知道升国旗是一种庄重的仪式,同时懂得要尊敬国旗、热爱国旗。学习了《吃水不忘挖井人》《朱德的扁担》《难忘的泼水节》,学生激发出对革命领袖的敬爱之情……

语文教学以读为本,在读中理解,在读中感悟。教材中所选的作品,不仅能让学生在朗读中体验到语言的节奏感、音韵美,领略语言文字之美,还能让学生感受文本的情思美感,为学生潜移默化地植入了精神营养,这种感受是心灵深处的,也是最长久、最深刻的。

四、语言运用中丰富情感体验

《义务教育语文课程标准(2022年版)》在第一学段的阅读教学要求中指出:"诵读儿歌、儿童诗和浅近的古诗,展开想象,获得初步的情感体验,感受语言的优美。"教师要创设积极的语言实践活动,建立语文学习、社会生活和学生经验间的关联,丰富学生的情感体验和精神世界。

如《吃水不忘挖井人》一文,学生通过学习课文知道了沙洲坝人民对毛主席心存感恩,立碑传世。其实在现实生活中,也有很多英雄在默默地为我们付出,尽管他们的名声并不显赫,但我们也要心怀感激,因而设计模仿表达:过桥不忘_____,吃菜不忘_____,穿衣不忘_____,不忘_____……学生在表达中,活化了语言,滋养了心灵,培养了感恩之情。

"口语交际"板块话题的选择和情境的设置,多源于学生的生活,强调学生在交际中需要注意的问题,对学生的日常生活具有较强的针对性和指导性。如《注意说话的语气》通过创设"走路时不小心将同学的书本撞倒在地上,向同学道歉"的情境,引导学生感受:"我不是故意的!"语气强烈而生硬,让听的人感觉不舒服;"我不是故意的。"有礼貌,态度诚恳,语言带有歉意。将语言学习融入学生的生活实践中,以学生的视角去体验、感受。在促进学生思维和语言能力发展的同时,培养学生做一个有礼貌、讲文明的孩子。

语文教学中,教师要设计灵活多样的语言实践活动,力争与生活实际相结合,使学生迅速地在实践体验中得到感悟,获取新知或检验已知,引导运用所学知识的同时,进行立德树人的教育。

五、亲子探究中接力文化传承

《义务教育语文课程标准(2022年版)》指出,在落实第一学段要求过程中,要"注重引导学生关注中华优秀传统文化在日常生活中的表现,初步感受中华传统文化的重要价值"。随着新课改的深入推进,学生的学习方式也突破了以往的课堂教学模式,获取知识的方式更加多元化了。教师可以利用亲子阵地,设计多种多样的语文综合性学习活动,把中华优秀传统文化的传承真正落到实处。

低年级语文教材中,与传统节日相关的课文不少。一年级的《春节童谣》就是与春节有关的小诗,描述春节时的节日习俗。课文《端午粽》从端午节时的吃食——粽子入手,介绍了粽子的种类和制作方法。二年级的韵文《传统节日》相继介绍了春节、元宵节、清明节、端午节、七夕节、中秋节、重阳节。然而,在日常生活中,学生对传统节日的认知仅仅停留在"春节收压岁钱,元宵节吃汤圆,中秋节吃月饼……",很难真正感受到传统节日文化的魅力。因此,我们设计了亲子探究活动"走进中国传统节日"。家长和学生一起了解其中一个传统节日的习俗,追溯这个习俗产生的本源,加深小学生对传统节日文化内涵的认识。比如端午节的习俗是挂艾叶菖蒲、吃粽子、赛龙舟,有些地方还悬挂钟馗像、戴五色丝线、喝雄黄酒,探究这些习俗的相关故事及其所蕴含的意义,了解端午节和屈原的关系……最后,以小报的形式在班级中交流,让学生追溯传统节日的文化源流,与同伴分享成果。在探究、整理、分享与交流中自觉传承传统节日文化的精髓。

此外,学习了《中华美食》,可以探究各地美食并动手制作一道中国菜,请爸爸妈妈将制作过程用视频记录下来。二十四节气是上古农耕文明的产物,在国际气象界被誉为"中国的第五大发明",已被正式列入联合国教科文组织人类非物质文化遗产代表作名录。在学习《二十四节气歌》时,学生在家长的带领下对二十四节气中的一个节气进行自主探究——了解节气的气候特征、季节变化的周期性,了解自然环境与人们生活的密切关系,体验与二十四节气相关的文化、艺术和风俗。

对于上班族的父母来说,陪伴孩子是一件奢侈的事情,更不论高质量的陪伴。家长与孩子的亲子探究学习,不仅能帮助学生树立"生活处处皆语文"的理念,还能有效促进亲子关系,以寓教于乐的形式将传统文化融入日常的活动中,引导学生做一个有根有魂的中国人。

六、儿歌口令中树立规范意识

"少年若天性,习惯成自然。"作为一名教师,我们知道良好的习惯是教育教学的基础。低年级的学生,特别是一年级的学生刚刚从幼儿园步入小学,上课时不能自由走动,教师教授的内容较多,和幼儿园的上课方式完全不一样。低年级的学生很难坚持聚精会神地听讲35分钟,儿歌与口令就是针对学生还没有成熟的心智,而专门设计用来帮助教师进行课堂教学的有效方法。学生在语文课堂上无法集中注意力的时候,口令的应用便是十分有效的。如:

在上课前,纪律管理类的口令:
铃声响,静坐好,
学习用品放整齐,
小手放好人坐正,
等着老师来上课。

上课中,课堂行规类的口令:
一二三,坐端正。
小眼睛,看老师。
我说停,我就停。
……

简短的语言,富有节奏的语言韵律,让学生能够更直接地了解上课规范的要求,并且逐步内化于心,外化于行,提高自觉性。

组织教学类的口令,主要应用于课堂教学过程中,为了更好地引导学生树立正确的学习观念,养成良好的学习意识,例如:

读书歌
身坐正,脚放平。
双手拿书向外倾,
眼离书本有一尺,
胸离书桌约一拳。

写字歌
背要挺,字看清,
头摆正,肩放平。
手离笔尖一寸,
胸离桌子一拳,
眼离桌面一尺。

诸如此类,拿书朗读、书写姿势的比较短小的口令让学生进一步掌握正确的学习规范要求。课堂常规的训练也不是一蹴而就的,而是需要日积月累的渗透,反反复复的训练,寓学习规范于潜移默化之中,从而帮助学生逐渐养成良好的习惯。

总之,在语文教学中,教师应深入钻研教材,充分挖掘课文中蕴含的丰富而美好的情感,设计精彩纷呈的语文活动,让学生在语文课堂这个主阵地中认识生活、认识社会,让学生在潜移默化中性情得到陶冶,品格得到塑造,从而落实时代赋予语文课程的立德树人的使命。

3 《大家的"朋友"》教学设计

北蔡镇中心小学　吴斯娇

一、单元教材分析

单元名称：第三单元　我们的公共生活

（一）单元在教材中的位置

1. 不同年级相关内容要求

年　级	相关内容
一年级	/
二年级	二年级上册　第三单元　我们在公共场所 《9. 这些是大家的》《10. 我们不乱扔》《11. 大家排好队》《12. 我们小点儿声》
三年级	/
四年级	/
五年级	五年级下册　第一单元　公共生活靠大家 《1. 我们的公共生活》《2. 建立良好的公共秩序》《3. 我参与　我奉献》

2. 横向位置

```
            我们的公共生活
《8. 大家的"朋友"》  《9. 生活离不开规则》  《10. 爱心的传递者》
  了解和爱护公共        了解和遵守公共       充满关爱精神的
  设施                  生活规则             公共生活，做到
                                            讲文明、懂关爱
```

（二）单元教材教法分析

目标特征	知识目标	☑陈述性知识　□程序性知识　☑策略性知识
	能力与方法目标	☑获取与整理信息 ☑分析并解决社会生活问题 ☑沟通、理解与交流 ☑价值判断与行为选择 ☑生活自理与自我保护 ☑社会实践与社会服务
	情感态度价值观目标	□接受　☑认同　☑内化

(续表)

内容特征	内容类型	☑生活类 ☑道德类 □史地类 ☑法治类 □其他
	内容结构	□总分式 ☑并列式 □递进式
教学特征	□获取与整理知识为主　☑问题思辨为主　☑情景教学为主 ☑行为指导为主　□实践体验为主　□其他		

二、单元教学目标及分配

单元教学目标	单课教学目标		课时教学目标
1. 引导学生认识公共设施对人们生活的价值，帮助学生真正做到爱护公共设施 2. 在认识公共设施的基础上，理解规则的意义，引导学生有遵守规则的意识和态度 3. 培养学生形成讲文明、守秩序、懂关爱的公共生活观、公共生活方式	《8. 大家的"朋友"》 1. 知道什么是公共设施，体会公共设施给人们生活带来的便利 2. 知道公共设施受法律保护，破坏公共设施会受到法律制裁 3. 初步形成爱护公共设施人人有责的意识，能自觉爱护和正确使用公共设施	第一课时	1. 猜谜语，阅读"知识窗"，知道什么是公共设施 2. 交流分享，续编故事，了解公共设施的作用，体会公共设施给人们生活带来的便利 3. 观看视频，设计方案，对公共设施的完善、发展和创新展开想象
		第二课时	1. 情境分析，知道公共设施受法律保护，破坏公共设施会受到法律制裁 2. 观看视频，初步形成爱护公共设施人人有责的意识 3. 交流分享，能自觉爱护和正确使用公共设施
	《9. 生活离不开规则》 1. 知道规则是社会生活有序运行的保障 2. 懂得规则对每个人既是一种约束，也是一种保护 3. 树立规则意识，并愿意在生活中自觉遵守规则	第一课时	1. 参与活动，体验规则的意义，知道规则是社会生活有序运行的保障 2. 结合生活，交流讨论，找一找生活中的规则 3. 了解规则的作用，懂得规则是一种约束
		第二课时	1. 情境分析，懂得要自觉遵守规则，不能讲人情 2. 道法融合，树立规则意识，并明白守规则不能有从众心理，不需要别人监督 3. 发表倡议，愿意在生活中自觉遵守规则
	《10. 爱心的传递者》 1. 体会日常生活中的关爱 2. 愿意在日常生活中帮助他人 3. 学习关爱他人的方法和智慧	第一课时	1. 观察交流，关注日常生活中显而易见的爱心 2. 小组讨论，寻找日常生活中隐藏的爱心 3. 观看视频《雷锋的故事》，学习与了解献爱心的典范，懂得要做一个懂得关爱的人

(续表)

单元教学目标	单课教学目标	课时教学目标
	第二课时	1. 互相评价,反思学校生活中不善于助人的事例 2. 讨论分析,如何善于助人,了解他人需要和帮助他人的策略 3. 阅读故事,感悟助人的智慧：班主任智慧帮助学生的故事

三、单元评价

评价目标	☑知识　☑能力与方法　☑情感态度与价值观
评价内容	学会善待公共设施,懂得遵守规则,愿意关爱他人。
评价类型	☑过程性评价　□终结性评价
时空安排	□课堂　□校内　□校外　☑校内外兼有
资源类型	□实物资源　☑人物资源　☑数字资源　☑环境资源
评价方式	□口笔测试　☑观察记录　☑作业展示　☑描述性评语
评价工具	☑评价量表　☑学习单　□作业单　□试卷　□_____

四、单课教学设计

(一) 教学任务分析

1. 教材分析

公共环境是人们共同生活的空间。正确的公共生活观念、良好的公共行为方式,以及关爱、同情的社会性情感是学生作为公民应具备的基本的公共道德。

为了适应三年级学生的认知特点以及本主题在教材体系中的安排,本单元的教学目标是培养学生公共意识、规则意识,引导学生认识规则的意义,以及公共设施对人们生活的作用,并能把爱护公共设施的行为落实到自己的生活中。同时,帮助学生形成关爱、同情的社会性情感,知道尊重他人人格、满足他人所需的关爱方式,才是对他人真正的关爱。本单元围绕"公共生活"这一学习主题,设计了《大家的"朋友"》《生活离不开规则》《爱心的传递者》三课内容。设计思路是从公共生活中具象的"物",过渡到公共生活中抽象的规范,最后落脚在充满关爱、同情精神的公共生活上。

公共设施主要是由政府或其他社会组织为方便人民生活,在公共场所提供的一些设备和设施,供社会公众共同使用和享受。学生在生活中已经接触和使用到一些公共施,但对公共设施包括的范围和作用,以及为什么要爱护公共设施并没有认真思考。本课在设置教学目标时,还特别突出了公共设施受到法律保护。让学生了解国家为保护公共设施而拟定的相关法律条文,将爱护公共设施的公德教育与法治教育相结合,这也体现了本课程法治教育任务的落实。

2. 学情分析

从三年级学生初步、零散的公共生活经验来看,学生对公共场所及场所内的公共设施有初步的了解,但学生的公共意识、规则意识还相对薄弱,也缺乏对公共设施价值的认识,无法将爱护公共设施的行为落实到具体的生活中,学生有意、无意地破坏公共设施的行为并不少见。同时,学生对破坏公共设施的相关法律规定也并不了解,帮助学生从小树立爱护公共设施的意识,知道合理使用和爱护公共设施很重要。

(二)教学目标

1. 知道什么是公共设施,体会公共设施给人们生活带来的便利。
2. 知道公共设施受法律保护,破坏公共设施会受到法律制裁。
3. 初步形成爱护公共设施人人有责的意识,能自觉爱护和正确使用公共设施。

(三)教学重点与难点

1. 知道公共设施受法律保护,破坏公共设施会受到法律制裁。
2. 初步形成爱护公共设施人人有责的意识,能自觉爱护和正确使用公共设施。

(四)课时划分说明

本课划分为2个课时。第一个课时的话题是"认识我们的'朋友'"。这个话题以具有童趣的拟人化手法,采用自述的表现方式让学生懂得公共设施的作用,让学生了解公共设施给人们生活带来的便利,并以"知识窗"的方式让学生了解什么是公共设施,引导学生对公共设施的完善、发展和创新展开想象。第二个课时的话题是"善待我们的'朋友'",引导学生懂得人人都应爱护公共设施,并知道怎样爱护公共设施,让学生知道破坏公共设施的行为是违法的,会受到法律制裁。

五、第一课时教学设计

(一)课时目标

1. 猜谜语,阅读"知识窗",知道什么是公共设施。

2. 交流分享,续编故事,了解公共设施的作用,体会公共设施给人们生活带来的便利。

3. 观看视频,设计方案,对公共设施的完善、发展和创新展开想象。

(二)教学重点与难点

了解公共设施的作用,体会公共设施给人们生活带来的便利。

(三)教学过程

活动一:猜猜谜语,知道公共设施的定义

1. 师:同学们,今天我们要来学习第三单元《我的公共生活》中的第8课《大家的"朋友"》,齐读课题。

2. 猜谜语:这些朋友是谁呢?我们先一起来猜猜谜语,请出它们吧!(公共汽车、路灯……)

3. 师:你都在哪里见过这些朋友?生交流。(马路、公园、小区……)

4. 阅读"知识窗":是呀,这些地方都是我们共同拥有和使用的场所,也就是公共场所,而这些在公共场所供大家使用的设施,就叫做——公共设施,我们来读读"知识窗"里的内容,认识公共设施吧!(板书:公共设施)它们就是这节课我们要了解的——"朋友"。

5. 师:那在我们的生活中,你还在哪里见过哪些公共设施呢?生交流。(护栏、小区健身器材、红绿灯、指示牌……)随机贴出学生提到的公共设施图片。

【设计意图:通过谜语导入,激发学生学习兴趣,让学生阅读"知识窗",初步认识公共设施;再结合学生生活中的所见,说说自己知道的公共设施,感受我们的生活中有许多公共设施。】

活动二:交流分享,了解公共设施的作用

1. 观看视频:是呀,我们的生活中许多公共设施,一时半会儿也说不完,老师用一个省略号来表示。(板书:……)

它们分别都有什么作用呢?有位叫小叮当的小朋友去公园里玩,我们去听听他和公共设施"朋友"间的对话吧!生交流休息椅和垃圾桶的作用。

2. 同桌合作:你能结合自己的生活,选择一项公共设施,说说或演演这个公共设施有什么作用吗?(根据学生回答随机板书:美化环境、安全出行、休闲娱乐、生活便利……)

3. 师小结:是呀,这些公共设施保障了人们的出行安全,美化了环境,供人们休闲娱乐,为人们的生活带来便利,作用可真不少呀!

4. 课堂练习:出示《道德与法治》活动册第8课第1题,口头完成并交流。

【设计意图:通过公共设施与小叮当间的对话,引导学生思考公共设施的作用;根据学生的演一演、说一说,引导对公共设施的作用进行归类,帮助学生更好地体会公共设施对我们

生活的帮助;结合活动册练习,巩固学习效果。】

活动三:续编故事,感受公共设施的重要

1. 播放视频:有一天,小叮当来到了一个没有公共设施的国度,会发生什么事呢?我们一起来看一看。

2. 续编故事:小叮当还会遇到哪些不便?请你续编故事说一说。

3. 交流感受:听完同学们续编的故事,你有什么感受?生交流。

4. 师:是呀,公共设施对我们来说很重要,在公共生活中,公共设施就像我们的朋友一样时刻帮助着我们。(板书:像朋友一样时刻帮助我们)

【设计意图:通过想象与续编小叮当的故事,引导学生从另一角度感受公共设施对我们生活的重要性,进一步感受公共设施给我们的生活带来了巨大的便利,就像我们的朋友一样,时刻帮助我们。】

活动四:设计方案,畅想公共设施的改善

1. 小组讨论:随着科技的发展,我们的"朋友"也在与时俱进,你见过哪些新型公共设施呢?生交流。

2. 观看视频:老师也给大家带来了一些新型公共设施,我们一起去了解一下吧!

3. 设计方案:老师也想请大家大胆想象,当个设计师,根据人们公共场所生活的需求,改善已有公共设施或设计新型公共设施,比比谁的设计新颖又合理!

4. 全班交流:投影展示,分享设计方案,互相评价。

【设计意图:社会的发展衍生出了许多新型公共设施,能够给人们的公共生活提供更多的便利。通过观看视频,激发学生想象,自主设计新型公共设施或对已有公共设施进行改进,畅想未来。】

活动五:回顾总结,布置活动作业及评价

1. 师:通过这节课的学习,你学到了什么?生交流。

2. 师总结:是呀,我们的公共设施各式各样,有许多用处,为我们的生活带来了诸多便利。可是,并不是所有的公共设施都得到了爱护与珍惜,我们应该怎么善待这些"朋友"呢?我们下节课再学习。

3. 布置作业:完成"公共设施小调查",观察学校或家庭附近的公共设施,看看它们有没有受到损坏。如果有些设施遭到了损坏,你能体会它们的委屈吗?完成表格,为下节课学习做准备。同时,根据本课堂的表现,完成学习评价表。

【设计意图:通过回顾,引导学生对本堂课的学习内容进行总结;完成调查表,为下节课学习如何善待公共设施做准备;课后评价帮助学生梳理自己的表现,不足之处及时改进。】

（四）板书设计

8 大家的"朋友"

公共设施　　像朋友一样时刻帮助我们

美化环境

安全出行

休闲娱乐

生活便利

……

（五）活动作业及评价

公共设施小调查		
公共设施	是否损坏	委屈

8 大家的"朋友"（第一课时） 学习评价单		
	评价内容	星级
学习兴趣	我能积极参与课堂活动	☆☆☆
	我觉得这堂课的活动很有趣	☆☆☆
学习习惯	我能积极思考、举手发言	☆☆☆
学习成果	我知道了公共设施的定义	☆☆☆
	我了解了公共设施的作用	☆☆☆
	我感受了公共设施的重要	☆☆☆

六、第二课时教学设计

（一）课时目标

1. 情境分析，知道公共设施受法律保护，破坏公共设施会受到法律制裁。

2. 观看视频,初步形成爱护公共设施人人有责的意识。

3. 交流分享,能自觉爱护和正确使用公共设施。

(二)教学重点与难点

知道公共设施受法律保护,破坏公共设施会受到法律制裁,初步形成爱护公共设施人人有责的意识。

(三)教学过程

(略)

(四)板书设计

8 大家的"朋友"

法律保护

人人有责

善待"朋友"

(五)学习评价

8 大家的"朋友"(第二课时) 学习评价单

	评价内容	星级
学习兴趣	我能积极参与课堂活动	☆☆☆
	我觉得这堂课的活动很有趣	☆☆☆
学习习惯	我能积极思考、举手发言	☆☆☆
学习成果	我知道了公共设施受法律保护	☆☆☆
	我了解了保护公共设施人人有责	☆☆☆
	我明确了如何善待公共设施	☆☆☆

七、教学反思

(一)基于课堂,关注教学评价

在课堂中,我努力通过教师口头的形成性评价用语帮助学生思考和理解公共设施的定义、作用以及重要性,让学生在评价中明确自己的思考方向和内容是否正确;同时,我还设置了课后学习评价单,从学习兴趣、学习习惯、学习成果三维度引导学生对自己的课堂学习进行自我评价,为下一阶段的学习提供目标,以达到更好的学习效果。

(二) 基于教材,关注活动设计

此堂课的设计中,我立足单元整体视角,纵向研究第三单元《我们的公共生活》中三课之间的关系及定位。在第八课第一课时中,重点引导学生了解公共场所设施的定义、作用以及重要性,初步知晓要善待我们的公共设施,以"说一说了解的公共设施""演一演公共设施的作用""编一编小叮当的遭遇故事""画一画新型公共设施"等环节,让学生进行思考、交流、评价来达到学习目标。其中,学生对于演一演的部分表现不错,可以给予学生更多的机会,加深学生对公共设施作用的理解。

(三) 基于学情,关注道法渗透

此课第一课时的内容主要引导学生了解公共设施的定义,初步感受公共设施为人民的生活带来便利。同时,引出下一堂课的内容,即我们要善待公共设施。学生虽然对公共设施有一定的了解,但对于善待公共设施的规则意识并不强烈,在之后第二课时的教学中,我将渗透规则意识,结合国家法律,明确公共设施的使用和保护与我们的法律、道德息息相关,与每一个人息息相关。

(四) 基于生活,关注身边现象

对于公共设施大部分学生有一个初步的概念,但是对于某项公共设施的作用及与时俱进的改善等,学生并不了解得十分透彻。我尽力引导学生结合自己的生活,关注身边的公共设施,从学生的生活实际出发,从观察到思考,从思考到理解,从理解到改善,从改善到维护,一步步引导学生关心自己的生活,了解身边的公共设施,并尽自己的努力爱护它们。

4 《买东西的学问》(第一课时)教学设计

上海市浦东新区育童小学 刘宁舒

一、学情分析

合理消费应是现代人必备的生活技能,尤其在商品琳琅满目、各种营销手段层出不穷的时代,学习如何做聪明消费者尤为重要。

四年级学生作为限制民事行为能力人,直接进行的消费活动有限,但他们也有一些消费经验,比如,独自购买简单的食品、生活用品、学习用品等。因此,很有必要引导学生学习一些必备的购物知识和技巧,养成文明的购物习惯,树立消费者权益保护意识。同时,在实际生活中,四年级学生往往需要父母为自己购买想要的物品,但他们并不具备辨识这些购物要求是否合理的能力,难免提出不合理的要求,因而需要培养学生理性消费的观念,从而使他们能够反思自己的购物要求是否合理,学会自我克制。随着我国经济的发展和人们物质生活水平的提高,加强学生的勤俭节约教育和增强学生的节约意识刻不容缓,这既是继承我国传统美德的要求,又是新时代发展的需要。

二、教材分析

第四单元《做聪明的消费者》共有三课,第 10 课《买东西的学问》首先从日常购物过程入手,引导学生学习基本的购物常识和技巧,学会文明购物,学会维护自身合法权益。第 11 课《我想要 我能要》从学生外在的购物行为转向内在的购物需求,引导学生反思自己的购物要求,培养学生合理比较、自我控制的能力,并进一步引导学生学会合理开支与消费,避免过度消费。第 12 课《有多少浪费本可避免》聚焦消费过程中的浪费现象,从食物浪费入手,引导学生了解食物浪费的危害,并反思日常生活中其他浪费现象,以此进一步引导学生探究各种浪费行为背后的错误观念,同时渗透我国传统美德教育,培养学生勤俭节约的好习惯。

其中,第 10 课由四个板块组成。第一个板块的话题是"学会看包装",引导学生关注商品包装的信息,了解这些信息的重要性,为选择合适的商品奠定基础。第二个板块的话题是

"避免购物小麻烦",引导学生探讨购物过程中应该注意的问题,避免购物带来的麻烦和纠纷。第三个板块的话题是"购物讲文明",从行为规范的角度引导学生爱护商品,尊重营业员,遵守社会秩序,做文明的消费者。第四个板块的话题是"维权意识不能少",引导学生在购物过程中要有自我保护和维权意识,知道如何维护自己的合法权益。

三、教学总目标

1. 学习并掌握购物的相关常识和技巧。
2. 培养良好的购物习惯,做文明的消费者。
3. 在购物过程中学会依法维护自己的合法权益,具有维权意识。

四、第一课时教学目标

1. 掌握购物的技巧:学会看包装,避免购物麻烦。
2. 初步知道在购物过程中要依法维护自己的合法权益。
3. 初步养成良好的购物习惯,树立购物时文明的意识。

五、第一课时教学重难点

教学重点:掌握购物的技巧,培养良好的购物习惯。
教学难点:在购物过程中要依法维护自己的合法权益。

六、教学准备

1. 课件。
2. 小组预习单——认识包装上的标志。
3. 食品、电器说明书、药品、文具、服装标签、玩具。

七、第一课时教学过程

(一)谈话导入

同学们一般会去哪些地方买东西呢?在买东西时有什么学问吗?今天就让我们一起来

学习第四单元《做聪明的消费者》中的第10课《买东西的学问》。

（二）活动一——学会看包装的重要信息

1. 师：班级要开联欢会了，生活委员雯雯负责这次的采购工作，想请你们来帮忙。（播放雯雯录音）大家来看看，这两种零食，哪种可以购买，哪种不能买呢？

2. 学生交流，互相补充。

3. 师补充：

（1）（出示文字）《中华人民共和国产品质量法》。

师：这些包装上的内容，就是商品的"身份证"，是我们在购买商品之前了解商品的重要渠道。

（2）什么是"三无产品"？让我们看一段视频来了解。

（播放雯雯录音）

师：我们在购买时要增强识假辨假的能力，依法保护自身的合法权益。

（3）请你观察这些假货的包装，有什么发现？

师：我们一定要擦亮眼睛，购买印刷字迹端正、清晰的商品，尽量购买大家熟知的品牌。

4. （播放雯雯录音）雯雯给大家带来了一些商品包装、说明书和标签，请你观察自己小组的这类产品，先说说你观察到了哪些信息，再想一想我们在购物时需要特别关注哪些信息。小组成员互相补充，请组长填写第71页的观察记录表。

5. 小组交流，师评价和补充。

6. 师小结：只有关注包装上的重要信息，才能买到满意的商品。

（三）活动二——学会看包装的标志

1. （播放雯雯录音）你们知道这四种标志的含义吗？

2. 生交流小组的预习单，师补充。

3. 师小结：看来，认识包装上的标志，能帮助我们买到正规、安全、健康的商品。

（四）活动三——避免购物小麻烦

1. （播放雯雯录音）同学们，你知道发票的作用吗？读一读第73页的相关链接，说说你的发现。

师：国家税务部门依据发票向商家征税，但现在也有一些商家以少收钱或者赠送小礼物的方式不给顾客开发票，遇到这种情况，我们应该勇敢拒绝，支持合法经营，维护国家利益，做一个有责任的消费者。

2. 发票和普通购物的小票、收据相比,有哪些特征?

3.(播放雯雯录音)同学们有没有网购的经历呢?

师:在网购这条路上也并不总是一帆风顺的,我们来看看这些买家的经历吧!(播放视频"买家秀与卖家秀")

4. 如何避免在网购时遇到麻烦,你有什么小妙招吗?

5. 让我们总结一下避免购物遇到麻烦的小贴士吧!

6. 无论是真实购物还是网购,我们都可以通过一些方式来避免购物带来的麻烦,同时,我们也需要注意自己的购物行为,不主动制造麻烦和纠纷。

请你评一评这些购物行为,说说这样做会造成什么结果。

生评议,师小结:这些不文明的购物行为不仅会给商家和其他消费者带来麻烦,更是有损社会公德的表现。

7. 雯雯把这次购物经历和跟同学们交流的心得写下来了,我们一起来读一读。

(五)课堂总结

1. 拓展作业:请你与家人一起进行一次购物,把今天所学到的购物技巧运用到实际的购物中,最后完成自我评价表。

2. 总结。

(六)板书

10　买东西的学问

学会看包装　　看重要的信息
　　　　　　　看包装的标志
避免购物小麻烦　索要正规发票
　　　　　　　网购也有妙招

这四个标志你认识吗?在哪类商品的包装上能看到这些标志?知道这些标志的含义吗?小组交流后,请组长填写表格。

《10.买东西的学问》第一课时预习单

标志	名字	对应的商品类别	标志的含义
绿色食品			

(续表)

标志	名字	对应的商品类别	标志的含义

八、教学反思

第 10 课《买东西的学问》是出自四年级道德与法治第二学期第四单元《做聪明的消费者》的第一课。本课的四个板块"学会看包装""避免购物小麻烦""购物讲文明""维权意识不能少"其实是在完成一次购物时都会遇到的环节，是有内在联系的。所以我在第一课时教学设计时，以前两个板块内容为主要研究，后两个板块为初步指导。最终，设计的教学目标是：学生能掌握购物的技巧——学会看包装，避免购物麻烦。初步知道在购物过程中要依法维护自己的合法权益。初步养成良好的购物习惯，树立购物时的文明意识。

在第一个活动"学会看包装的重要信息"中，通过创设一个购物情境——雯雯购买班级联欢会的用品，来引出课堂的活动，而且这个购物情境是贯穿整节课的学习，让学生能在生活情境中学习、观察、讨论和总结，充分调动学生的求知欲和探索欲。小组合作探究是活动一的主要环节，学生根据雯雯采购的活动学得购物技巧，分组来观察同类商品的包装信息，在列举所观察到的商品信息后，讨论出购物时需要特别关注的信息。整个探究过程是在引导学生学会关注包装上的重要信息，买到自己满意的商品。

第二个活动是"学会看包装的标志"，预习单是让小组成员在课余时间通过观察、讨论、查资料等方式，了解四种常见的标志。课堂中，在活动一的观察环节时，其实学生已经注意到包装上有一些特殊的标志了,加上预习时的了解,学生会主动认识商品的各种标志,学会看标志来购买更加安全、健康的商品。

活动三"避免购物小麻烦"中,用发票和网购的事例来引导学生初步知道如何依法维护自己的权益,如何解决购物时发生的麻烦和纠纷。同时,让学生意识到,在购物时不能主动制造麻烦,要做一个文明的消费者,为第二课时维权和文明购物的学习打下基础。

5 《让友谊之树常青》教学设计

上海市新云台中学 孙 婷

一、教材分析

1. 课标分析

本课所依据的课程标准的相应部分是"我与他人和集体"中的"交往与沟通"。具体对应的内容标准是:"学会用恰当的方式与同龄人交往,建立同学间的真诚友谊。"

2. 教材内容分析

本课是初中《道德与法治》六年级全册第二单元《友谊的天空》的第五课《交友的智慧》第一框题《让友谊之树常青》。第二单元主题聚焦"友谊",既是基于学生道德和心理发展在本阶段的重要地位,也是对初中生活逐步展开后学生实际需要的回应,更体现了友谊在学生成长过程中具有重要的意义。

在前一节课感知"友情"的基础上,这一框引导学生掌握交友技巧,锻炼交友能力,培养交友智慧,引导学生学会交往、善于交往,主动寻找友谊,体验友情的快乐与美好。

本框由"建立友谊""呵护友谊"两目组成。第一目"建立友谊",主要表达了两层意思:其一,教材通过活动使学生懂得建立友谊需要主动、开放的心态;其二,教材鼓励学生在建立友谊时,要有持续的行动。第二目"呵护友谊"主要表达了四层意思:其一,呵护友谊,需要用心关怀对方;其二,呵护友谊,需要学会尊重对方;其三,呵护友谊,需要学会处理冲突;其四,呵护友谊,需要学会正确对待交友中受到的伤害。

二、学情分析

在与同伴交往中,中学生面临着一个重要的问题:如何主动开放自己去建立友谊,以及如何去呵护友谊,处理交友方面的冲突和伤害。为了进一步了解学情,教师课前通过"问卷星"发布调查问卷,调查学生真实的交友经历和交友困惑。本课问卷调查,发布问卷数90份,回收到有效问卷数88份。调查结果显示,31%的学生由于性格内向,害怕被拒绝,而不擅于主动交友;近30%的同学不约而同地反馈了相似的交友困境——好朋友有了新朋友而疏远自己,自己陷入负面情绪中难以排解;有46%的学生反馈的友谊冲突主要源于生活琐事,但背后蕴藏着与朋友相处缺乏尊重、理解、包容、智慧的特质。

这说明,大部分学生已经掌握了一些交友的方法和技巧,部分学生缺乏主动交友的意愿。面对友谊中的冲突和伤害,不少学生采取逃避和粗暴的方式来对待,难以发展出真挚的友谊。由此,教师将本课教学重难点定位在引导学生主动交友,正确面对和解决友谊的冲突与伤害上。同时,将学生在问卷中反馈的生活情境和素材进行改编,整理归类,作为课堂重要的学习资源。

三、核心素养目标

本课核心素养目标有四个:从道德修养层面,要求培养学生平等、尊重、真诚等交友品德,不断提升自己的道德修养;从法治观念层面,要求学生学会与同学、朋友交往的方法技巧以及坚持的原则;从健全人格的层面,要求学生懂得友谊的珍贵,掌握方法,智慧应对,正确处理与朋友之间的矛盾;从责任意识层面,要求学生提高与人交往的能力,学会建立友谊、呵护友谊的方法,培养责任意识。

四、教学目标

能够联系生活实际,懂得建立友谊需要开放自己和持续的行动,愿意主动交友,掌握建立友谊的方法和技巧;学生通过探究生活化、真实的情境,学会呵护友谊,懂得如何与朋友相处,能够学会正确应对交友中的冲突与伤害,提升交友智慧。

五、教学重难点

重点:懂得如何呵护友谊。
难点:能够恰当地应对交友中的冲突与伤害,建立朋友间真诚的友谊。

六、教学过程

教学环节	教师活动	学生活动	设计意图
新课引入	教师通过谈话,引导学生认识到友谊在我们的生命中是不可或缺的,我们需要友谊。那么,如何建立友谊、呵护友谊是一个要学习的重要人生课题	跟随老师一起回顾自己从小到大,朋友的相遇与告别,自然进入本课的学习	通过谈话,引导学生认识到朋友一直伴随着我们,进而引出本课的学习主题

(续表)

教学环节	教师活动	学生活动	设计意图
一、友谊的"前奏曲"	**镜头一：《小丽的交友烦恼（一）》** 1. 出示材料一，引导学生根据生活实际，回忆自己的交友经历 Q1：谈到朋友，你第一个会想到谁？ Q2：你和他/她是怎么认识并成为朋友的？ Q3：你有什么结交朋友的妙招分享给小丽？ 2. 观点交流与辨析 Q4：如果你主动与对方交往，对方不理你，你会不会尴尬放弃？ 小结：建立友谊需要开放自己和持续的行动，即使被拒绝也不意味着自己不好，只要真诚待人、掌握交友方法，我们就有机会找到朋友	学生认真回忆自己的交友经历，积极与大家分享，总结结交朋友的方法与技巧	通过课前收集资料和调查活动，了解学生对于友谊的渴望和对交友的认识。通过设置情境探究，让学生回忆自己的友谊是如何建立的，引导学生懂得如何建立友谊
二、友谊的"变奏曲"	**镜头二：《小丽的交友烦恼（二）》** 1. 出示材料二，引导学生合作探究和交流情境，直面友谊中的困惑和冲突 Q1：小组讨论：你觉得这场友谊的风波是谁的责任？ 2. 探讨正确处理冲突的办法 Q2：如果你是小丽，你会怎么修复这段友谊？请演一演。 小结：友谊需要精心呵护，与朋友相处要学会把握好分寸，给彼此空间，学会尊重对方，用心去关怀对方，以行动向朋友表达关心和友爱	学生合作探究情境，结合自己的生活经历，积极思考和交流辨析，直面交友困惑，参与情境表演，学会处理友谊的冲突	通过课前的问卷调查，了解学生交友中存在的普遍的困惑和问题，设置了贴近学生生活、真实的情境，引导学生进行小组合作探究，深入思考朋友之间应该如何相处的问题，引导学生正确处理友谊中的冲突
	镜头三：《小丽的交友烦恼（三）》 出示材料三，引导学生正确对待友谊中的伤害 Q1：你觉得小丽还可以继续和小慧做朋友吗？ （课堂小辩论） 小结：学会正确对待友谊中的伤害，可以选择宽容对方，也可以选择结束这段友谊，这需要勇气和智慧	阅读情境，交流和明晰面对友谊中的伤害，应该如何正确应对	通过生活化的情境，引导学生知道友谊不总是甜蜜，在矛盾冲突的情境中进行行为选择，在讨论和分析的过程中引导学生正确对待友谊中的伤害，懂得宽容和结束友谊需要原则、勇气和智慧，培养良好的交友智慧
三、友谊的"圆舞曲"	**活动：友谊之树常青——学生分享内心独白** 与朋友同行，我们可以收获友情的美好，也会经历友情的风雨。回顾自己的交友经历，你对自己的好朋友有什么话要说？或者你对友谊有什么新的感悟？请将自己的内心独白张贴在"友谊之树"上与同学分享	阅读活动要求，结合自身的交友经历，写出自己关于友谊的内心独白	从生活到课堂，再从课堂到生活。通过参与活动，引导学生反思自己的友谊，将课堂所学迁移到生活中指导生活

教学环节	教师活动	学生活动	设计意图
四、作业设计	必做： 1. 继续完善"我"的"内心独白"，并将其贴在"友谊之树"上 2. 完成本课练习册练习 拓展：课本 P53"拓展空间"	完成相关任务和练习	巩固本课所学知识，迁移本课所学用于帮助自己更好地经营友谊，提升交友智慧
五、板书设计	让友谊之树常青：妥善处理冲突、弹性对待伤害、用心关怀→呵护友谊←尊重对方；主动开放→建立友谊←持续行动；共同兴趣、互帮互助、真诚友善……		
六、教学反思	本课可取之处： (1) 教学源于生活，服务于生活。在生活当中学习，在学习当中更好地学会生活，也就是以问题解决为导向的生活化的教学。课堂中要引导学生在探究真实问题的过程当中调动情感与态度，运用知识与技能充分唤醒、激活思维，逐步形成必备品格、关键能力和学科思维 (2) 为了确保课堂教学有效进行，课前需要认真地去学习，充分了解学生的认知起点和生活经验，结合学情确定课堂上拟解决的现实问题。好的课堂提问是能够不断地刺激学生的思维兴奋点，不断地修复、解构学生的已有观念，让他们更为有效地开展有深度的思考和决策 不足之处与解决措施： (1) 上课时需要增强对整体的关注和鼓励，提高教学互动的覆盖率，避免出现因对个别活跃学生过于关注导致其他学生有话想说但没有机会表达的情况 (2) 课堂中学生的回答有许多即时生成的观点和内容，有许多具有探讨价值的困惑点可供挖掘，但是由于时间限制只能一笔带过，可在课后对问题进行整理和收集，在学生充分思考之后在后续课堂中做专门的探讨与澄清		

6　初中道德与法治课面向生活化教学的策略
——以《正视发展挑战》一课为例

上海市北蔡中学　邱　岚

随着新课程标准的不断推进,初中道德与法治课需要教师通过生活化的教学引导学生掌握基本的学科知识,提升学生依据学科知识观察和分析社会问题的能力、价值判断和行为选择的能力、参与社会生活的实践能力,以促进学生学科核心素养的形成,同时帮助学生建立正确的世界观、人生观和价值观。

一、什么是生活化教学

生活化教学是指教师要将现实生活作为教学活动的背景,基于教材内容、教学目标、班情学情等要素,采用与学生生活实际相匹配的教学资源和教学方式,从而引导学生理解课本中抽象的理论知识,提升学生在具体生活情境中的分析和解决问题的能力。生活化教学是新课改背景下的一种全新的教学模式,我国著名教育家、思想家陶行知先生曾经提出过"生活即教育"的观点,肯定了教育与生活的连接。初中道德与法治课更是一门以学生生活实际为基础的学科,这就需要教师在教学中以教材内容为中介,紧密联系学生真实的生活经验,不断引导学生去思考、分析、解决问题,帮助学生树立正确的世界观、人生观和价值观。

二、面向生活化教学的必要性

1. 落实新课程标准的要求,培养学生的学科核心素养

《义务教育道德与法治课程标准(2022年版)》明确指出了,思政课是落实立德树人的关键课程,思政课要为培养实现中华民族伟大复兴为己任的有理想、有本领、有担当的时代新人打下牢固的思想根基。由此也决定了本课程的理念,教师只有遵循育人规律和学生成长规律,以社会发展和学生生活为基础,在课堂教学中积极落实生活化教学的理念,才能使道德与法治课发挥好立德树人的作用。新课标同样提到了核心素养是课程育人价值的集中体现,道德与法治课主要是要培养学生的政治认同、道德修养、法治观念、健全人格、责任意识。

这些素养的形成依赖于学生真实的生活经验和成长环境,因此思政课堂也必然要将教材内容与社会生活相结合,全方位拓展教学资源,巧用教学方式,只有这样,抽象的课本知识才会因为生动的生活素材而充满活力。同样,学生能够用学到的学科知识去解释生活现象和问题,现实生活支撑起了课本中的学科知识,这样的生活化教学的理念才能促进学科核心素养的达成。

2. 激发学生的学习兴趣,有效提升课堂教学质量

当前初中道德与法治学科同样也是关系到学生升学与考试的重要学科,许多学校和教师迫于升学的压力,在日常课堂上仍然以应试教育为目的开展课堂教学,违背了当前教育教学的核心目标。陈旧的灌输式教育忽略了学生身心发展的规律,远离了知识发生的生活实际,将枯燥的课本知识堆砌在学生面前,这样的教学模式不但不能起到良好的教学效果,而且还会禁锢学生的思维,让学生逐步丧失学习的兴趣,这种教学模式远离了教育的本质。同时,在考试评价标准不断调整的当下,试题越来越灵活多样,更加注重考查学生的思维能力、学习方法以及知识的运用,这就要求教师要尽可能地将书本的理论知识融合到学生熟悉的社会生活中去,通过对实际问题的理解、发现和解决,促使学生不仅掌握理论知识,还具备一定的思维能力,从而能够最大限度地提高教学的质量和水平。

三、面向生活化教学的实践策略——以《正视发展挑战》一课为例

1. 选取生活化的教学资源

理论知识是抽象的,学生理解起来需要具备较高的思维能力。在实际的课堂教学中,教师要选择合适的教学素材,将鲜活的生活素材引入课堂,将理论知识置于生活化的情境中,利用学生熟悉的、感兴趣的话题,唤起学生的学习兴趣,引导学生在课堂上对具体问题不断地去思考和探究,使学生在思考的过程中真正完成对知识的理解和内化。由此,学生获得的知识是具体的、生动的,且在此过程中也能更好地提升学生的思维能力和学习兴趣。如在九年级上册《正视发展挑战》一课中,我国的人口、资源和环境问题及其影响是本课的重点和难点,为了让学生能更深刻地理解我国在发展中面临的三大问题,就要选择与此问题紧密相关的具有典型性的生活化事件或案例。"碳达峰"和"碳中和"的话题是近两年的时政热点,同时涉及本课需要学生了解的人口、资源和环境三大问题,这就是一个典型的生活化教学资源。因此,在本节课上,教师可以去充分挖掘在"碳达峰"和"碳中和"这一话题下与本课相关的内容,将这一话题贯穿整堂课。通过查阅资料、问题探究、合作讨论等多种方式,让学生置身于该话题中,学生能更深刻地理解我国在经济快速发展的同时,面临的这三大问题对公民个体、国家及世界所带来的深远影响。在此基础上,学生自然而然地就能理解在面临这些问题时,我国所提出的实现可持续发展这一全新的发展模式。同时,在了解了"碳达峰"和"碳

中和"的相关问题后,学生已经对本课的学科知识有了一定的掌握,与此同时也做了一定的情感铺垫,学生自发形成环境保护的意识,激发出爱护地球家园的情感。

2. 引入生活化的问题链

面向生活化的课堂教学实质上也就要求课堂教学的问题是源自生活的,能够真正有效地解决生活中面临的实际问题。因此,教师要从学生实际生活中选择合适的教学素材,更要在此基础上充分挖掘教学素材,有效设计课堂问题。课堂提问的设计首先需要明确本节课的教学目标,同时使提问具有针对性、整体性、启发性。一节课的教学目标又需要在单元视域下去制定,教师要明确单元框架内的核心知识,梳理出这些知识所对应的基本问题,确定单元教学目标和每一课时的教学目标,在教学目标之下设计问题链。在单元教学设计的视域中设计问题链,能够有效整合课本知识内容,解决学生的实际困惑,提升学生的学科思维品质。按单元教学的计划和要求,《正视发展挑战》是该单元的第三课时,主要让学生了解我国在发展过程中面临的环境和资源问题及其影响。在此目标下,教师选择了"碳达峰"和"碳中和"这一热点话题,同时精心设计了一系列问题。如,在新课讲授部分,展现了有关"碳达峰"和"碳中和"的新闻事件,同时提出问题:我国为什么要提出"碳达峰"和"碳中和"的目标?在这一问题之下,开启了学生对本节课有关环境和资源问题的初步思考。紧接着,教师继续向学生追问:二氧化碳过度排放会带来哪些环境问题?这些环境问题会给自然界和人类社会带来什么危害?通过这一具体的问题,充分调动学生的知识储备,让学生认识到环境问题的巨大危害。与此同时,教师邀请学生继续思考:在我们的生活中还有哪些环境问题?在学生的分享中,让学生自然而然地感受到我国生态环境形势仍不容乐观。在这一教学环节的最后,教师再向学生提问:面对这些环境问题,我们该怎么办?通过这一问题,引起学生对我国环境问题的深入思考,最后教师与学生共同归纳我国所提出的保护环境这一基本国策。因此,在单元教学视域下,面向学生生活实际,精心设计问题链,能够提升学生的思维品质,帮助学生自主构建知识。

3. 设计生活化的课后作业

课后作业是对学生课堂学习情况的检验,起到了回顾和延伸课堂知识的作用。随着新课程改革的不断推进以及"双减"政策的落地,在作业的设计上要减少机械化的任务,突显学生的主体性。道德与法治学科是一门不仅关系到知识掌握,又关系到价值判断和行为导向性的学科,在作业设计上要注重提高学生在具体生活情境中做出正确的价值判断和行为选择的能力。因此,在设计课后作业时要结合本节课的知识,同时要注重学生的生命发展和个性特点,结合学生的实际生活,设计具有个性化、实践性、运用性的作业。在完成了《正视发展挑战》一课后,大部分学生对于本课的基础知识已经能够基本掌握,本课的难点在于如何让学生更深刻地认识到我国在环境和资源方面的严峻形势,以及作为公民个体,我们在生活中怎样做到保护环境和节约资源。由此,在设计本课的课后作业时,要着重关注和挖掘学生所熟悉的生活环境,呈现学生身边的真实案例,调动学生课堂所学的知识,激发学生思考和解决问题的兴趣,帮助学生做出正确的价值判断和选择。因此,教师设计了如下的课后作业:

2020年11月27日,根据《中华人民共和国固体废物污染环境防治法》,商务部制定了《商务领域一次性塑料制品使用、回收报告办法(试行)》。到2020年底,全国餐饮行业禁止使用不可降解一次性塑料吸管;全国直辖市、省会城市、计划单列市城市建成区的商场、超市以及餐饮打包外卖服务和各类展会活动,禁止使用不可降解塑料袋,集贸市场规范和限制使用不可降解塑料袋。

1. 半年多来,"限塑令"实施得如何了呢?请你和你的探究小组一起进行实地探访,并完成一份探究报告。

课题名称				
成员分工	成员1		分工任务	
	成员2		分工任务	
	成员3		分工任务	
	成员4		分工任务	
活动过程				
1. 为什么要做此项目?(目的和意义)				
2. 如何做好这个项目?(过程与方法)				
调查记录				
(请记录调查过程中的数据和信息)				
结论与评价				
("限塑令"落实得如何,是否还有不足,还有哪些方面需要改进?)				

这份作业实质上是要求学生带着课堂知识走出课堂,走向生活。学生要通过合作探究的方式了解"限塑令"的实施情况并且提出改进建议。"限塑令"与学生的生活实际紧密相关,学生通过合作探究能更清楚地了解"限塑令"在身边的实施情况,在具体实施过程中能提高分析和解决问题的能力,同时学生在完成作业的过程中也能时刻感受到环境保护的重要性。

四、小结

生活化的教学是落实当下新课程标准的要求，有利于培养学生的学科核心素养，最大限度地激发学生的学习兴趣，从而有效提升教学质量。本文结合对《正视发展挑战》一课的课堂教学的思考，提出了面向生活化的教学要在单元教学设计的框架下，巧妙地设计问题链，精心地选取生活化教学资源，使学生置身于生活化的情境下，充分调动学生思考的积极性。同时教师可以通过布置具有实践性的课后作业，将生活化的教学理念贯穿始终。最终，通过生活化教学充分调动学生的学习兴趣，提升学生的思维品质，培养必备品格、关键能力、正确价值观念，培养学科核心素养，发挥学科育人价值，从而实现立德树人的根本任务。

7　立足生活本位，还原教材情境，创课堂之精彩

——以《别伤着自己》活动为例

上海市浦东新区莲溪小学　王逸雯

一、思路设计

　　随着新课程改革的深入，教材从重理论化逐渐转向重生活化，根植学生生活实际，融入丰富的生活元素。小学阶段是引导学生树立良好人生观、价值观以及世界观的良好时机，学生能够在学中有所知，在实践中有所悟。

　　著名教育学家陶行知说："生活即教育。"教学中，教师务必追求一个"真"字，即真实的生活、真实的发现、真实的学习。学生在生活化的课堂中求真、求实，教师才能真正培育好学生的道德素养。我以"循于生活、面向生活、回归生活"为思路，以教材内容为依据，以学生生活为抓手，选取契合教学需要的生活化内容，并以此为基础，以课堂为依托，营造生活化的教学氛围，开展生活化的教学活动，让学生产生兴趣，积极体验，由此感悟蕴含于道德与法治中的知识，发现生活智慧，形成良好道德品行，并成为"全面发展的人"，让核心素养真正落地。

二、实施

　　小学阶段的学生正处在道德发展的阶段，还没有形成正确的世界观、价值观、人生观，缺少对道德的判断能力，需要通过有效的道德教育来形成正确的认知与能力。教师在教学过程中要以现实生活为依托，依据教材内容整合相关资源，紧抓学生现实生活，使道德与法治教学内容更具生活性，才能营造良好的课堂氛围。

　　在实践中发现，低年级学生的困惑主要来源于生活，而道德与法治的课堂是以解决学生的困惑为主要任务。道德与法治课堂必须和学生的生活联系起来，积极向学生的生活靠拢，向生活取材，将课堂上的知识运用到生活中。

　　以小学《别伤着自己》活动为例，在授课前，我出示自己包着创可贴的手指，从学生都熟悉的创可贴入手，贴近生活实际，拉近与学生之间的距离，让其知道生活中的小事也会导致自己受伤。组织开展关于"家庭安全隐患"的讨论，按照既定的设计环节，循序渐进，倾听学

生的发言,及时反馈学生的课堂所得。除了从文本中获得所知,必须更加深入学生的生活,让学生在实践中获得真实体验,通过"说一说剪刀的不同,哪种剪刀更适合小朋友使用?"这样的活动,使学生生活经验和知识认知相碰撞,使学生真正走入生活,引发深入思考。随后开展小组合作——使用一把剪刀剪纸。活动过程中,有的学生用剪刀头对着自己身体,有的学生传递剪刀的方式不恰当,还有一部分学生在使用剪刀的时候遇到了困难。根据学生的创造性生成,通过希沃软件及时反馈到课件中,请学生自己说一说照片中的行为是否存在安全隐患,进一步加强学生对生活的认知。

既以"循于生活、面向生活、回归生活"为思路开展教学,就要从课堂出发,再回到学生的现实生活中去,让学生去体验生活,实践生活,在生活中践行,才是本质意义上的回归。结合活动环节中"学生如果被剪刀伤了手怎么办",设计了"正确消毒伤口和贴创可贴"的活动,提出对学生来说与生活经验有所碰撞的问题——"如果我受伤了,要不要告诉家长呢?"通过创设情境,帮助学生把知识转化为应对生活中出现意外情况的能力,更培养了学生之间团结友爱、互帮互助的品质。这种生活场景的创设,不仅将课堂进行了延伸,而且能帮助学生突破书本的限制,走进生活世界,迈上求知的道路。

此外,低年级的学生接受度有限,教师把学生身边的真实事例以故事的形式展示,以此来达到教学目的。例如:根据班级中的真实案例讲故事——学生在家中书写练习时玩弄铅笔,误将笔尖扎入了自己脸部肌肤,留下了去除不掉的石墨印记。这样的方式不但能树立学生正确的道德观念,而且能启发学生思考。教育的契机从学生中来,又把道理还给学生。教师要让传授的知识有实际意义,则不能脱离学生已有的知识与经验;只有回归现实生活才能将学生引向长远的未来。

三、反思

时代在进步,课程改革在深入,教师要突破局限,紧跟发展的步伐,使得教学方式多元化。充分利用网络化和信息化快速发展的契机,探索新颖的教学方式,因材施教,结合空中课堂,采取线上线下混合式教学,对不同的学生采取不同的教学方式。

作为丰富课堂教学、激发学生学习兴趣的重要手段,多媒体教学已然成为课堂中必不可少的环节,无论是在其他学科还是在道德与法治教育课堂中都得到了实践验证。以《别伤着自己》为例,在实践活动中,使用希沃媒体设备,对于学生操作环节中的不恰当行为进行及时的反馈,让学生快速认识到自己存在的问题以及他人的不当之处,从而事半功倍。但要注意的是,教师要在此过程中注重多媒体设备对学生的影响,注重主次分明,不可让多媒体强劲的冲击力影响学生主要的学习任务,对于课堂中需要呈现的内容要做先一步的筛选,为学生提供有效、有价值的信息资源。

四、总结

随着课程改革的不断深入,道德与法治课程的教学理念、教学方法要不断创新,学校教育要与家庭教育相结合,将学生的学习与生活融为一体,才能真正将学生的学习回归生活之中。学生形成的认识及道德规范通过参与丰富多彩的体验活动,慢慢感悟,不断巩固与深化,进而促使学生形成良好的道德品质与行为习惯。教师作为学生的引领者,要带领学生细心地感受生活,在生活中不断探索与发现,将教育融入生活,丰富学生的知识,提高学生的能力,发展学生的情感与经验,促进学生良好道德品质的养成,引领学生在学习中健康快乐地成长。

8　小学道德与法治生活化教学策略探讨

——以《公共生活需要秩序》为例

上海市浦东新区育童小学　姚琼露

一、案例背景

《建立良好的公共秩序》是部编版《道德与法治》五年级下册第二单元第二课,本课旨在帮助学生了解和参与社会公共生活。每个人都离不开生活,公共生活中包括公共设施、公共服务、公共秩序、公共道德、公共参与等内容。本课帮助学生认识社会,具备适应与参与社会生活的能力,聚焦责任意识、规则意识。本课时的内容为第一部分,引导学生认识公共生活需要秩序,因为有序生活是展现人民文明习惯、彰显社会良好风尚和国家文明的体现,也让学生体会有秩序的公共生活让我们的生活更美好。五年级学生对建设有序生活有些零散的经验,但他们以往对如何建设有序生活缺乏全面的认知。所以教师通过引入生活的元素进行教学,一方面引导学生形成公共生活中需要有完善的秩序来维护的认知,另一方面激发学生心中有他人,鼓励学生参与到公共生活中。

二、案例教学目标

1. 学会用合理的方式、方法解决生活中的问题,在生活中形成文明守秩序的习惯。

2. 知道需要有良好的秩序才能彰显良好社会风气,知道秩序的重要性,并形成规则意识。

三、教学片段

(一)教学片段一:视频导入

师:同学们经常看新闻,今天老师也带来了一则新闻,请同学们仔细观看,你看到了什么信息?

视频播放:车辆占用应急车道,导致救护车被堵,致使伤者抢救无效死亡。

该新闻视频的场景大致是:一名伤者在被救护车送去医院进行抢救的途中,因为有车辆占用了应急车道导致救护车被堵住,无法动弹。救护车司机多次尝试用设备喊话,让前方车辆让行,但车辆过多,无法移动,家属着急到与前方车辆沟通,甚至是下跪,但最终还是被耽误了一个多小时导致伤者抢救无效去世。

【设计意图:初步建立不遵守秩序会导致不好的结果的认知。】

师:你们认为导致该起悲剧发生的原因是什么呢?

生交流后得出:因为车辆不守秩序。

教师之后需要给学生科普应急车道的使用规则,并引出问题"假如你是伤者的家人,你会产生怎样的想法?你想对不让道的车辆驾驶人说什么?"

生回答之后,师总结:违法占用应急车道,有的人认为是件小事,有的人存在侥幸心理,还有些人是从众心理,这些人心存侥幸、漠视法律,最终等待他们的就是法律的严惩。

师:在日常生活中有哪些不守秩序的行为?有哪些危害?同学们有没有过不文明的行为呢?谁愿意坦诚说一下自己曾经犯过的错误?

生交流说出自己有过插队、乱丢垃圾的行为。

师:有时候我们是不经意地犯了错误,甚至不知道自己犯了错,不过今天同学们既然能当着大家的面说出来,老师相信你们在以后的生活中一定不会再犯类似的错误。

思考:如果公共生活没有了秩序,会有怎样的后果?今天就让我们一起走进公共生活主题大片——公共生活需要秩序。(揭示课题板贴课题)

【设计意图:在课程导入阶段,通过该视频的播放让同学们知道不遵守秩序的人有这么多,危害这么大!引出课题"公共生活需要秩序",引导学生知道公共生活是需要秩序的,要不然社会就乱套了。】

在课程导入阶段,教师在教学活动中渗透了法律知识。用道德来滋养法律,也可以用法律来支撑起道德,因此在进行教学设计的时候,教师需要让学生了解关于秩序的问题,在法律层面上是怎么规定的。向学生传播解决问题的途径和方法,为他们以后更好地生活做准备。

(二)教学片段二:深入探究

接下来,教师可以开展关于公共秩序安全篇的教学内容。

首先走进第一篇章——安全篇。

韩国梨泰院踩踏事件。(出示课件)

韩国首尔梨泰院2022年10月29日晚发生大规模踩踏事故,据央视新闻10月30日8时41分消息,据韩国消防部门30日最新通报,踩踏事故已造成151人死亡,82人受伤。

师:看到这么惨痛的新闻,你有什么想说的?(教师给出一个关键词。适时引导:你能告诉老师秩序是什么吗?怎样避免这样的事情发生呢?)

生1:不去拥挤的地方。

生2:不在节假日的时候去人流密集的地方。

生3:去任何地方之前都需要先找到出口的位置,走路的时候要看路,不玩手机。

生4:顺着人流走,不逆行。

适时小结:混乱的场面是没有秩序的,那么秩序是——守规则、不混乱。

教师小结:这些都叫做遵守秩序,但是生活中有一些人没有遵守秩序,于是事故发生了。

(出示课件:八达岭动物园老虎伤人)

师:这些都是公共生活中发生的安全事故,你想用什么样的话语表示你的惋惜?

生1:遵守规则,做一个文明的游客。

生2:对任何事都要保持敬畏心理,不要心存侥幸。

生3:文明游玩,不要随意挑战规则。

在所有的意外事故中,交通事故最多,我们来看一个情境,思考:你准备怎么劝他,劝他如果无用,怎么办?学生学习课本第29页下方的相关法律知识。

教师适时引导小结:公共生活需要秩序,因为守住了秩序就守住了安全。

【设计意图:通过观察、讲述分享生活中的故事,体验守住秩序就守住了安全,还可以激起学生继续探究学习的欲望。】

(三)教学片段三:"我的公共生活秩序单"

师:同学们认为良好的生活秩序应该是怎样的呢?下面我们可以用自己喜欢的方式制作一份"我的公共生活秩序单"。

(学生制作"我的公共生活秩序单")

师:哪些同学愿意到前面展示一下你的秩序单?并说一说生活在这样的环境当中你有什么感受。

生1:过马路要走人行横道,要看红绿灯,行人红灯时不能过马路,这样我们才能保障自己的生命安全,不会影响正常的交通秩序。

生2:乘坐公交要按顺序上车,上车主动刷公交卡,这样才能够节省上下车的时间,避免迟到,保证公共交通畅行无阻。

生3:参加活动、观看演出时要保持安静,不要拥挤,演出结束时要鼓掌表示感谢。人人都做文明观众,我们的生活环境才会更加和谐愉快。

教师小结:听了大家的发言,老师深有感触,公共生活时时处处都需要良好的秩序来维护,这是社会文明的体现,也是相互尊重的表现,这样的公共生活才会稳定、和谐、愉快、安乐。

【设计意图】通过观察、讲述分享生活中的故事，体验守住秩序不仅守住了安全，还提高了做事效率。

　　学生对"秩序单"进行讨论。

　　总结：公共生活中每个人都要注意自己的行为，养成文明的习惯。

　　师：那为了维护秩序，为人们的生活保驾护航，国家还出台了一些相关法律，比如：《中华人民共和国道路交通安全法》《中华人民共和国治安管理处罚条例》《烟花爆竹安全管理管理条例》。有了这些法律的保驾护航，我们的生命安全得以保证，人民得以安居乐业。

　　师出示一个名词：中国式过马路。（出示课件）

　　师：随着国家政府相关部门的介入和志愿者的加入，这种情况已经有所改观，现在的中国式过马路是这样的。（播放视频）

　　【设计意图】通过观察，我们知道守住秩序还可以带动文明行为，让我们做一个文明的人。一个接一个的问题，学生就意识到，这公共秩序多了去了，好处也很多，于是就自然引出公共秩序的标志，可谓水到渠成。

四、案例分析

　　公共秩序是熟悉又陌生的话题，学生在参与社会生活的过程中就对公共秩序有了一定的了解，但是对于建立公共秩序的过程中个人、社会、国家被赋予的责任的认识是模糊的，所以教学的时候如果不做好设计，就会变成说教。在教学时，教师从学生已有知识经验出发，让学生边看边悟，同时观察公共场所中公共秩序的情况和人们的言谈举止、行为表现，做出自己的评价。本节课，首先以新闻导入，激发学生的阅读兴趣。在阅读完新闻事例后，学生都感到很气愤，这时教师加以问题引导，使学生对于这些日常生活中似乎"不重要"的小错误有了很大的改观，从而对自我进行了反思，切实地体会到不遵守公共秩序带来的危害，为本堂课的教学打下了良好的基础。在教学片段二中，教师紧跟时事，利用现实生活中的真实故事帮助学生们理解，激发学生的主体意识，培养他们的情感、态度、价值观，让学生积极地参与问题、解决问题，能更好地让学生在思想上有所警醒，并将所形成的认识渗入他们的一言一行中。"韩国梨泰院踩踏事件"是当时的一个新闻热点，在课堂中引起了学生们的热议，讨论中又引入了"八达岭动物园老虎伤人"事件，循序渐进地拉近了新闻时事与学生生活的距离，学生们从一个旁观者、评论者逐渐过渡到"亲历者"，取得了良好的教学效果。在片段三中让学生们动起手来制作"秩序单"，引导学生从自身出发，将本节课所学内容内化成为自己的思想，提高学生品质。有了本堂课中多种生活实际案例和生活元素的引入，学生们思考时能够更加感同身受，制作出的"秩序单"不流于形式，能联系到自己的生活实际，提到了生活中的方方面面，有些甚至是在教师预设中没有想到的。在本节课的教学活动中，教师注重对学生的引导。比如：用一个关键词来说、你能分享生活中类似的事情吗……教会学生对生活经验进行分类、整理，然后在课堂上进行交流。作为教师，不仅要教给学生知识，更要教会他们学习方法。以生活中的实际案例为例，将书本上的知识进行拓展，让学生知道"秩序"关乎安全、关乎高效，体现着文明，同时从个人层面引导到社会层面再到国家层面，旨在让学生有公共意识，心中有他人，在公共生活中注意自己的言行，为下一节课"共同建设有序生活"做好铺垫。

五、教学反思

教育的内容和形式必须贴近学生的生活，反映学生的需要，让他们从自己的世界出发，用自己的眼睛观察社会，用自己的心灵感受社会，用自己的方式研究社会。本节课的教学紧密围绕教学目标，渗透新课程理念，以学生的生活为基础，以现实生活中看到的实际情况为主要内容开展活动，也就是引入实际生活中的元素，针对学校、学生的实际情况，通过学生的交流、讨论、感悟等，达到教学的目的。整堂课运用了大量的视频、图片资源，借助生活中的真实案例引发学生深入思考，不仅激发了学生的学习兴趣，还在辨析讨论中开拓了学生的眼界和思维。此次课程是希望学生知道良好秩序的重要性，让学生形成规则意识，并且懂得有序生活彰显良好的社会风气是社会文明、国家文明的重要标志，引导学生在生活中形成文明守秩序的习惯。但是仍然存在一些不足的地方。因为小学生在校园与在自己家里扮演着不同的角色，所以学生在校园与在家庭中所表现的行为也会有很大的差别。有的学生在校园里表现还算可以，但是离开校园后，很容易忽略道德与法治的问题，会出现类似上下公交推推嚷嚷，过马路时不看红绿灯等不文明的行为。基于此，教师应该时刻提醒学生要遵守社会上的秩序，在过马路时要遵守交通法规，在校园里要恪守校规校纪等。为了使课堂教学效果落到实处，这种引入生活元素来创设情景教学的形式，让学生更加真实地体会到自己如果出现不文明的行为，会给自身以及社会造成什么样的影响，进而加强了学生的道德与法治意识。

9 小学数学课堂教学中实施德育的实践探索

——以《年、月、日》为例

北蔡镇中心小学　　钟慧琳

　　课堂教学是实施德育教育的主渠道,而数学学科似乎与德育没有关系,其实不然。数学学科虽相对比较抽象,但也是具有人文色彩的一门学科,同样可以像其他学科一样,做思想品德教育的主阵地。近几年,如何有效利用数学课堂教学渗透德育,开发数学学科德育功能,显得尤为重要。

　　数学学科没有国界,所反映的客观规律不会随着国家、社会制度、民族特色、个人喜好而产生差异。我们可以有效地将数学知识联系社会,反映我国国情,将其赋予民族特色;也可以把数学作为载体传递一些特定的、富有教育意义的内容。

　　笔者以沪教版小学数学三年级上册第三单元中《年、月、日》一课为例,讲述如何借助数学课堂教学渗透德育。

　　《年、月、日》作为小学数学"数与代数"板块中重要的一堂概念课,若不能好好设计,整堂课将变得十分枯燥。对于三年级的学生来说,他们在生活中已经对这些和时间有关的单位有了一定程度的了解与认知。如何有效、进一步认识"年、月、日",需要教师在课前从多个维度深度了解学生的学情,从学生已有的生活认知入手,结合教学内容进行重新整合,用大量、丰富的生活情景引导学生自发地探究"年、月、日"有关的知识、技能,优化学生已有的认知结构,结合德育提升学生的认知层次,使教育得到升华。

　　那么,如何及时、恰当、有效地将"年、月、日"与数学教学相结合呢? 主要有以下三点:1.善于抓住社会热点,结合教学目标开展教学;2.深入挖掘课本,找到重难点;3.创造生动的生活情境,让每一位学生联系自己的实际展开思考,遵循以学生为主体的理念。

　　本文将从三个方面探讨数学学科德育方法:在情境引入中渗透德育、在教学过程中渗透德育、在巩固练习中渗透德育。

一、在情境引入中渗透德育

　　小学数学教材内容十分丰富,具有极强的灵活性,形式也十分多样化,如果能正确利用教材资源,传递德育内容,提高课堂价值,那么课本就能成为教师渗透德育元素的主渠道和路径。但更多的时候,教师对教材的研读较少,理解的层次也比较浅,只看到知识与技巧方面的知识,无法做到深度开发教学资源,最终导致资源闲置浪费,更别说利用课堂渗透德育。特别是在情境引入环节,教师跟着课本走,很容易忽视对德育元素的渗透,导致德育、智育融合效果一般。教师是学生学习的组织者、引导者和合作者,对于三年级学生来说,他们在生活中获取的经验只是最初级的表象,凭借学生自身的认识很难将事物的本质从表象中提炼出来,需要教师适当地给予点拨与引导。联系事实,激励学生主动思考,是我们永远的任务与话题。为了将"年、月、日"更好地联系生活实际,帮助学生更加了解祖国的繁荣昌盛,激发其热爱祖国的认同感和使命感,在设置情境环节,我埋下了激发学生民族自信心的种子。

良好的开端是成功的一半,新颖、有趣的情境,不仅可以快速吸引学生的注意力,将学生拉进课堂,更能拉近教师与学生的距离。上课刚开始,许多学生还没有进入状态,直接讲授新知的节奏又太快,学生注意力得不到有效的调动。本节课主要借助年历查找日期感知年历的作用,通过比较不同年份的年历的特点感知年、月、日之间的关系,认识大月、小月,借助年历记录重大事件感知祖国的繁荣昌盛,培养学生爱国情怀,达到德育的效果。从年历表入手,在观察每个月天数等活动中,了解年、月、日的知识,形成时间观念,培养观察、收集、归纳分析、处理信息等能力。学会用年、月、日表示一些重要节日的时间,在分享国家一些特别日子的过程中感受祖国的日益强大,弘扬爱国主义精神。

活动一中,通过生活情境引发学生回忆国庆节是哪一天,引发学生思考,为什么国庆节是举国同庆的日子,调动学生学习的积极性,为下面的新授做铺垫。之后,通过简短的视频(毛主席向全世界宣布中华人民共和国成立了,举国同庆)进一步吸引学生注意力,将学生带入情境,让学生深刻感受新中国成立时全国人民的激动与兴奋,体会中华民族悠久的历史文化,在学生心中埋下爱国意识的种子。

生活中的元素若能巧妙利用,也能为渗透德育元素做贡献,同时能有效提升课堂教学温度,促进学生脱离固定思维、脱离课本束缚,从探究的角度来看待数学,感知小学数学知识与自己的生活息息相关。趁着学生刚过完国庆假期的劲儿,引发他们思考国庆假期是几月几日,为什么将十月一日定为国庆假期。《年、月、日》一课不局限于课本内容,教师要引导学生简单认识三者之间的关系,通过本课所学知识认识我国一些意义重大的日子,产生民族自豪感。

二、在教学过程中渗透德育

数学学科作为一门相对比较难的科目,课时特别多,许多学生甚至会在课堂中遇到困难,因此,数学课堂文化的建设对学生的影响特别大。

一堂成功的数学课有三个重要因素,分别是创新、民主、合作。创新是一堂有效数学课的灵魂,教师应该是具有创新精神的学者。学生能否在教师的感染和鼓励下,学习基础数学知识的同时,主动对未知事物具有好奇心、积极探索的勇气与决心以及克服困难的信心和毅力,决定了这堂课是否成功。在教学过程中,学生需要以小组为单位观察比较不同年份的年历表,并将观察得出的结果记录在下发的板贴中,整个过程直观地呈现了学生自己的学习成果,有效激励学生,给予学习的动力。学生在教师的引导下,自由民主地开拓思维,在一张张板贴中记下自己所有的观察结果。以下为本次教学实践的部分课堂实录:

师:其实关于年历表还有很多小秘密,你们想不想知道?请你们四人一组,选择不同年份的年历,将你们的观察结果填入板贴。

活动二:四人合作,选择不同年份的年历表进行观察,将结果填入板贴。

合并学生记录的不同年份的板贴并汇总。

补充没有记录到的年份,合并几人的记录结果并比较。

师:老师将刚才同学们通过自己观察、自己记录的一些结果合并到了一张统计表中,里面有你们选择的不同年份,观察这一张大统计表,你有什么发现?

生:(1)一年有12个月。

(2)有些月份有31天。

(3)有些月份有30天。

(4)2月有时有28天,有时有29天。

师:你是怎么找的?找到年份后,先写什么?再看了什么?哪几个月有31天?哪几个月有30天?

师:是不是每一年的月份都有这样的规律呢?

活动三:借助万年历查找资料。

小结:1月、3月、5月、7月、8月、10月、12月都是31天。像这样有31天的月份称为大月。4月、6月、9月、11月都是30天,像这样有30天的月份称为小月。2月是特殊月,有时有28天,有时有29天。通常平年的2月份都是28天,闰年的2月有29天,所以2016年和2020年是闰年。

以往都是让学生观察所给的年历表中每个月的天数特征,反馈给教师,再由教师进行组合,直接将成果通过提前制作好的多媒体课件展示出来,环节未免有些形式主义,不能真正落实以学生为主体的教学理念,不能展示学生的思考成果。但在此次课堂教学实录中,教师提供空白的板贴,让学生自发以小组为单位,从多张年历表中随机选择,观察某一年月份天数的特点,将发现填入板贴,再由教师将不同小组的探究成果直接贴在黑板上进行汇总比较,得出规律。这一过程不仅能有效调动学生积极性,也能落实以学生为主体的教学理念,更能达到展示学生自己的学习成果的教学目的。

合作,是数学课堂文化的基点之一。教师提供丰富的实践空间,让学生在小组中自行分配每人的任务,合作交流。在小组交流时,学生不仅是"忠实的听众",更是积极的参与者、交流者,从而有效地促进了学生间的学习交流,使学生成为学习的主人,创造了良好的学习氛围。丰富的实践活动,让学生在过程中获得了丰富的感性经验。

在探究快速记忆大、小月的方法时,引导学生在小组中自发进行讨论、观察、比较、分析,每个人都在积极发表自己的见解,只要适用于自己的记忆方式,就是好的方法。小组成员在思维的碰撞中归纳了更好的记忆大、小月的口诀,提高了自己的数学语言表达能力、小组合作能力,也能在多种方法中选出最适合自己的方法,有效记忆大、小月。

三、在巩固练习中渗透德育

在对"年、月、日"有了一定的了解后,通过有趣的数学游戏有效调动学生积极性,帮助学生积累数学基本活动的经验,潜移默化地渗透德育理念,达到教学目标。在"大月男生站,小月女生站"的数学游戏环节中,学生都十分积极地根据教师所给的月份做出对应的动作,气氛十分活跃。课前让学生利用网络搜索自己生日的那一天祖国发生的一些重大事件,课堂中以小纸片的形式将自己的生日月份贴在黑板上,口述国家的重大事件,例如建军节、植树节等,让其余同学猜具体日期。学生反应都很积极,气氛十分热闹,在"猜一猜"的数学游戏中,潜移默化地树立学生的爱国意识,达到德育的目的。学生学会用年、月、日表示一些重要节日的时间,在分享国家一些特别日子的过程中感受祖国的日益强大,激发出爱国之心。

年、月、日不仅能够区分时间,更能够反映自己的国情,具有民族特色。在练习题中,学生知道可以借助年历表查找一些重要的日子,了解到我国还有很多值得记住的重大日子,了解中国发展史。把数学知识作为载体,传达一些特定的、富有教育意义的内容,将数学内容结合我国社会主义的现实情境加以诠释,可以有效地鼓舞学生,提高他们的民族自豪感,使他们感受到具体而生动的思想教育。

整堂课中,大部分学生都能跟随新颖的教学情境自发、主动地思考,探究年、月、日之间的关系,学生的学习兴趣和聪明才智得到了充分激发和发挥。大量的实践、讨论环节使一堂抽象、枯燥的数学课堂形象化,让学生真正成为学习的小主人。

兴趣是最好的老师,当一个人对未知事物充满好奇时,大脑才会处于兴奋的状态,在这种情境下,学习效率才能提高。学生在教师的点拨与引导下充分运用已有的生活经验,结合已学知识解决未知的问题。学生在全身心参与的过程中,思想一直保持高度的专注,对于每一个问题都能认真思考,学习数学的兴趣持续上升。

当然,教师也需要根据本堂课的教学效果进行反思。纵观本课时的教学,我将育人价值渗透于整个学习的过程中,较好地落实了本课的教学目标。除了爱国意识教育外,还能结合一些国际上值得纪念的日子进行教育,比如每年的 6 月 5 日是世界环境日,我们要爱护环境,减缓全球变暖,共同营造和平绿色的环境。比如让学生在年历表中圈出爸爸妈妈的生日,传递感恩之情,渗透感恩教育。作为教师,在课堂教学中也要规范自己的言行,通过榜样示范作用提升学生的道德素质,充分发挥小学数学课堂教学的德育功能。课后,教师也一定要努力提升自己的道德修养,提高自己的课堂教学能力,提高对已有课本的理解与领悟,与时俱进,这样才能在日常生活中、在课堂教学中拉近与学生之间的距离,激发学生学习的主动性。

为了鼓励更多学生在数学领域多多探索,课后也可以利用碎片化的时间有意识地和学生交流课余看到的一些社会信息,或者分享一些历史上对数学发展有重大贡献的伟人等,引发学生兴趣、拉近与学生之间的距离。例如在新中国的数学发展史上,有很多杰出的人物,教师可以通过分享这些杰出人物的先进事迹与生活趣事,引导学生感知数学事业对国家发展的重要性,鼓励学生自觉树立为国家民族做积极贡献的勇气与决心。

同时,作为数学教师,想要更好地贯彻思想政治教育,还要用敏锐的眼光去发现数学与现实生活的内在联系,及时、恰当、有效地与数学教学相结合。例如,关心每日的新闻,捕捉时事新闻中可与教学结合的点,努力做到及时联系,使情景逼真,具有新鲜感和激励性。又或者可以深入地挖掘现实情景的内涵,不是仅仅把一个问题和情景贴上数学标签,而是尽可能地讲出背后的故事,增强感染力。著名学者张奠宙先生对数学学科有过这样的表述:数学学科的德育首先从"热爱数学真理"的底线开始,有这样三个维度:人文精神、科学素养、道德品质,即数学本身的文化内涵、数学内容的美学价值、数学课题的历史背景、数学体系的辩证因素、数学周围的社会主义现实、数学教学的课堂环境。

总之,数学学科德育方法的探讨是一个长期的过程,需要广大数学教育工作者和教育研究者共同努力。我们应该从多个方面入手,通过多种途径和方法渗透德育,促进学生全面发展。教师要做一个有心人,对学生的思想品德状况有深刻的了解,抓好每一个德育渗透点,才能在数学课堂中培养学生思维能力的同时提高学生的思想道德水平,发挥数学学科的育人价值,让数学课堂的教学质量有效提升。

10　美育融入小学信息科技课堂教学的课例研究

——以《制作电子相册》为例

上海市绿川学校　杜　俊

一、背景分析

《义务教育信息科技课程标准(2022年版)》明确了学科核心素养的四个方面:信息意识、计算思维、数字化学习与创新、信息社会责任。核心素养指向学生的全面发展,要求学生具备适应个人成长与社会需求的关键能力与品格。而美育是一个人全面和谐发展的基本准则,在信息科技的教学中,教师应该引导学生能够科学地认识美、鉴赏美,将美育贯穿于信息科技学科教学的全过程。

本课的教学内容源自三年级信息科技拓展课程《记录学校生活　展示班级风采》第三单元《制作电子相册》的第1课时。之前,学生已经明确了本单元的学习任务,知道拍摄、美化照片的基本方法,准备了制作电子相册所需的相关素材。本节课学生通过将自己拍摄的同学、班级和校园的照片,制作成多姿多彩、个性鲜明的电子相册,进一步展示青少年朝气蓬勃的风采,让更多人感受到学校生活的美好,从而达成"以美育人、以美化人、以美润心、以美培元"的目标。

二、小学信息科技课堂教学中存在的问题

(一) 教学模式固化,难以真正激发学生的学习热情

传统的教育模式强调知识的传授与积累,因此,以往在上这节课的时候,教师习惯于强调软件工具的使用方法和操作步骤,课堂内容着重于技能的掌握和作品的生成。虽然部分学生可以在教师的指导下完成电子相册的制作,但由于缺乏合适的引导,导致学生缺乏共情,只是机械性地完成练习,很少能主动思考,发挥自己的创造性思维,将素材进行二次加工,制作出更具个性的电子相册。长此以往,学生的设计思维必然受到局限,创意表达能力也会相对薄弱。

（二）评价方式单一，不能全面反馈学生的学习成果

目前本校的课程评价体系比较单一，主要是以期末检测成绩为主要评价依据。以本课程为例，以往教师会依据学生提交的电子相册作品，从主题、技术、美感三个维度进行评价。这样的评价方式有一定的局限性。首先，受到相册主题、照片素材和使用软件的限制，学生的创作思路和作品容易具有一定的相似性。其次，作品的评价由任课教师一人完成，受年龄的差异和教师审美局限性的影响，部分学生作品获得的评价可能偏低。

以上两个问题，是信息科技课堂教学中重技术轻创造、重作品轻表达的典型。学生在信息课上往往是跟着教师的思路"埋头苦干"，缺少自我表达的意愿，语言能力得不到锻炼，思维方式被进一步"禁锢"，学习热情被消磨殆尽，创造力和想象力被逐渐扼杀，对"美"的感受也逐渐迟钝。因此，将美育融入信息科技课中，提供更多的机会让学生接触"美"，感受"美"，进行"美"的思维训练，拓展审美的深度与广度，刻不容缓。

三、美育融入小学信息科技课堂教学的实施和分析

本校三年级学生来自全国各地，学生之间个体差异较大。通过前期的问卷调查发现，只有约12％的学生曾使用手机App制作过电子相册，约40％的学生在生活中观看过电子相册。基于以上认识，本课教学以"如何制作一个电子相册"为核心，重点关注学生掌握制作电子相册的基本流程，不拘泥于特定软件的具体功能和细节，鼓励学生动手实践、探索创新、交流互动，提升自主学习和解决实际问题的能力，为后续学习打下良好的基础。本课的教学思路具体如下：

1. 通过制作班级电子相册，掌握制作电子相册的基本流程和方法，能够添加、删除照片，调整照片出现的先后顺序。

2. 借助视频、学习单等支架工具开展学习，通过主动探究、互相交流来克服实践中遇到的问题和困难。

3. 在制作电子相册的过程中，感受科技给生活带来的变化，提升自己的审美品位、科学素养和学习兴趣。

在教学设计中，重点在情景引入、知识新授及交流评价这三个阶段融入美育的概念。

（一）创设情景，在生活中感受美

实录片段一：

教师展示教室门口电子相框的图片。

师：你知道这是什么吗？它有什么用呢？

生：它可以播放照片。

师：你说得对，其实它的名字叫电子相框，它不仅可以播放照片，还能播放视频和音乐。（播放演示视频）之前的课上我们学习了照片拍摄的基本技巧，拍摄了不少校园照片，并且用图像软件对照片进行了美化，今天我们就把照片和音乐结合在一起，制作一个既好看又好听的电子相册吧！

分析：以上是本课的引入部分，通过展示电子相框和校园生活的照片及视频，引起学生的学习兴趣，让学生感受到电子相册记录学校生活的魅力。不过，因为疫情的影响，学生对自己教室门口的这个设备有些陌生，不能准确地说出它的名字。在介绍电子相框功能的同时，简单回顾之前学过的摄影和美图的相关知识，引出今天的学习任务，制作一个有声有色的电子相册。

小结：美育无法凭空开展，创设"真实"的教学情景，融入美学思维是一个有效的途径。通过展示教室门口的电子相框和校园日常的照片，给学生创设一个贴近生活的真实情境，有利于学生感受到校园生活的美好，从而聚焦自己的学习目标。除了"真实感"，还要注重美的细节。学生通过观看视频，可以直观感受到电子相册和观看一般照片的不同。制作电子相册不是简单的排列照片，而是通过设置不同的场景、动画、特效，配合背景音乐，更好地展现相机记录的校园生活的美好瞬间。在此过程中，还要能充分体现学生的个性设计和对美的感受。可以说，融合了美育的情景设计，能充分激发学生的学习兴趣和学习热情，极大地提高教学效率。

（二）学习新知，在实践中体验美

实录片段二：

学生观看制作电子相册的视频。

师：如何制作电子相册？分为哪几步？

生：添加照片、音乐，选择场景、特效，预览作品后发布。

学生完成学习单练习1。

师：同学们可以根据制作步骤，先选择你喜欢的照片和背景音乐，再挑选合适的场景和特效，在导出前一定要先预览一下。如果还有困难的同学可以打开学习包，看着里面的演示视频一步一步做。如果遇到自己解决不了的难题，可以先记录下来，之后我们通过交流讨论一起解决。

学生参考学习包中的演示视频，尝试制作电子相册。

分析：以上是本课的新授部分。围绕着"如何制作电子相册"这个主要问题，通过观看视频、结合练习，明确制作电子相册的三个主要步骤。由于学生的学习基础有差异，我们在学习包里准备了相关演示视频作为学习支架，给有需要的同学提供帮助。目前市场上有很多软件和 App 可以用来制作电子相册，掌握一般的制作步骤比强调具体某款软件的操作细节,对学生来说更有"举一反三""一通百通"的意义。通过实践操作,学生将自己拍摄的照片制作成电子相册,由静态的图像转换成视觉、听觉相互融合的多媒体作品,成就感满满,有些学生发出了惊喜的欢呼,迫不及待地要展示给其他同学看。

小结: 美育不能只靠"说",还要通过"做",通过"实践"去感受,去达成。在课堂新授中,教师要通过不同的教学手段,如语言引导、视频展示,把握课堂的"大方向",但在具体问题上要鼓励学生多尝试、多思考、多探索,鼓励学生自主地去发现美、探索美、了解美。从课堂的实际反馈来看,虽然个别学生添加照片、场景过多,导致工程导入比较慢,等待了较长时间,但是大部分学生都能较好掌握相关操作,初步完成了自己的电子相册。通过亲身实践,将照片以更美的方式展现给大家,学生获得了美的体验,收获了巨大的成就感。

(三)交流评价,在思考中提升美

实录片段三:

学生走出座位,观看其他同学制作的相册,讨论制作方法,分享制作经验。

师:你最想推荐谁的作品?说说你喜欢的理由。

学生举手,交流所见所得。

师:请将你推荐同学的作品填写在学习单上,简单写上你的推荐理由。

学生完成学习单练习2。

师:目前相册还有哪些不足?还能怎样改进电子相册?

学生分组讨论,交流所见所得,提出改进方法,完成自我评价表。

分析: 以上片段发生在评价交流阶段。此时此刻,学生基本上完成了自己的电子相册,内心特别好奇别人做的电子相册和自己的有何不同,因此,学生之间的讨论与交流特别热烈。在推荐环节,学生积极举手,毫不吝啬对别人的作品表扬,如"选择场景和音乐特别匹配""动画特效十分漂亮"等。此时,让学生在学习单上记录其最喜欢的作品,用一句话作点评,水到渠成。随后的小组活动,通过观察同组学生的作品,分析思考电子相册还有哪些不足,可以如何改进。有学生提出同学们的作品看上去有些相似,不够独特,缺少一点个性;有学生提出有些相册的特效过多,不符合相册的风格;学生建议可以使用软件中的"主题",或者干脆由自己设计每一个场景和特效等。

小结: 美育不能缺少交流、思考与辨析。教师要通过适当的引导,安排学生之间的相互交流、互相讨论、互相评价,鼓励学生用语言去表达美的感受,尊重学生的多元审美,激励学生展示美的作品。在实践中可以发现,通过学生之间相互观察、认真讨论,能够发现美不仅是好看的场景、特效,更是要与众不同,要有自己的个性体现,学生的审美能力在此时获得了提升,同时为下节课使用不同主题风格来制作相册埋下了伏笔。

四、课后研讨与反思

通过课堂观察和学习单的完成情况,以及课后个别学生的访谈,可以发现大部分学生能够完成自己的电子相册,在举手发言和集体交流中,能比较准确地表达自己的所思所想。以下是课后的几点反思:

(一)打破传统的教学模式,将美育充分融入教学设计的每个环节

学生是学习的主体,也是极具个性的个体。因此,在教学引入的环节,教师在设计情境的时候,既要运用情境的"真实性"来提升学生的沉浸感,也要从美学的角度来丰富情境中的细节,让学生在探索情境的过程中受到美学的熏陶。在教学过程中,要通过多种教学手段鼓励学生在实践中探索美、创造美。与学生的课堂交流中,教师要做到平易近人、温和有礼,如在提问后要多给学生一点思考时间;在相册展示环节中,要给平时少举手的学生表达的机会;多给一点时间让有困难的学生提问,鼓励同伴之间互帮互助。在评价交流阶段,要引导学生多交流、多讨论、多展示,教师可以走下讲台,参与到学生之间的讨论中去,听听他们对美的想法。在实践过程中,教师也要精简自己的教学内容,如作为学习支架的视频不宜过长,可以通过剪辑突出重点;要克制自己越俎代庖的"表达欲",让学生自己说,充分表达。教师的小结要短小精干,既突出重点,也要有留白,让学生在课后能多思考。

(二)采用多种评价方式,尊重学生的个性审美

对学生的学习评价,要结合教师与学生、作品和表达等多个维度进行,同时要尊重学生的个性审美,鼓励学生多思考、多交流。在本节课中,有些学生认为美就是"好看""炫酷",或添加很多特效,教师不要直接否定他们的选择,可以在制作过程中悄悄提醒他们,"这些特效和这个场景的风格匹配吗""还有没有更好的选择";同时,请他们去看看其他学生的作品,多观察、多比较,才能提高自己的审美水平。要鼓励学生对其他同学的作品进行评价,指出优缺点,有时候同学的评价比教师的说教更能让他们接受。同时,这些学生评价也要作为作品评价的重要依据记录在学习单上。

《义务教育课程方案和课程标准(2022年版)》中明确提到"以美育人、以美化人、以美润心、以美培元"。在小学信息科技课里融合美育,不仅可以提升学生的审美水平和艺术素养,还可以培养学生的创新能力和综合素质。当然,这些都不可能一蹴而就,必须在日常教学中反复尝试,磨合与改进。作为一名信息科技的一线教师,我要把美育融入日常教学中,在实践中不断积累、反思与总结,把学生培育成德智体美劳全面发展的优秀接班人。

参考文献：

[1] 周晓悦.将美育融入课堂——以图形图像处理为例[J].美术教育研究,2023(06)：147-149.

[2] 黄建初.走向实证[M].上海：华东师范大学出版社,2022.

[3] 刘林峰.基于课例研究的教研论文写作范式与策略[J].中小学外语教学(中学篇),2022,45(05)：31-36.

[4] 展之莲.论如何将审美教育融入到课堂教学[J].中国校外教育,2020(09)：115.

11 《七巧板》教学实录与反思

上海市浦东新区御桥小学　杨燕丽

一、教学内容

上海市九年制义务教育一年级数学第二册。

二、教学目标

1. 通过展示、辨别不同图形特征,初步认识平行四边形,形成初步的几何直观。
2. 通过拼摆图形在动手动脑的过程中发挥想象力,体会图形的变换,培养创新意识。
3. 通过用七巧板拼图的活动,初步了解中国古代的伟大文明创造,激发民族自豪感。

三、学科与民族精神教育的结合点

七巧板是我国人民发明的世界优秀文化,是我国人民对数学发展的一项重大贡献。这节课结合学生对七巧板的拼摆,向学生介绍中国功夫和中国古代的三大名桥(赵州桥、广济桥、洛阳桥),使学生感受到祖国辉煌灿烂的古代文明,激发他们的民族自豪感。同时,在学生欣赏、拼摆的过程中,播放一些具有民族特色的音乐,让学生在不知不觉中体会民族文化。

通过学生在小组内交流各自的拼图,让他们学会欣赏别人,理解和尊重他人的见解,培养团队合作精神。

四、教学重点

通过拼图形,体会图形的变换,发展空间观念。

五、教学难点

用七巧板创造性地拼图形。

六、教学准备

教具：多媒体课件、七巧板。

学具：每人一副七巧板。

七、教学过程描述

（一）创设情境，激趣导入

导入是课堂教学中重要的一个环节。成功的导入能迅速鼓动学生的学习情绪，引发学生的学习兴趣，激发学生渴望学习的心理状态，为整堂课的教学打下良好的基础。在这节课中，教师结合学生身边的事物引出数学知识，让学生感到自然、亲切、易懂。

师：小朋友们，你们喜欢玩玩具吗？把你喜欢玩的玩具介绍给大家好吗？

生自由介绍自己喜欢的玩具。

师：今天这节课听说小朋友要一起来玩玩具，有个小伙伴也想加入，看，它来了。你们认识它吗？

出示课题"七巧板"。

【设计意图】学生对将要加入的伙伴非常感兴趣，都睁大眼睛盯着大屏幕。用学生感兴趣的"玩具"这一话题进入新课，学生的学习兴趣一下子被调动起来，激发他们的求知欲、好奇心。

（二）操作感知，初识七巧板

低年级学生对于新的事物往往很感兴趣，教师根据条件，因地制宜地采用多媒体课件教学，尤其充分利用多媒体图、文、声、像，进一步刺激学生的多种感官，把抽象的数学具体化、形象化，提高学生的兴趣，更有利于教学。

师：你们知道七巧板的来历吗？今天老师请来了"七巧板"，请它给大家作个自我介绍吧！

多媒体演示各种由七巧板拼成的图案，背景介绍。（配活泼的音乐）

【设计意图】学生对多媒体的演示都很感兴趣，看到那些由七巧板拼成的精美图案，他们发出由衷的赞叹，也想动手拼一拼。通过介绍，学生知道了这么神奇的事物"七巧板"是我们中国人那么早就发明创造出来的，他们感到发明七巧板的人是多么聪明，多么伟大，激发出学生的民族自豪感，也激发出学生对我国优秀历史文化作进一步探究的兴趣。

(三) 动手实践,体验七巧板

利用数学学具"七巧板"进行操作实践,让学生动手动脑,看一看,摆一摆,想一想等,感知学习内容,动中促思,玩中长知,乐中成材,使学习内容在有趣的实践中被牢牢记住。

1. 在观看了有关七巧板的历史介绍后,教师马上顺势提出让学生自己动手拼喜欢的图案。

师:听了七巧板的介绍,是不是觉得"七巧板"很了不起,想不想自己也来拼一拼呢?

生自己动手拼图案。自由发挥,并反馈汇报。

【设计意图】伴随着动听的音乐,教师为他们创设了一个自由、舒适与美的环境。在这样的情境下,学生的灵感发挥得淋漓尽致,用七巧板拼出了荷花、蜡烛、火箭、小桥、天鹅等自己喜欢的图案,想象力非常丰富。拼出的图案也让学生感受到了数学的美。

2. 在学生交流各自的拼图后,教师及时引出"中国功夫"组图。

师:老师这里也拼了几幅图形,谁能猜出来它们分别是什么?

师:这些是中国功夫,你知道我们中国的武术吗?

生简略介绍他们所知道的武术知识。

多媒体演示介绍中国武术。(配音有关武术的音乐:《男儿当自强》)

生观看多媒体介绍。

师:看了介绍,你们想不想也来拼一拼?两位小朋友合作,可以选择给你的这些图形,也可以发挥想象自己来拼"中国功夫"。

生两人一组合作拼图形。反馈交流。

【设计意图】兴趣是学生学习最好的老师,观看中国武术介绍过程中,一些男孩子被深深吸引,个别学生还情不自禁地跟着一起比画,课堂气氛一下子活跃起来。反馈交流时,学生将他们平时看到过的一些武打动作也融入其中,每个人都发挥想象,拼出了各种图案:有的手拿盾牌,有的手拿利剑,有的卧倒,有的腾空跃起……通过动手操作,不仅激发了学生的创作灵感,还培养了学生的创新意识、合作意识。在拼"中国功夫"这一组图形的过程中,背景音乐配上《男儿当自强》这首歌,使学生在不知不觉中感受到中国的民族文化,增强民族自豪感。

3. 中国历史悠久,除了武术,还有很多其他优秀文化,让学生欣赏一些中国的桥。

多媒体演示:赵州桥、洛阳桥、广济桥、南浦大桥、卢浦大桥等。(配中国民乐)

师:刚才让大家欣赏了各种各样的桥,现在你可以发挥想象,用七巧板拼出你心目中的桥。

生分小组合作,每小组可以用3—4副七巧板拼出一座桥,拼完后取一个好听的名字,并派代表介绍一下。比一比哪一组拼的桥最有创意,最与众不同。

全班交流(作品展示)。

【设计意图】通过介绍各种古代、近代、现代的桥梁,使学生了解我国的桥梁建筑史,感受到古人、现代人为国家建设付出的智慧和劳动,激发学生的爱国热情。背景音乐配上中国民乐,学生非常感兴趣,他们的眼、耳、脑、手、口等多种感官互相协调,互相刺激,在活动中发挥着自己的想象力,体验到了学习数学的乐趣,提高了学习数学的兴趣。在小组交流与评价中,每个小组派代表介绍所拼图案:有的拼图在桥下设置红绿灯确保过往船只的安全;有的拼图在桥上架设屋顶(能根据天气情况自动开合),方便行人过往……通过这次动手操作,学生体会到不同图形之间的巧妙关系,以及其中所蕴含的数学知识,培养了克服困难的信心和勇气。同时,大家也立志长大后要为祖国的建设贡献自己的一份力量。

(四) 全课总结

师:通过这节活动课,大家知道了些什么?

【设计意图】在课的最后,学生纷纷说出上课的感受。有的说:"上了今天的课,我知道了很多中国古人的发明创造。"有的说:"今天我知道了七巧板是我们中国人发明的,我很自豪。"有的说:"我为是一个中国人而骄傲。"还有的说:"长大后,我要把我们的国家建设得更好。"……通过最后的课堂总结,进一步激发了学生的爱国热情,提高了学生的民族自豪感。

八、教学反思

本节课结合《上海市学生民族精神教育指导纲要》的要求,依据新课程标准的教学理念,根据小学低年级学生的年龄特点进行设计。整节课努力营造一个有利于学生主动求知的宽松、活泼的学习环境,从学生的生活经验和已有的知识背景出发,为他们提供充分的活动和交流的机会,让学生在游戏中学会发现、探索图形的奥秘,在活动中感受中华民族灿烂文明发展的历史。

对于小学低年级学生而言,简单地介绍一些古代数学成就或是古代数学家,必然不能激发出他们由衷的爱国热情。数学学科作为落实民族精神教育中比较隐性的学科,在落实过程中必须与其他学科进行结合,才能更加有效地完成教育要求。所以,在整个教学过程中,我适时地融入了中国历史、民族音乐、美术、古建筑等相关知识,如此多的相关知识融合在数学游戏活动中,使活动不再牵强附会,而是变得生动具体。同时,让学生在活动中感受到生活中处处有数学,发展了学生多方面的能力,在潜移默化中激发出学生的民族自豪感和爱国热情。

整节课通过介绍七巧板的历史、中国武术、古代三大名桥等中国历史文化,结合数学活动课的特点,让学生在动手、动脑、动嘴、动耳中,逐步激发他们对我国悠久历史文化作进一步探究的兴趣。学生的游戏活动始终在一些具有民族特色的背景音乐下进行,不仅活跃了课堂气氛,还使他们在不知不觉中感受到中国的优秀历史文化。最后,各小组经过讨论、构思、分工后动手拼出心目中的桥,充分发挥了他们丰富的想象力,努力拼出具有创意的图形,并起了自己喜欢的名字,课堂气氛非常活跃。当各小组依次走上台展示他们各自的作品时,课堂上又掀起一个高潮,而他们丰富的想象力、巧妙的构图,也是我始料不及的。在即将结束时,学生们由衷地抒发了他们的爱国热情以及报国志向。

12　保护学生探索欲，迸发 B1"小宇宙"

——莲溪小学建班育德活动分享

上海市浦东新区莲溪小学　周佳逸

有无好奇心和探索欲决定了一个人是否有求知向上的能力，亦成就了一个学生是否能够不断接受新兴的事物与知识。如何保护并开发学生的好奇心和探索欲？我们班的建班育人特色还要从那"神秘"的 B1 地下车库说起。

一、查原因，变问题为机遇

"丁零零！"二年级第二学期，一个平凡的午间休息过后，上课铃声照常响起。我走进教室，发现班里还空着两个座位，细细一看，我们班的垃圾分类管理员浩浩和他的同桌不在座位上。正当我要细究他们两个去了哪里，走廊里出现了他们匆匆忙忙的身影。他们喊了声"报告"，我便让他们回到了座位，想着他们该是在倾倒垃圾，晚了几分钟。又过了几天，下午第一节课时，等了五六分钟，还是不见他们两个的踪迹。

怀着"打蛇打七寸"的准劲，我拜托学科老师帮我看管一下班级，亲自去搜寻垃圾分类管理员的秘密。站在垃圾桶旁，我只闻其声，不见其人，循声望去，他们居然在 B1 车库里！询问原因，两个孩子支支吾吾地告诉我："老师，因为我们好奇。"当下的我，又生气又担心，立即让他们两个上来，道明了如此行为的危险性，进行了好一通批评教育。带着他们回到教室之后，为了避免同样的情况发生，我马上增加新的班规：学校的 B1 车库里不可以进去。

二、想方法，变瓶颈为抓手

然而，对学生强硬的灌输和说教并不可取，班规修改的前两个礼拜确实没有类似的情况发生，但是时间一长，新的班规仿佛是"潘多拉的魔盒"，引起了更多孩子的好奇。学校里，王老师的车子被刮坏了，究其原因，我们班又有另外五六个孩子在 B1 车库里探秘。

怀着"狮子搏象兔"的狠劲，我想要彻底解决这一问题。我查看了车库构造、老师们出入车库的时间，挑了个合适的机会，跟保安师傅们说了一声，带领整个班的学生进去。既然压抑不住,那我们就释放好奇!学生带着纸和笔,一边探索一边画着车库的构造图,了解车库的建造原因,停车位的合适尺寸,哪些视觉死角会有安全问题,等等。好奇心抒发过后,学生对 B1 车库便没有了之前强烈的探索欲。这样一次机会,更让学生学到了书本以外的生活内容,也得到了公共安全教育。

三、转方式,变扼杀为引导

百堵不如一疏,真正能解决问题的设计疏导要心对心,而不是力对力。

怀着"牛犊不怕虎"的干劲,我势必要满足孩子的好奇心。因此,我们决定建造一个有好奇心、有探索欲、有创造力的鲜活的班集体。没有组织的分散活动实在无法让人安心,那么我就把学生聚集起来,组织起一项完全崭新的活动。

(一)形成队会决议,制订"B1 计划"

针对 B1 车库事件,我积极表扬了学生的探索欲和在车库里发现的问题。经得班上学生的同意,在一次十分钟队会上,我把他们的想法汇集起来,命名为"B1 计划",由浩浩执笔,给学校写了一封建议信:

> 尊敬的校领导:
>
> 你们好!
>
> 经过仔细观察,我们发现学校 B1 车库里存在以下问题:1.B1 车库空间利用率不足;2.上下坡转弯处,有视线死角。我们诚挚地建议学校合理提升 B1 车库的利用率,重新对停车位做好布局;在视线死角处安装一块道路反光镜,避免发生安全问题。
>
> 来自 B1 的"小宇宙"

收到信后,学校妥善处理了以上问题。地面车辆减少,也弱化了全校学生在校内活动时的风险性。可是,我认为学生的好奇心和探索欲不能局限在这里,来自 B1 的"小宇宙"要迸发在更广阔的世界里!

(二)获得学校支持,延展"B1 计划"

"B1 计划"后的升旗仪式上,校长表扬了我班的创新行为,希望全校学生积极行动起来,在保障安全的前提下,合作开展探秘行动。

这段时间,正好有两条地铁线路开到了学校附近,很多学生对这新来的交通工具比较好奇。于是,我依托学校和地铁公司的志愿服务关系,制订了"B1 计划"Plan 2——地铁之旅。

计划方案如下:
    1. 我和家长陪同学生一起去地铁站里。
    2. 感受城市轨道交通的变化及其带来的便利。
    3. 写下发现的问题和改进建议。

    计划一出,学生的反应是欣喜。但是,我也收到了反对的声音:"老师,没必要浪费时间去满足他们的好奇心,跟他们说说就行。""这种活动会不会影响学习?""这样的活动,人员密集,出了安全问题谁来负责?"

    因为永恒的"安全第一"理念,因为所谓的"听话"教育……很多时候,学生的好奇心被现实扔进了垃圾桶里。这次,我顶风而行,向学校承诺,在出发之前会做好充分的安全教育。我向家长解释,活动是在学习之余,不会影响成绩。我推心置腹地建议:"尽管在我们看来孩子们的好奇心很稚嫩,但同样弥足珍贵,强硬地抑制反而会让其野蛮生长,不如利用一些合适的契机正确引导。"最后,经过学校同意,我在班级群里发起了接龙,请愿意参加活动的家长报名,统计结果是都去!

    活动前,我先自学了《上海轨道交通管理条例》和《上海市轨道交通乘客守则》,再挑选出一些切身的条目供孩子们实践探索。进入地铁站,我就把本次"B1"神秘任务单发送给了各小组。任务一:寻找乘地铁不文明的现象,想办法合理解决。任务二:探索地铁站内值得改进的设计,提出合理建议。

    "B1突破小组"发现有小朋友在地铁车厢里吃KFC,组长带着组员有礼貌地进行了劝阻;"B1探索小组"观察到,地铁站内的广告纸上有涂鸦的行为,很不美观;"B1创新小组"在任务单上记录下了他们勇敢地和陌生人接触,提醒他手机不要公放,虽然提醒的时候有些紧张,但是很开心完成了任务。上海轨道交通已经发展得比较成熟,所以对学生来说任务二有一定难度。值得点赞的是,"B1创新小组"注意到地铁站规定乘客可以免费带两名1.3米及以下的儿童乘车,但是他们来回寻找,除了钻地铁闸机,没找到合适的地方可以让两个人同时进入。各个小组决定团结起来,一起解决这个问题。有些学生虚心地向乘客求助,可是乘客也不清楚。有些学生走到服务中心去问工作人员,工作人员用员工卡打开了旁边的通道,说孩子和家长可以从这里进入。这时,平日里少言寡语的诚诚,勇敢地向工作人员建议可不可以把身高限制改成年龄限制,给十岁以下的儿童发放学生卡,自主通行。其他学生也踊跃补充……

(三)结合学校活动,开拓"B1计划"

    仅靠这两次活动远不能满足学生的好奇心和探索欲。

    怀着"蚂蚁啃大象"的韧劲,我因势利导,结合学校全员导师制活动,通过项目化学习方式推进"B1计划",决心要把这样的教育教学方式长期融进班集体。校内,我们把"B1计划"

与科技节、探究型课程、班队会、网络直播课程等相结合,不断落实。如:"从半空中投掷鸡蛋,怎样才能让它完好无损?""玉米的成长过程中会遇到哪些困难?""宇航员在空间站内如何工作生活?"等探究活动。校外,我联合家委会,依托"假日小队""社区实践活动""校外实践拓展"等,带学生走进"农贸市场",迈入青少年活动中心领略 AI 机器人的风采……

四、系生活,变被动为主动

雅斯贝尔斯在《什么是教育》一书中指出:"教育是人的灵魂的教育,而非理智知识和认识的堆集。"要让教育的过程有温度,就要把学生放到具体的社会生活中去。那么,如何让学生在社会生活中主动探索呢?

(一)举行表彰活动,点亮校园生活

我们在学校中心花坛举行"B1 行动表彰大会",校长亲自为探索活动中表现突出的"B1 探索者""B1 领路人"颁奖。至今,我还记得诚诚被表彰为"B1 探索者"时的惊喜表情、小龙被表彰为"B1 领路人"时的自信模样。小小的表彰对于探索路上的少年们来说是莫大的激励。

(二)把握学生兴趣,关注社会生活

各探索小组主动提出想要探索的生活实际问题,学生民主投票,从中选择最感兴趣的探索内容,如:"电摇"为什么会在小学生群体流行?"淄博烧烤"凭什么火出圈?……一来二去,探索内容与学生当下的实际生活之间、与社会当下的实际发展之间的联系越发紧密,学生的探索热情也空前高涨。学生在好奇心的发散中、在探索的实践中,化抽象为具象,对社会各项规定有了更情真意切的看法,主人翁意识得到增强,社会责任感也在萌芽生长。

通过"B1 计划",我们的班集体成了充满好奇心的快乐集体,学生自信、活泼、有创造力,总能在平凡的生活里发现新鲜事物,对新知识、新环境的接受速度也越来越快。如果说,起初的"B1 计划"只是地库探索,那么现在的"B1 计划"早已走出"B1",它是校内外一系列创新的探究活动的开始,更是学生主动关注生活、培育社会责任感的第一步。

"任何时期总有些人不敢探索,然而人类总是在探索而前进。"我想,学生的好奇心和探索欲,会像无垠宇宙,在一次次爆发中开启新的希冀。

第二辑　初步体验学方法

1 初中音乐学科育德实践研究
——基于"情境体验"教学策略

上海市北蔡中学　史炯华

一、研究基础

1. 学校美育和德育融合的需要

《关于加强和改进新时代学校美育工作的意见》指出:"加强美育与德育、智育、体育、劳动教育相融合,充分挖掘和运用各学科蕴含的体现中华美育精神与民族审美特质的丰富资源。"

2. 艺术课程标准的要求

《义务教育艺术课程标准(2022年版)》指出:"要引导学生积极参与各类艺术活动,丰富审美体验,学习和领会中华民族艺术精髓,增强中华民族自信心与自豪感。充分发挥艺术课程在培育学生审美和人文素养中的重要作用。音乐教育价值是多方面的,作为人文课程,应该发挥出其独特的人文教育功能,发挥音乐教育的文化认识与传播功能,要更好地发挥音乐课堂的作用,深层挖掘音乐课堂的文化附加值。"

3. 情境是人类进行一切行为活动必不可少的重要因素

情境是一个人在进行某种行为时所处的社会环境以及人们社会行为产生的集体条件。音乐的形成、表演以及欣赏无不有人参与其中,"音乐形成于情境之中""音乐表演于情境之中",无论是情境(外形)对于内心的烘托,还是内心借助于情境加以呈现、表达,关键在于内心、外形的统一。

二、概念界定

1. 情境体验

情境是一切教育活动的出发点和切入点,是促使学生自主活动于其间的人为创设的环境。它们都渗透着教育者的意图,是富有教育内涵、充满美感的,洋溢着智慧和乐趣的空间。情境体验是通过创设真实的、虚拟的教学情境,让学生在其中参与、活动、思考等,从而激发学生的情感,有效地促进学生认知的发展、知识的构建。情境体验可以使学生在美的情境中受到熏陶感染,塑造完美人格,培育人文精神。

2. 音乐学科:情境体验教学策略

在音乐教学过程中,教师根据教学内容的要求,以激发学生的情感为目的,引入或创设具有一定情绪色彩的、以形象为主体的生动具体的场景,使学生如临其境,受到情绪的感染。并通过"欣赏、表现、创造、联系"的体验,使学生产生情感上的共鸣,达到以情入理、情理交融的境界,从而帮助学生产生学习兴趣、理解学习内容,并使学生心理机能得到发展。

三、音乐情境体验教学策略

(一)"展示表演"情境体验教学策略

教师和学生的课堂行为活动应以"美"为准则,在音乐课堂教学中,教师饱满的情绪、准确优美的歌唱示范、大方得体的教学行为不仅能给学生以美的直观感受,而且能让学生体验到音乐美的内涵。而学生纯净的歌声、求知的渴望、青春活力等与教室的环境美、各种创设优美情境的物体形成的美等构成一个和谐的课堂美。学生在美的情境中陶冶情操,得到艺术般的享受。

案例一:《祖国颂歌——红旗颂》

【案例素材】

《红旗颂》选自上海教育出版社九年义务教育课本《音乐(试用本)》六年级第一学期第二单元《祖国颂歌》。教学素材《红旗颂》是吕其明创作于1965年的管弦乐作品,以红旗为主题,描绘了1949年10月1日的开国大典上,天安门广场上第一面五星红旗冉冉升起时那庄严神圣的一幕。

【情境创设】

教师在对作品、作曲家介绍的基础上,通过自己的舞蹈片段展示表演,创设情境,让学生进行感知体验。

师:管弦乐作品《红旗颂》创作于1965年,吕其明先生以1949年10月1日开国大典为背景,描绘了新中国升起第一面五星红旗时雄伟庄严的情景。

师:吕其明出生于1930年,1945年加入中国共产党,是新中国培养的第一批交响乐作曲家,他谱写了许多鼓舞人心、广为流传的音乐作品。2021年6月29日,伴随着《红旗颂》的旋律,他得到了中共中央授予的"七一勋章",这是党内最高荣誉。第一批获此殊荣的有战斗英雄、劳动模范、改革先锋,为什么音乐家也能得到这样的荣誉呢?

生1:我觉得是因为他创作了很多经典的音乐,鼓励人们奋勇前行。

生2:因为他谱写了许多鼓舞人心的音乐作品,使得大家战胜一次又一次的困难,赢得最后的胜利。

师:是的,吕其明先生用手中的笔谱写音乐歌颂党、歌颂祖国、歌颂人民,为人们带来精神食粮,他的音乐鼓舞了一代又一代人的成长。

师:老师听了这个作品也深受鼓舞,想用一段舞蹈表达自己的感受,同学们说说老师想通过这段舞蹈表达什么感受?

(教师表演舞蹈片段)

生1:老师手捧红旗,眼神中透露着对红旗的热爱。

生2:老师把红旗贴在胸口的时候,感觉是一种温度的传递,是对红旗的爱惜、对红旗的热爱。

生3:我觉得老师在表演时,两手打开、将红旗撑开时,感觉红旗特别的雄壮、伟大,而且特别有力量。

生4:……

师:同学们说得真好!作品《红旗颂》是表达对红旗的歌颂和赞美,老师就是想通过舞蹈来表达对音乐的感知,来表达自己心中对红旗的歌颂和赞美,同学们有没有想过为什么要歌颂和赞美红旗呢?我们一起通过今天的学习来寻找答案。

【案例思考】

在音乐课堂教学中,教师或学生的直接表演以及课堂设置与内容相关的客观情境能给学生理解音乐教学内容提供很好的条件。音乐教学活动本身就是在一定的情境下进行的,直观的表演展现情境是培养学生音乐学习兴趣的前提。

(二)"生活元素"情境体验教学策略

生活元素对于激发学生学习兴趣、理解音乐有着重要的意义。在进行教学的过程中,"生活元素"情境可以帮助学生寻找生活原型,把音乐与学生的实际生活联系起来,触动学生的某些情感,进而与音乐产生共鸣。音乐课堂教学中,把生活经验音乐化、音乐问题生活化,让学生逐步获得感受、鉴赏、表现、创造音乐以及相关文化等多方面的艺术能力和素养,让课堂充满生命活力,最终达到育人的目的。

案例二:《岁月回响——追寻·岁月记忆》之《我和我的祖国》

【案例素材】

《追寻·岁月记忆》选自上海教育出版社九年义务教育课本《艺术(试用本)》八年级第二学期第三单元第一课《艺术描画的历史长卷——岁月回响》。教学素材电影《我和我的祖国》是2019年为庆祝新中国成立70周年而拍摄的一部电影,由七位电影导演用七个我国重要的历史事件,以最普通的老百姓的角度讲述了新中国成立70年间值得我们所有人铭记的光辉岁月。

【情境创设】

(教师引用大家熟悉的故事,借助视与听的结合,创设真实情境,激发学生对于祖国伟大历程、神圣时刻的内在情感。)

师:在正式开始今天的音乐课之前,老师想和大家分享一部电影。老师在这部电影刚上映的时候就去影院观看过,感慨万分,尽管没有经历过,但那一幕幕生活中的场景,仿佛就是自己的故事。

师:这部电影的名字叫《我和我的祖国》,它是由七个不同的故事串联而成。老师选取了其中两个故事的片段——《前夜》和《回归》,请大家一起来欣赏。

(观看电影《我和我的祖国》之《前夜》《回归》片段)

(当电影片段中响起国歌时,全班同学不由自主地鼓起了掌)

师:观看了影片的两个小片段,相信大家肯定是感慨万分,从刚才的掌声就能感知到。那么,有谁能来分享自己此刻的心情?

生:尽管我没有出生在故事发生的那个年代,但"新中国成立""香港回归"的片段却是那样熟悉、那样真实,心中涌现出的是无限的自豪!所以,这个时刻的掌声肯定不能少!

师:那么为什么会让你们有那样的真实感受?是故事情节?是画面?还是其他什么?

生1:老师,我觉得一方面是故事情节,这两个片段的故事都是耳熟能详的;另一方面,我觉得是画面,因为在影片中穿插了黑白的片段或者说比较老的片段,应该是当时的录像。

生2:我觉得是画面与声音的结合,从视与听的角度给予了我们最真实的感受。毛主席宣布中华人民共和国成立的那个时刻,毛主席出现的画面、他的声音,就是真实再现。

师:非常棒!其实我们在座的所有同学,都没有经历过这两个神圣的时刻,但正是因为这耳熟能详的情节、真实的画面、真实的声音,让岁月回响,让我们尽管隔着屏幕,也能置身其中。

【案例思考】

教师联系生活实际创设情境,不仅提高了学生的学习兴趣,触发了学生的情感体验,唤起情感共鸣,更是让学生通过对作品的直接经验与丰富的审美体验,产生了强烈的爱国意识与民族自豪感。

(三)"语言创设"情境体验教学策略

实践证明,教学过程中教师通俗易懂的描述、亲切简洁的讲解、生动形象的比喻、抑扬顿挫的朗读、饱含激情的感情抒发等话语创设语言情境,可以实现以境带情的教育效果,使师生感情与音乐情感达到共鸣。

案例三：《岁月回响——追寻·岁月记忆》之《追寻》

【案例背景】

《追寻·岁月记忆》选自上海教育出版社九年义务教育课本《艺术（试用本）》八年级第二学期第三单元第一课《艺术描画的历史长卷——岁月回响》。音乐电视《追寻》根据影片《建国大业》同名主题歌制作，以剪辑《建国大业》镜头的方式浓缩剧情，与歌曲相呼应，再现了电影中讲述的1949年前夕，中国共产党领导下的多党合作和政治协商制度建立的历程。采用与《国际歌》相似的旋律作为副歌部分的第一句，预示了电影的情景，深化了电影的主题，音乐与画面完美结合，相互呼应。

【情境创设】

（通过与音乐电视相关的问题的层层铺垫，并依托教师抑扬顿挫的语言情境创设，引导学生不断深入、不断思考，从而感知体验音乐作品所要表达的情感和内在意蕴。）

师：接下来，我们来欣赏音乐电视《追寻》，请大家思考，音乐表达了怎样的情感？题目中的"追寻"是在追寻什么？具有怎样的寓意？

（学生欣赏音乐电视《追寻》）

生：《追寻》的音乐大气磅礴，里面演唱的部分也气势恢宏，歌词具有深远的意义。

师：大气磅礴、气势恢宏，音乐带给我们的是一种雄壮、伟大，一种豪情万丈。电影《建国大业》中的镜头，以浓缩的方式，在音乐电视中呈现，给予了我们极大的冲击力。

师：音乐电视《追寻》就是根据影片《建国大业》同名主题歌制作而成。那为什么歌曲《追寻》能作为电影《建国大业》的主题曲？"追寻"又具有怎样的意义？

（学生再次欣赏音乐电视《追寻》）

生1：我感觉"追寻"表达的是一代伟人对梦想的执着和建立新中国的无懈追求。

生2：从近的层面来说，"追寻"就是无数革命志士解放中国、成立新中国的这种志向。从远的层面来说，"追寻"应该是每一个人的梦想，无论是伟人的梦想，还是普通老百姓的梦想，无论是大梦想还是小梦想，是每一个人追求梦想乃至实现的过程。

师：真好！无论是从音乐旋律与歌词的结合，还是音乐旋律与画面的完美结合，让我们感受到的是音乐作品所表现出的对追寻建国梦的坚定决心。

师：接下来，我们再来欣赏一下《追寻》，请大家尤其关注副歌部分，音乐旋律与哪首歌曲中的旋律相似？

（学生再次欣赏音乐电视《追寻》）

生：这是《国际歌》的旋律。

师：与《国际歌》旋律一致，还是略微有变化？

生：《追寻》副歌部分的旋律与《国际歌》旋律的走向不同，这里是向上的旋律走向。

师:这又是为什么呢？为何有如此的变化？

生1:电影《建国大业》中,伟大领袖们在得知淮海战役取得成功后不禁唱起《国际歌》,那是多么热血沸腾的场面,我想这是一股爱国热情,于领袖们是,于屏幕前的我们也是。

生2:这样的变化,让我感受到的是歌曲隐藏着我们坚定不屈不断向上的民族力量。听了之后,我内心的民族自豪感油然而生。

师:同学们,无论我们身处怎样的时代,我们都要不断追寻中国梦,始终怀揣实现中华民族的伟大复兴而奋斗的使命感。

【案例思考】

用语言创设情境,还是通过层层铺垫的问题创设,在教师抑扬顿挫的语言中,激发学生思维,步步引导学生感悟艺术作品所反映的文化内涵,领会艺术对文化发展的贡献和价值,进而能更有效地落实德育目标。

(四)"活动创造"情境体验教学策略

初中生具有爱玩、好动、注意力稳定性差,而好胜心、好奇心、自尊心、表现欲强烈等心理特点。教师可以结合学生情况及教学内容设计多样化的教学活动,在愉快的"活动"中,全面调动学生的学习兴趣和学习积极性,更有利于学生在活动的情境中真实感受音乐的情绪与情感。

案例四:《节日欢歌——金蛇狂舞》

【案例素材】

《金蛇狂舞》选自上海教育出版社九年义务教育课本《音乐(试用本)》七年级第一学期第四单元《节日欢歌》。《金蛇狂舞》是聂耳于1934年根据民间乐曲《倒八板》整理改编的一首民族管弦乐曲。乐曲的旋律昂扬,热情洋溢,锣鼓铿锵有力,渲染了节日的欢腾气氛。

【情境创设】

(在对乐曲"螺蛳结顶"部分欣赏和分析的基础上,教师通过模拟打击乐的节奏活动情境的创设,要求学生通过自己的练习、自己的表演真切地感受乐曲所要表达的音乐情感。)

师:接下来,我们一起来欣赏乐曲的第三乐段,请大家边欣赏边思考,乐曲的情绪是否与之前的一样？

(聆听乐曲的第三乐段"螺蛳结顶"部分)

生1:乐曲的情绪可以说依旧热闹非凡,民间喜庆的感觉非常浓郁。

生2:乐曲的情绪也在原有的基础上,越来越高涨,达到了一个顶峰。

师:请大家看屏幕上老师所列出的示意图,我们一边看示意图一边来聆听这个片段(再次播放"螺蛳结顶"部分),上、下两个乐句之间有着对答呼应,而且随着一句一句的深入,句幅也逐层减缩,速度更是逐渐加快,情绪逐层高涨,直至欢腾红火的顶点,巨龙舞动、锣鼓喧天。

师:如果说刚才"螺蛳结顶"的音乐片段中,锣、鼓、钹、木鱼等打击乐器的节奏烘托起到了极致的作用,那么接下来,老师也准备了一段音乐节奏,让我们用拍手等不同的表达方式,在层层的缩减和速度加快中,感受一番乐曲的情绪。

```
2. 节奏练习(二)
    第一条:  4/4    x    x x    x    x    ‖
                   跺脚   拍手   拍胸  捻指
    第二条:  3/4    x    x x    x         ‖
                   跺脚   拍手   拍胸
    第三条:  2/4    x    x x              ‖
                   跺脚   拍手
    要求:(1)分谱例进行练习。
         (2)根据谱例进行结合练习。
```

(学生分小组进行练习)

(全班学生共同进行节奏表演)

师:大家的合作表演非常棒,不仅让老师感受到了你们对于这段节奏练习的热烈情绪的表达,更是在一次一次练习中,感受到了大家的齐心协力、团结一致。

师:回到作品,其实也是一样的。我们不仅体会到了作品所要表达的音乐情感以及内在意蕴,更是通过音乐,感受到民族团结、民族自豪感和爱国主义情怀。

【案例思考】

以音乐作品为载体,将知识技能和审美体验巧妙地相结合,引导学生在参与体验的基础上,理解音乐作品中传递的思想感情,潜移默化地影响学生的人生观和道德观。

四、音乐情境体验教学策略应用的关键点

1. 整合情境体验策略,让学科德育渗透更有张力

创设情境体验的设计既要内在关联、前后呼应,又要相对独立、互不隶属,不同的情境各有侧重,服务于不同的教学任务。教师要在充分认识德育意义的前提下,理解德育的内涵,将德育内容有效渗透到学科教学中,才能使情境体验教学与学科德育相融合,净化学生心灵,提升情感体验。

2. 利用情境体验策略,让学科德育渗透更有深度

教师要熟练把握教材,紧扣德育思想,自然地将德育渗透到教学环节中。课堂教学要从

教材实际出发,把德育附着于知识的讲授中,使学科的科学性与德育的思想性紧密结合,达到知识的讲授与德育的有机渗透。在连续的情境体验中,帮助学生将学习的成果与生活的点点滴滴衔接起来,并潜移默化迁移到真实生活中,达到德育智育的双重教育。

3. 拓展情境体验策略,让学科德育渗透更有创意

情境的创设,要传递出一种积极美好的情愫。学生置身情境之中,受到积极价值观的影响和感染,才能在有共鸣的状态下,自觉、自主地学习和运用知识,发挥自己的创意,表达自己的态度和情感。课堂教学中只有融合学科特点的德育渗透,融情于"境",才能加深学生的内心体验,激起学生广远的创意联想。

2 教学有方法 课堂有温度

上海市北蔡中学 葛筱宁

由国家主导的"双新"教育改革,强调立德树人,强调素养指向,强调让学习真正地发生,这其实是更加关注到人的学习经历、人的精神成长。

事实上,好的教育一定是人的教育,且一定不仅指向那些功能性的教育,更是指向人之所以为人的教育。

说到底,教育的本质就是人与人灵魂的相遇,是一种"关系性实践",即通过人际关系(教师与学生的关系、学生之间的关系)来影响一代新人成长的事业。

因此,在我看来,教学就成了一项特殊的交往活动。知识是可教的,但情感、态度、价值观以及批判创新等品质是要通过交往这一活动方可习得与养成。这种交往当然不能排除传递,但如果这种传递建基于外在灌输而忽视内在养成,建基于机械操练与控制而忽视批判创新,建基于外部评价而忽视综合评价,那么这种传递则是反教育的,是有悖于当下时代精神的。

教学这种特殊的交往活动,在本质上就是一种探究——探究如何创造新知,产生精彩的观念;探究如何构建必备品格,形成自身美好的人性。可以说,教学就是产生精彩观念与构建必备品格的一种特殊的交往活动。精彩观念的持续发展,显示出智力的本质所在。必备品格的构建,决定着智力发展的方向,以及人生的美好意义。两者不可偏废,不能视为两张皮。精彩观念的产生应建基于美好的情感、理性的态度及正确的价值观之上,否则研创的新知识就有可能无法造福社会;必备品格的构建则需要通过解决复杂问题、产生精彩观念等实践活动逐步地习得与养成,否则无异于空喊口号。

由此可见,教学实质上是一种自带温度的特殊交往活动,它不再只是冷冰冰地侧重于发展解决问题的关键能力,而是要给予学习者以美好情感、理性态度与正确价值观的引领。它要求师生双方都必须拿出教与学的诚意,共同合作创造精彩的观念与构建必备品格,在理解知识、创造知识、超越知识中催生学习者终身发展所必需的核心素养,而不是仅仅满足于现有知识与技能的传授。

在全国基础教育进入深化改革阶段的当下,呼唤高质量教学成为时代的关键词,而"高质量教学"不应该只是瞄着精彩观念的产生、解决问题能力的发展与提升,还必须关注情感、态度和价值观等必备品格的习得与养成。这样一来,我们作为教师,不仅是要帮助学生在知识学习方面走得快,更要引导他们在人生道路上走得远。

实现"高质量的教学",需要有一些深入人心的教学方法与实践操作。我们要将学习者当作人,当作有感情的人对待,这样,他们形成的关键能力便能实现可持续发展。所以,我们的教学应该"体贴"学生,应该充满温暖,应该具有人性的光辉与力量,而当课堂中的师生关系有了韧性或张力,而不显得片面生硬的时候,才是真正发展了学生的核心素养,才能培育出有理想、有本领、有担当的一代新人。

一、务实:让孩子们再讨论一次

我们在教学设计中不免会安排学生进行课堂讨论。讨论符合孩子的天性,讨论能增强学生的合作与交流能力,讨论对培养他们积极健康的性格也有着重要作用。总之,学生的热情总是能被课堂讨论所调动,大家你一言我一语,交流沟通,讨论使我们的课堂具有了一定的温度。

然而,令人遗憾的是,根据笔者的观课经历,很少有教师能够让学生对同一问题进行二次或二次以上的讨论,而且这仅有一次的课堂讨论也更多地流于形式,或是因为不值得在同一问题多花费时间讨论第二次,或是因为教学进度或时间紧张等而草草收场。

我们可以想见,第一次讨论后大多数同学尚未来得及进入比较深度的学习,他们仍处于半生不熟、半懂不懂的状态,由此形成的真空仍要教师大量地讲解、分析予以灌输。这样,讨论就基本失去了存在的价值和意义,由讨论激发出学生的探究兴趣或意识便迅速地被教师的总结陈词打断,教学中探讨的温度常常一下子被激活,又紧接着一下子冷却了。

请看语文七年级上册《散步》一课的教学实录片段:

师:请大家开始讨论一下《散步》的中心主旨吧!

(学生第一次讨论,用时13分钟)

生1:这篇课文揭示了尊老爱幼的主旨。

师:认同这种说法的,请举手。

(几乎所有同学都举起了手)

学生1的观点代表了大多数人的看法,但很显然,第一次讨论《散步》的中心主旨并没有起到作用。这时候,接下来的教学不外乎是教师进行纠正,重新明确这篇课文的中心主旨,然后诠释其中的原因,并且归纳提炼课文中心主旨的方法等。

我却认为,这时候的学生需要经过教师的引导,重新调整自身的阅读视角与判断,进行第二次讨论。原因就在于我们的教学要有务实的精神,要将学生的"学"真正地落到实处。

在我看来,课程或学科就是由一个个不断产生的探究性的知识与问题组成。好的教学就是师生共同探究这些知识与问题,而不是侧重于传递与灌输。既然需要讨论,则说明所面临的问题比较复杂,不太可能一蹴而就,那就有必要一而再、再而三地探讨下去。

只有我们先做到务实,学生才能感受到教师不是玩虚的,不是走过场,而是要实实在在、脚踏实地地探究问题,这就是一种情感、态度与价值观的呈现,它为培养学生的学习态度给予了正确的导向。相反,学生可能觉得教师在愚弄他、轻视他,渐渐地对学习的兴趣与热情便会消退,只一味等着教师或别人所谓的正确答案。有意义的学习也绝不是这样的,这样的学习不会走得太远。

所以,当学生第一次讨论不甚理想的时候,便要想尽办法指点他们的缺失、调整他们的思路、引导他们的方向,然后毫不犹豫地进行第二次讨论,其目的在于促使学生能够实实在在地思考、探究,使他们真正有所获益。

师:你认为本文的中心主旨是"尊老爱幼",你知道你是站在哪个角度得出这种结论的吗?

生1:我是站在一家人的整体角度的。

师:有哪些同学没有站在一家人的整体角度上考虑?

我开始尝试调整学生阅读文本的视角。因为视角不同,所得到的结论定然不同。

生2:我没有站在一家人的整体角度上,我是站在"我"的角度去看待文章的。

师:为什么你要站在"我"的角度?

生2:因为文中的每一句话都是把"我"的角度作为出发点。

极个别的学生显然抓住了课文的"牛鼻子",顺着这个"牛鼻子",便能归纳出有别于"尊老爱幼"的另一种主旨,而这个主旨,便是最贴近文章内涵的中心主旨。

师:每一句话都是从"我"的角度吗?!

生2:我感觉到课文中作者几乎无处不在,我好像被作者吸引着,不得不跟着一步步向前走,作者叙述的痕迹很重。

师:我需要证据!

生3:全文写"我"或"我的"的地方很多很多。比如一开头:"我们在田野上散步:我,我的母亲,我的妻子和儿子。"接下来有:"我和母亲走在前面,我的妻子和儿子走在后面。"有时候甚至非要在"母亲""妻子"前面冠上"我的"这一修饰或限制语。

师:有道理,但这一证据并不太充分,因为就算整篇文章都出现"我",也不该轻易地断章取义。请大家再仔细阅读课文,然后进行第二次讨论。

(第二次讨论用时13分钟)

大家再一次投入反思、探究、研讨之中。显然,学生的学习热情因为第二次讨论而更加"燃"了。在讨论中,有的学生肯定一开始无从下手,那么他必然会倾听、会依照别人现成的答案。因而,这种探讨需要两三次,这样,他极有可能会从依照别人过渡到独立思考,而恰恰有了独立思考,才能实现真正的对话与交流。真实的学习就是这样发生的。

因此,如果说第一次讨论只是浅尝辄止的"暖场",那么第二次讨论则是真正使教学"温热"了起来。

生4:文中"一切都取决于我"这一句能够说明"我"很重要,这是一家人产生分歧的时候;而没有分歧的时候,"我"同样很重要。请看全文第一句:"我们在田野上散步:我,我的母亲,我的妻子和儿子。"将"我"放于首要位置,暗示后文基本是围绕着"我"展开叙述的。

师:有想法!但需要验证,需要全神贯注、聚精会神、专心致志、心无旁骛地沉浸到文本当中去,逐段逐句地,甚至逐字地去验证。

生5:课文最后一段,从表面上看,是在写一家人的散步,但仔细一读,其实是在写以"我"为核心的一家人在散步。"我"像是中流砥柱。"这样,我们就在阳光下,向着那菜花、桑树和鱼塘走去。到了一处,我蹲下来,背起了母亲;妻子也蹲下来,背起了儿子。我的母亲虽然高大,然而很瘦,自然不算重;儿子虽然很胖,毕竟幼小,自然也轻;但我和妻子都是慢慢地,稳稳地,走得很仔细,好像我背上的同她背上的加起来,就是整个世界。"

第一次讨论后的反馈,提供给教师了解学情的宝贵机会。这时候,教师就需要紧扣学情,相机提点,或调整,或指引,使学生开始触摸到阅读文本的正确打开方式,让他们再读课文、再次思考与探讨,努力实现真正意义上的学习。

我们认为,在教学中充满温暖的一刻就是学生在教师和其他同学的帮助下建构自己知识体系的那一刻,绝不是教师将答案直接告知学生的那一刻,因为这样并不一定能使他们真正理解,应当让学生意识到如何通过自己的探究去找到答案,而这就需要第二次讨论。

事实上,给孩子们再次讨论的机会,正是出于"务实"这一教学理念,它所体现出来的对学习的情感、态度与价值观,感染了学生,温暖了课堂,使我们的教学充满了温度,让学生在未来的学习中具有了"务实"这一宝贵的学习态度。

二、求真:让孩子们展开思辨

《中国学生发展核心素养》明确提出了"科学精神"这一核心素养,主要是学生在学习、理解、运用科学知识和技能等方面所形成的价值标准、思维方式和行为表现,具体包括理性思维、批判质疑、勇于探究等基本要点。

可见,面对当今时代的海量信息,引导学习者如何辨识其真伪、如何进行准确合理的判断,将是教育的一项重要任务。2017年8月29日,哈佛的校长在新生开学典礼就这样发言:"教育最重要目标:确保我们的学生能辨别'有人在胡说八道'。"春秋时代的孔子说:"学而不思则罔,思而不学则殆。"战国时期的孟子也说:"尽信书,则不如无书。"当今信息的发达,未必代表社会生产力发达,推动人类进步的一定是"真实"的力量。因此,如果我们的教学引导学生展开思辨,那么,学生的思维一定会是活跃的、亢奋的。毋庸置疑,思辨求真,将会使我们课堂的温度直线上升。

请看语文八年级下册《社戏》一课的教学实录片段:

生1(朗读课文):"晚上看客少,铁头老生也懈了,谁肯显本领给白地看呢?"

师:大家有没有注意到"白地"一词的意思?

生2:课文有注释,"白地"表示空地的意思。

(教师出示《汉语大词典》中"白地"的两种义项:①荒地;空闲的土地;②空着的地方;空隙)

师:显然,课文注释采用了第二种义项。"白地"表示空地、空着的地方。那就请大家判断一下,课文注释采用第二种义项去解释"白地"准确吗?为什么?

质疑教材文本内容,可以极大地调动学生的积极性——能从教科书里挑出毛病确实是一桩了不起的事情。当然,我们的最终目的不是挑刺,而是培养学生的理性思维和批判质疑、勇于探究等科学精神。因为我们的教育如果不能做到对既有知识形成质疑、批判,并积极建构每一位学习个体独特的想法,就不可能有真正意义上的创造与超越,也不可能实现面向未来的创新性的个性发展。

生3:"白地"一词只有两种义项,通过排除法,也只能采用第二种义项,所以,"白地"的意思就是空地。

学生3认为课文注释内容没有什么问题,更多的学生便陷入了思考。我提示大家细读课文,从文本中找一些依据,充分论证自己的看法。

生4:课文注释解释为"空地",我认为不够准确。因为上文阿发已经交代了:"近台没有什么空了,我们远远的看罢。"既然"没有什么空",就表明"白地"不代表"空地"的意思。

一时间,空气似乎凝结了。学生都望着我,希望得到我的判断。

我当然表示支持,因为他的回答有理有据啊!可是,《汉语大词典》的义项也不容置疑啊!顿时,大家开始了争辩,课堂的温度就这样被"吵"得热起来。

生5:如果按课文注释将"白地"解释为"空地",很容易让人产生误解,以为是字面意思上的"空着的地方或空隙"。

生6:我同意,后面紧接着也写到"而况并没有空地呢……"这样的话。

师:从这些语句表明,接近戏台的地方确实已经停满了看戏的船,没有一点空余之处了。可见,将"白地"解释为"空地"有些不那么贴切。那么,这里的"白地"该如何解释才比较恰当?

思辨的目的不是挑刺或抬杠,而是为了求真。因为我们求真,所以是能够激发起学生的好奇心与求知欲的。

如果想要达到高质量的教学,引领学生进行深度学习,那就要指导学生学会质疑,以提升自身的判断力,这是作为教育工作者、学习者必须直面的东西。面向未来的教育不是中考、高考,而是"思考"。有了求真、思辨这些理性精神与科学品质作为内核,我们的教学才不会死气沉沉,才算真正有了温度,才能真正迈向现代化。

生7:"白地"一词出自文中双喜向"我"解释的一句话:"晚上看客少,铁头老生也懒了,谁肯显本领给白地看呢?"从这句话可以知道,"白地"就是指"看客少"的场所。

生8:而且下文紧接的一句"因为其时台下已经不很有人,乡下人为了明天的工作,熬不得夜,早都睡觉去了,疏疏朗朗的站着的不过是几十个本村和邻村的闲汉。乌篷船里的那些土财主的家眷固然在,然而他们也不在乎看戏,多半是专到戏台下来吃糕饼、水果和瓜子的。所以简直可以算白地"更是让我们理解了"白地"就是指观众寥寥无几的场所。

只要我们抱着一颗求真的心,思辨就自然是冷静客观的,是具有建设性的,而不会简单地堕入挑刺、抬杠等不理性的境地。因此,在教学中我们要激发学生展开思辨,目的在于培养他们批判求真的科学精神。后来,我将大家思辨的成果撰成小文《"白地"的解释》投稿,发表在2020年6月的语文核心期刊《语文学习》上。

事实上,让孩子们展开思辨,正是出于"崇尚真知"这一教学思想,它所折射出来的那种对真理上下求索的情感、态度和价值观,使我们的教学充满了温暖与力量,"求真"的这一品质增强了学习者在他人与自然面前的尊严、能力和福祉。

三、创新:让孩子们不断地"试错"

自上海的"二期"课改以来,我们一直在倡导创新精神。在我看来,创新不再仅仅是制作一些小发明小创造,或是解决某种复杂的问题,还应当包括学生在学习过程中,自身产生的一些新思想、新体验。我们不能只是考虑把别人的知识教好,不能只是要求学生把别人的知识原封不动地照搬过来,而不考虑他们如何在学习中创造自己的知识,以及构建自身的必备品质,否则这很难说是真正意义上的学习。好的教学一定会激发学生的主动参与、主动学习以及主动探索未知领域的意识与行动。

因而,教学在本质上就是催生新观念和追求意义的行为过程。学生是知识与问题的创造者,创新则是时时刻刻贯穿融合于教学过程之中。想要创新,就无法回避出错,而真正意义上的学习就是要不断地"试错",并在错误中不断加以改进。我们如果允许学生犯错,他就敢于独立思考,而独立思考恰恰是创新最重要的前提条件。所以,允许学生不断地"试错",并要求他们在此基础上改进学习,这就是我们要给予学习者、创造者的一种温暖的教育态度,促使他们能够勇敢、坚定地大胆创新,走向超越。

请看语文七年级上册《观沧海》一课的教学实录片段:

师:"日月之行,若出其中;星汉灿烂,若出其里"二句表现出大海的什么特征?

生:广阔(阔大)。

师:以日月来形容地域的广阔不足为奇,在曹操之前很多文人都写过了。比如以下诗文:

1. 日出东沼,入乎西陂。　　　　　　　　　　　　——西汉　司马相如《上林赋》

东沼:东边的池沼。西陂:上林苑西边的池沼名。这两句以太阳的升起落下夸张地形容上林苑之大。

2. 出入日月,天与地合。　　　　　　　　　　　　——西汉　扬雄《羽猎赋》

日月在这里升起又落下,天地之际真是旷远。在这里形容打猎的场地范围之广。

3. 日月于是乎出入。　　　　　　　　　　　　　　——东汉　张衡《西京赋》

日月总是从里面进进出出。在这里形容长安城中的一处建筑物十分阔大。

师:这些诗文与"日月之行,若出其中;星汉灿烂,若出其里"相比较,曹操是否超越了前辈们?

曹诗的"日月"二句究竟妙在何处呢?仅仅是表现了大海的广袤无限吗?如果不弄清楚这一问题,学生的理解则流于空泛的翻译,真正的学习不可止步于此,特别是对于《观沧海》这类经典的诗文。

因此,教师要引导学生的学习走向深度,走向创新——通过比较判断曹诗的优劣。

面对学生五花八门的回答,我们必须保持理性的综合评价。因为我们的目的在于培养学生的创新精神。我们要容许学生有不断"试错"的时候,不可轻易地扑灭他们创造的"小火苗"。

当然,也不要低估了七年级学生的智商,更不要低估学生之间讨论的质量,因为相当一部分学生经过思考、探讨,基本能够在十分钟后说出自己精彩的观念:前人只注重了"日月",而曹操不仅继承了前人的"日月",而且加入了他自己的创新——"星汉"。

鼓励孩子们不断地尝试,可以表现在教师对学生由衷地赞叹与惊奇,这不仅仅要在学生产生精彩观念的时候,更应该体现在对学生可能会完成的事情的一种情感态度上,这样一来,学生便会带着激动的心情去进行更大的创新。反之,将学生的创新视为他们应该会做的,那么他们的进取心与创新意识会慢慢地消磨殆尽。

其实,作为一个创造者,往往会尝到失败的苦果,然而这并不意味着他所有的努力尝试都是徒劳的。我们知道,大多数孩子的思维模式属于"成长型"的,也就是说,他们吸纳外界事物的"新陈代谢"正处在一个上升的成长期,一时受挫,不至于一蹶不振,而时时受挫,则需要一定的支持、鼓励。既然教学在某种程度上是学习者对自我的一种创新活动,那么,作为教师,我们就要让他们拥有大量"试错"的机会,我们就是要培养"成长型"的人。帮助学生启发他们发挥自身能力克服困难的教学才是有意义的教学。

那么,除此之外,对于"日月"二句的理解还有没有其他的精彩观念呢?

学情不同,一定会出现从不同的切入点进行诠释的情况,所以一定还会有别的精彩观念产生,然而这个过程需要不断地尝试。

几分钟后,一些学生判断出"日月"二句蕴含了诗人曹操渴望统一天下的情怀,显示出诗人思想上的高度,而其他诗文只是简单地夸饰地域之大而已;还有的学生则认为"日月"二句通俗易懂,而其他文人的用语大多晦涩冷僻。

事实上,让孩子们不断地"试错",并且不断地加以改进,正是指向了"创新"的教学精神。这种让他们不断"试错"的教学实验,对于每位学生而言,便呈现出一种"温暖"的教学姿态,这是对美好情感、理性态度与正确价值观的积极引领,激励着每位学生不断地开创未知、走向超越。

综上所述,教育的最终指向是要让人的本身变得更完美、更强大,使人的情感变得更丰富,理智变得更健全,品质变得更高尚。这就是以人作为主体的教育。

因此,作为教师,我们站在讲台上的意义,并不是将答案告知学生,而是努力要让学生通过自主探究产生精彩的观念,更要让他们构建自身的必备品格,使他们在情感、态度、价值观等方面不断地有所进益。

无论是"二次讨论",还是"展开思辨",抑或是"不断地'试错'",这些教学操作,都深深地植入学习者的内心,让他们感受到学习要讲究"务实"的态度,要崇尚"求真"的品质,要具备勇于"创新"的精神。

这样一来,我们的教学内容,就不再是简单地直接教的内容,而是师生共同探究的一个出发点、一条线索或一种载体。我们可以沿着它,激发学习者产生精彩的观念,而且构建他们必备的人格品质。前者让人充满力量,后者让人富有人性。两者有机结合起来,才是好的教学,才有温暖的课堂。

参考文献

[1] 张华.研究性教学论[M].上海:华东师范大学出版社,2010.

[2] 联合国教科文组织.反思教育:向"全球共同利益"的理念转变?[M].北京:教育科学出版社,2017.

[3] [美]爱莉诺·达克沃斯.精彩观念的诞生[M].张华,等译.北京:高等教育出版社,2005.

3 小学语文教学中的德育策略运用与研究

上海市浦东新区莲溪小学　张敏燕

小学阶段的青少年,正处于世界观、人生观、价值观确立的重要时期。《义务教育语文课程标准》中指出:"培养学生高尚的道德情操和健康的审美情趣,形成正确的价值观和人生态度,是语文教学的重要内容。"语文作为一门基础学科,除了语文要素的教学之外,还具有极强的情感道德指向。因此,相比其他学科,在语文课堂中渗透德育教学优势明显。

语文教师应该深入分析每篇教材的内容,依据教学大纲所规定的教学原则和要求,挖掘每篇课文的德育因素,确定德育指向,设计合适的德育教学策略。在德育教学中采用科学有效的教学策略,能够促进学科德育目标和实践相融合,有助于保证教学的质量和效果。如何在不影响语文要素教学的前提下,潜移默化地将德育教学渗透其中,就成为教师们需要关注的地方。笔者结合自己的教学实践,阐述对这个问题的思考和探索。

一、分析学情与教材,确定德育重点

学情分析是教学设计中的重要一环,特别是对于学科德育教学来说。不同年龄段的学生适合不同的德育指向,选择合适的德育重点,是一堂优秀的学科德育课的基础,有了这样的基础才能有效地设计教学环节。

整个小学时期,小学生的自我意识不断发展,不同年龄段的学生拥有不同程度的自我管理及探索能力。因此,在选择德育重点时,必须保证策略的开放性和包容性,才能使学生在教学活动中能够与教师或同学积极配合,将课堂中的语文元素和德育元素进行有效的重塑和吸收。学生的思想会随着年龄的增长而有所变化。例如有些课文可能都赞扬了友谊,但是在设计德育教案的时候,必须考虑学生的年龄特点。《小公鸡和小鸭子》是一年级下册的课文,学生年龄较小,接受能力较弱,确立德育的教学目标就比较基础:体会小伙伴之间互相帮助的美好情感,引导学生积极帮助身边的小伙伴。而《在牛肚子里旅行》则是三年级上册的课文,学生已经熟悉了身边的小伙伴,知道了要互相帮助,因此在设计德育教学目标的时候,应该更加深入:学习青头遇事沉着冷静,又懂得用知识战胜困难的品质以及它对红头不离不弃、团结友善的珍贵情谊。

在分析单元内容、教材文本和学生学情后，教师就可以结合《德目》内容，将文本从"政治认同""国家意识""文化自信""公民人格"进行大方向的分类，再根据二级指标，挖掘出更准确的三级指标。如《冀中地道战》这篇课文讲述了为了抵御日军的袭击，冀中人民想出了修建地道抗击敌人的方法，具体描述了冀中地道战的出现原因，以及修建地道的作用、样式及结构特点等方面，赞美了人民群众的无穷智慧与顽强的斗志。本单元的其他几篇课文分别是《搭石》和《将相和》，根据单元的课文内容，可以先把单元德育的一级指标设计为"文化自信"，引导学生充分了解中华民族优秀历史文化，深入挖掘和阐发中华优秀传统文化讲仁爱、重民本、守诚信、崇正义、尚和合、求大同的时代价值。因此，《冀中地道战》的二级指标为"革命传统"，三级指标为"革命精神"。

二、依托学情与教材，明确德育策略

教学策略是围绕教学活动而采取的方法和技术的综合，是教与学的有机结合。有效的德育教学策略能让学生在主动参与教学活动同时，提高学生的综合能力，帮助学生发展思维，开启想象能力，培养积极的人生观和正确的价值观。

低年级的学生延续着幼儿时期的心理发展特征，喜欢游戏，注意力集中的时间较短，比起倾听更喜欢表达，所以"情景模拟法"这类需要活动的策略更适合；中年级学生则脱离了幼儿时期的发展特点，开始试图表达自己的看法，所以在渗透教学目标时，可以设计一些需要小组合作的策略；高年级学生处于儿童向少年的过渡期，开始有了更高层次的学习认知基础，拥有更强的好奇心和求知欲，针对这个年龄段学生的德育教学策略可以更加开放，如"导学单引领法"，给予支架，赋予自主探究学习的空间。

三、德育策略的说明与应用

（一）学科德育教学策略——问题链教学法

问题链教学法是一种教师依据教学目标将教学内容设置成以问题为纽带，通过设计问题来引导学生深入思考、探究和解决问题的教学方法。在小学语文阅读教学中，采用问题链教学法可以提高学生的阅读理解能力，激发学生的求知欲，并培养学生的自主学习能力。问题链教学法通过师生合作互动，丰富学生的知识，渗透德育教学。

1. 问题链教学法适用课型

问题链教学法的教学关键在于教学中何时提问和如何提问，适用于启发式教学和德育素质培养课程，如讨论课、案例分析课。通过设置有针对性的问题链条，引导学生通过讨论、思考、探究等方式，逐步深入理解德育知识和价值观。教师引领学生在自主研究、合作探究的学习过程中,努力地发现问题、解决问题、反思问题,并由此获得基础知识和基本技能,并体会课文中的德育教学指向。

2. 问题链教学法操作方法

以小学语文一年级上册《雨点儿》为例,笔者采用了"问题链"的教学策略进行了德育教学设计。一年级的孩子刚刚步入小学,融入集体,正是引导他们关心他人、帮助他人的好时机,这正符合《德目》中引导学生树立公共生活与公共规范的意识,养成助人为乐的社会公德这一目标。

《雨点儿》的教学重难点是"分角色朗读课文,读好长句中逗号和句号的停顿"。笔者以"大雨点儿和小雨点儿分别去了什么地方?"这个问题来引入教学活动,学生在回答时强调这些地方的特点,在一问一答中,进行朗读训练。接着导入第二个问题:"这些地方发生了什么变化?"学生回答:"有花有草的地方,花更红了,草更绿了。""没有花没有草的地方,开出了红的花,长出了绿的草。"在学生回答问题后,出示相应的长句,进行逗号和句号的停顿训练。并结合"大、小雨点儿"不同的回答,创设情境,鼓励学生质疑,促使学生产生疑惑——"为什么大雨点儿和小雨点儿去的地方不同?",激活学生探究和学习的兴趣,引导学生学习雨点儿们力所能及帮助他人的品质。同时布置课后作业,以"谁是身边的雨点儿"为子问题,挖掘身边的好人好事,将德育潜移默化地渗透于生活。

"问题链"这个教学策略,是基于学生学情及教材内容而选择的。问题链教学法增强了语文课堂的亲和力,不断提高学生参与度,注重培养学生的问题意识,强化学生运用理论分析与解决实际问题的能力,更切合当前学生的思维方式与学习习惯,并且把德育教学内容和语文学科的特质紧密结合起来。

(二)学科德育教学策略——情景模拟法

情景模拟法是教师根据课文所描绘的场景,借助图片、文字、音乐等,再现课文所描绘的情景,使学生身临其境,化抽象为具象,融情于景,情景交融。

1. 情景模拟法适用课型

情景故事法适用于德育实践课程和角色扮演类课程,如小组活动课、心理剧等。通过构建真实或虚构的情景,让学生参与到角色扮演中,体验不同角色的情感和行为,从而培养学生的同理心和道德责任感。将学生置于某种情景中,并通过情节的发展、人物的表征、情感的描写等故事元素来展现某种语言知识和文化情境,并通过情景的真实性来激发学生的兴趣和主动性,利用生活中的情境,结合短篇故事等教材内容,使教学有情境,有生活气息,让学生在情境中获取知识和德育渗透。

2. 情景模拟法操作方法

以小学语文三年级上册中的课文《在牛肚子里旅行》为例,这是一篇有趣的科学童话,其所在的单元以"奇妙的童话王国"为主题,于是在教学导入环节,笔者就通过多媒体平台布置背景,通过富有童趣的文字介绍,结合感染力十足的音乐,引导学生结合想象融入故事情节中去。

《在牛肚子里旅行》的学习重难点是"通过抓住重点语句的理解、感悟,揣摩青头和红头对话时的心情,读出相应的语气"。在教学中,笔者让学生分别圈画出描写青头和红头的对话,并从关键词句中体会他们的心情变化。如"急忙"一词体现了青头在朋友遇险时的着急,"一骨碌"体现他爬起来并指导朋友脱险时的冷静等。通过揣摩这些关键词句,感悟青头和红头当时的心情,指导朗读出相应的对话预期。同时,在情景演绎中,设身处地思考:假如你就是青头,看到自己的好朋友遇到了困难,你会怎样想,怎样做?在模拟青头和红头的对话中,潜移默化地渗透相应的德育教学——既要学习遇事沉着冷静,又要懂得用知识战胜困难,更要领会青头对红头不离不弃、团结友善的珍贵情谊。之后,笔者创设可能会在生活中遇到的困难情境,让学生代入红头与青头,学着正确处理。爱因斯坦说:"兴趣是最好的老师。"学生自主探究性学习,既提高了学生的课堂积极性,又培养了学生分析和解决实际问题的能力。

(三)学科德育教学策略——思维导图法

思维导图的核心目的是激发并整理思考,采用的手段是"从中心向周围发散的非线性笔记"。在小学语文德育教学中,思维导图是能够帮助学生实现结构化的工具。

1. 思维导图法适用课型

思维导图法适用于知识结构化的德育课程,如本内容较多,需要提取信息,并进行文字归纳整理等发散性思维的课型。通过绘制思维导图,帮助学生整理、归纳和总结德育知识,形成清晰的知识结构,提高学习效果。小学语文教材中课文体裁种类繁多,故事性较强的文章往往更能吸引学生的阅读兴趣,一遇到说明文,学生往往就是抓耳挠腮,提不起兴趣。通过运用思维导图,让文本内容在提取、整合信息的过程中进行重塑,更利于学生主动思考,打破思维定式。

2. 思维导图法操作方法

例如小学语文五年级上册中《冀中的地道战》这篇课文,从冀中地道战出现的背景、作用,地道的样式结构及特点等方面进行了介绍和说明。课文篇幅较长,而本课的教学重难点就是"能带着问题,用较快的速度默读课文,了解课文主要内容"。笔者先让学生小结提高默读速度的方法,如:跳读、扫读、带着问题读等。接着,让学生再次"快速默读"课文,小组合作画思维导图,厘清课文的每一部分都讲了什么内容。下图是一名学生在课堂上绘制的一张思维导图。

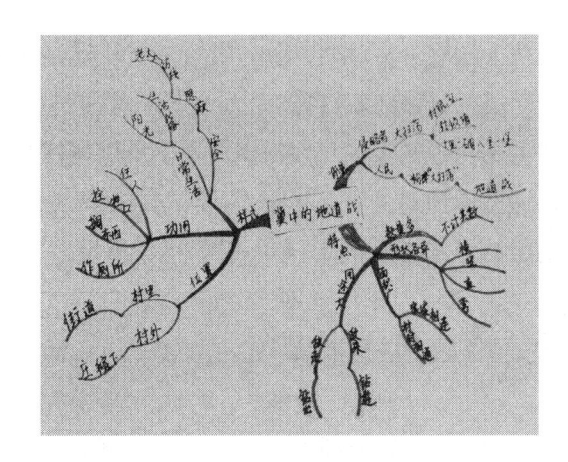

利用思维导图的可视化和直观性,学生能更清晰地厘清文章脉络。冀中人民使用地道战的背景是为了粉碎侵略者的"大扫荡",地道的特点是"数量多、形状各异、面积广、用途大",设计的不同样式是出于"安全、日常生活、功用、位置"的考虑……从思维导图中,学生可以更清楚直观地了解到冀中人民是怎样利用地道战来和敌人斗争的,而地道战的成功关键在于中国共产党领导中国人民保卫家乡的智慧和顽强的斗志。思维导图在生活中的运用也十分广泛,笔者也鼓励学生在各种情况下使用,帮助学生有效地划分优先级、梳理过程等。

(四) 学科德育教学策略——导学单引领法

学习任务单在教学中担任支架的功能,也是在教学中渗透德育的利器。有别于以上几种教学策略,导学单引领法更适合高年级学生。教师依据学情,以学习任务单为载体,给予学生自主学习的支架,通过设计有梯度的各种学习活动达成学习目标,提高学生的学习兴趣和参与积极性,让学生掌握自主学习的方法,养成良好的学习习惯。

1. 导学单引领法适用课型

导学单引领法适用于自主学习和翻转课堂的德育课程。通过设计导学单,为学生提供学习资源、学习目标和学习任务,引导学生自主学习,激发学生的学习兴趣和积极性。在课堂上,教师可以对学生的自主学习成果进行引导、讨论和总结。学生具有思维基础及认知基础,通过导学单引领法,可以有效地落实教学目标,渗透德育指向。

2. 导学单引领法操作方法

小学语文五年级下册课文《埃及金字塔》的教学重难点是"初步了解列数字和作比较这两种说明方法及其作用,并学会运用"。根据"学习任务单"的导向性、支架性、激趣性、差异性、诊评性这几项基本原则,笔者设计了"听、比、写、夸"不同梯度的教学活动。第一个环节为"我会听",让学生在听写句子的过程中了解课文内容,分清"作比较"和"列数字"两种说明方法;第二个环节为"我会比",对比两句句子的相同和不同之处,感受这两种说明方法的作用,让读者更准确、更直观地感受到金字塔的雄伟壮观;第三个环节为"我会写",让学生仿照课文句子,运用相同的说明方法写一写,学会使用;最后一个环节为"我会夸",让学生夸一夸"金字塔",进一步体会金字塔的雄伟壮观,自然而然地产生对古埃及人民的敬佩之情,提升"国际视野",了解世界各种文化记忆等多元性知识。导学单引领法也可帮助学生在课外自主学习,笔者将导学单从课堂延伸到生活,设计团队导学单,以闯关和升级的方式,让学生自己收集资料,锻炼学生的团结合作能力。

四、学科德育教学策略应用注意事项

整个小学时期,小学生的自我意识不断发展,不同年龄段的学生,拥有不同程度的自我管理及探索能力。因此,在选择德育教学策略时,必须保证策略的开放性和包容性,使学生在教学活动中能够与教师或同学积极配合,将课堂中的语文元素和德育元素进行有效的重塑和吸收。在尊重学生的前提下,通过合适且有效的教学策略营造一种自主轻松的教学氛围,让学生摆脱传统教条的学习枷锁,激发学习的自主性和积极性。语文学科不是一门单一独立的学科,教师们应该树立起德育的理念,丰富德育的形式,设计完善有效的教学内容,营造德育的环境,让学生在耳濡目染中启迪智慧,培养健全的人格。

"才者,德之资也;德者,才之帅也。"青少年都是天生的学习者,好奇心驱动着他们学习,德育策略应该充分调动这份好奇心,德育教学并不是纸上谈兵,教学需要回归生活,使学生在获取语文知识的同时,形成积极健康的心理品质,内化为孩子的精神养料。

【参考文献】

[1] 张春艳,方春霞.小学语文教学中德育渗透的策略研究[J].中国校外教育,2016(35):61-62.

[2] 中华人民共和国教育部.义务教育语文课程标准(2022年版)[M].北京:北京师范大学出版社,2022.

4 指向小学道德与法治学科规则教育的项目化学习实践探索

北蔡镇中心小学　吴斯娇

一、指向小学道德与法治学科规则教育的项目化学习实践背景分析

（一）项目化学习与小学道德与法治学科规则教育的关系

小学道德与法治学科规则教育是指对小学生在道德与法治学科课程学习中通过遵守规则方面施加影响的过程，培养其规则意识，使其适应社会和健康成长的需求。规则教育也是小学统编教材道德与法治学科教学的核心指向，涵盖学校、家庭、社区、国家等各层级规则意识的培养、行为习惯的养成。

项目化学习是基于学生生活中的真实情境，让学生以项目的方式，来解决实际问题，以提升其核心素养的一种学习方式。小学道德与法治学科以学生生活为基础，注重学生情境学习的特点，与项目化学习基于真实情境的项目探究学习方式有诸多可融合之处。对于小学生来说，项目化学习方式恰好能弥补道德与法治学科传统课堂讲授无法让规则教育落地真实情境的不足——提出基于学生生活的、让学生感兴趣的驱动性问题，让学生在项目实施中更主动、更直观、更深入地了解规则、体验规则、遵守规则，更有效地获得规则意识，养成遵守规则的良好行为，从而更好地提升规则意识。基于此，笔者以统编版小学道德与法治学科教材的实施为契机，结合当前实际，从规则的知晓、体验、内化及养成行为习惯等方面进行探索实践。

（二）指向小学道德与法治学科规则教育的项目设计关键点

通过研读统编版小学道德与法治教材内容和课程标准，梳理适用项目化学习方式的规则教育内容，结合学校项目化学习项目总目标、育人目标，设计符合学生实际的项目方案。

规则教育的有效落地需要实现知晓与理解规则—内化规则意识—形成行为习惯等流程。在项目设计中，把注重提出激发学生兴趣的驱动性问题、结合学生真实生活情境而产生的探究过程等流程，与道德与法治学科规则教育原有流程进行有机结合，深入寻求学生规则教育无法落地的原因，探索其优化路径，可以提升小学生规则教育实效。

小学道德与法治学科注重课后活动与学习评价，学习评价从学习兴趣、学习习惯和学习

成果三个维度进行。基于项目化学习的道德与法治学科学习评价不仅评价学生课堂表现，同时依据项目化学习特点，针对学生在项目中综合运用知识技能来解决问题的能力以及学生参与项目过程中的阶段成果、最终成果进行评价。

二、指向小学道德与法治学科规则教育的项目化学习实践步骤

此实践中，笔者综合考虑教材内容、班级实际情况、规则适用范围、项目难易程度等情况，选取统编版小学道德与法治教材二年级上册第三单元《我们在公共生活》规则教育内容进行实践探索。

（一）提出驱动性问题及子问题分解

1. 提出驱动性问题

教师出示近期收集的学生公共场所不文明行为的图影资料，充分创设情境，通过问题支架引导学生了解公共场所不遵守规则的行为对他人造成的不良影响。学生通过全班交流，指出小学生应该遵守公共场所的各项规则，并提出对于小学生而言可行的改善措施。经过教师和学生共同梳理，提出驱动性问题：每天都会有小朋友和老师说："老师，你看他插队！""老师，他们下课好吵啊！""老师，有人踩草坪"……也有小朋友去乐园玩，眼看着快要轮到自己了，突然从后面窜出一个人，横在了前面……假如你是公共规则小卫士，如何让小朋友们更好地遵守公共场所的规则呢？

2. 问题链设计

基于学校关于项目化学习的研究重点，学校项目实施过程中从教师主导驱动性问题分解的1.0版本，升级至学生与教师共同进行问题链分解的2.0版本。

在此项目提出驱动性问题后，教师先引导学生对驱动性问题进行认识与了解，确定了项目成果是宣传方案与实施后的分享总结，项目主体对象为项目实施班级全体学生，被宣传对象为生活接触范围内的小学生。

教师提供学习单支架，学生自主思考："为了解决这个问题，需要做些什么？这些事之间的顺序是怎样的？"每个小组呈现一个问题链。由于学生之前并无类似的学习经验，并不能在认识驱动性问题后，对解决驱动性问题的子问题进行自主设计。大多数小组就是对遵守公共场所规则的具体内容进行了填写，并未呈现问题解决的流程或思路。

教师继而提供问题支架，针对学生的问题链，围绕"这是你的做法吗，还是你准备的内容？你有没有说清楚你要先做什么后做什么呢？"等几个问题让学生进行思考与讨论。同时，教师出示案例支架，围绕几个生活中的小问题，如"如何设计完成一份小报？如何制作一份宣传单？"等，让学生明确解决问题的基本思路，即发现问题、设计方案、实践方案。再让学

生根据此项目的内容,再次设计问题链,与全班同学进行交流与分享。

考虑到二年级学生的自身能力,师生共同讨论解决驱动性问题的方案落脚在宣传上,确立本项目的问题链:子问题一,小学生主要去的公共场所有哪些规则?子问题二,小学生公共场所规则遵守情况如何?子问题三,面对现状,你有什么好的宣传办法,让更多的小朋友遵守公共场所规则?

3. 确定项目成果及评价标准

明确最终成果为宣传作品后,教师请学生说说可以制作哪些宣传作品。学生提到可以制作宣传单、宣传视频、宣传标语、宣传绘本、宣传小报等。

教师出示不同类型的宣传作品,请各小组自主选择其中一项,说说其特点和完成该项作品可能产生的任务等。通过教师与学生的共同讨论,制定各项宣传作品的评价标准。

(二) 子问题阶段探究

将项目分成三个子问题,学生依据问题链阶段依次进行探究,分享阶段成果,在探究中逐步解决驱动性问题,并建构道德与法治学科中的知识与技能。

在"子问题一,小学生主要去的公共场所有哪些规则?"阶段探究中,学生通过"小学生经常去哪些公共场所?小学生在这些公共场所应该遵守哪些规则?"等活动明确公共场所规则内容,初步获取相关知识:按序排队,不插队;不大声喧哗,交谈时控制好音量,不追逐奔跑影响他人活动;不乱扔垃圾,能够按照垃圾分类要求,准确地扔垃圾;爱护公物,不随意破坏公物,按照正确的方法使用。

学生进行知识与技能的建构,对于已知的公共场所规则内容与行为要求进行巩固与复习,对于未知的内容进一步通过多渠道了解与学习。以阶段成果,如小报、标识图片解说等,让全班学生交流与分享,既是对小组阶段成果的评价与检验,也是全班共同学习与了解公共场所规则的过程。

在"子问题二,小学生公共场所规则遵守情况如何?"阶段探究中,学生通过"我是小小调查官""我是调查报告解读员"等活动了解小学生遵守公共规则的现状。

经过六个小组的调查分享,得出结论:小学生在公共场所不遵守规则的行为时常发生,其中按照发生频率从高到低排序,分别为大声喧哗、乱扔垃圾、不爱护公物、插队,其中大声喧哗的行为比较多,相当一部分小学生不能自觉地在公共场所控制好自己的音量,但在图书馆等有明确声音限制的场所,大声喧哗的不文明行为相对较少。

在解决子问题二的过程中,学生主要是针对子问题一解决后的结论,分小组分别进行调查与汇报调查结果。由于二年级学生能力有限,调查表的设计不作为此项目的重点学习内容。教师使用调查表支架,让学生围绕调查进行讨论,总结调查中需要注意的方面,包括时间、地点、内容如何有效记录与分析等。在学生以小组为单位的阶段汇报中,全班学生围绕倾听、思考、整合等环节，了解目前小学生在公共场所遵守规则的情况，并根据调查数据，作出科学总结。

在"子问题三，面对现状，你有什么好的宣传办法，让更多的小朋友遵守公共场所规则？"阶段探究中，学生通过"制定小组宣传方案""制作宣传作品并展示""分发宣传作品""总结经验"等活动进行宣传实践与反思。

此阶段的实践主要在于让学生基于探索前面两个子问题得出的结论，紧密结合实际条件，设计一个简单易操作的宣传方案。以小组为单位，合理分工，选择其中一种作品形式，确定作品大小、数量、内容、作者、分发人员等各细节，在规定的时间节点内完成任务。

学生在此过程中不仅在理论层面对公共场所规则内容作了进一步的了解与巩固，也通过实地的考察与制止他人不良行为，进一步加深内心道德感的生成，并随着时间与空间的叠加以及其他学生与家长的反馈，提升自己对公共场所规则重要性的理解，内化遵守公共场所规则意识，养成行为习惯。

（三）公开成果

学生以小组为单位进行汇报，汇报内容包括宣传作品的制作过程、分发宣传作品的经过以及整个项目中的感悟等，并完成项目总评价。

三、指向小学道德与法治学科规则教育的项目化学习实践策略与成效

基于此案例实施，梳理以下策略，以优化小学生在道德与法治学科中的规则教育路径，提升小学生规则教育实效。

（一）提出持续激发学生探究兴趣的驱动性问题

传统课堂中的规则教育缺乏一个能真正激发学生主动探究规则的兴趣点，学生一般都是跟着教师去理解规则，而不是主观能动地参与规则学习。项目化学习中的驱动性问题，让学生从自己的实际生活出发，解决生活中的问题。在此案例中，教师引导学生观察生活中的小学生遵守公共场所规则的实际情况，提出自己的感受与想法，进而与学生一起提出了一个具有挑战性的任务，激发学生试图解决这个任务的决心。学生在项目探究的过程中所呈现的调查内容相比教材中的图文，更贴近学生实际的生活，在年龄、居住地、学习环境等方面与生活实际联系得更紧密，因而使学生学习的内容更有熟悉度、粘连度，进而提升学生参与学习的兴趣，即在传统规则教育课堂中的"知晓与理解规则"环节前增加了"为什么要学习规则"的学习。学生在实践过程中，获得了更多的学习驱动力，大部分学生表现出了更主动的学习与探究意愿。

（二）引导学生自主分解子问题，持续规则学习

解决驱动性问题对于小学二年级的学生而言稍有难度，但为了持续激发学生自主探究的兴趣，教师将分解驱动性问题至多个子问题的主动权交与学生，既是学生对问题进行认识与分解的学习，也是激发学生不断进行探究与学习的动力。在学生充分感受了知晓与理解规则的必要性后，这一环节是进一步激发学生主动探究规则内容与规则遵守现状，并尝试解决实际问题的关键，帮助学生建立问题解决的主人翁意识，从传统规则教育课堂中的"教师让学生遵守规则"变成了项目中的"学生面对身边小学生不遵守规则的实际情况，该如何通过自己的努力进行改善"。学生以小组为单位对驱动性问题进行分解，以往不够积极主动的学生也在小组学习氛围的引领下，尝试提出自己解决问题的见解，并进行实践，从规则学习的听从者变成了主动了解规则、尝试解决遵守规则现状问题的出力者。

（三）设计提升学生自主体验的探究活动

相比传统课堂教学中的按照课时内容上课，整个项目对于公共规则的了解以及对现状的调查，使得学生对小学生在公共场所规则内容的了解及学习更有自由度，学生能够自主安排想要深入学习及调查的内容，自主设计调查方案、自主分工等。在整个项目进程中，学生从入项到出项、子问题链的设计、每个子问题的探究与阶段成果的呈现与汇报，都是完整且有效的。

同时，对比以往的由教师引领的规则学习，项目化学习下的学习方式是由学生真实地调查现状，通过自己的整理，形成宣传作品并进行实地宣传，从静态的教材学习走向了动态的生活实践。对于学生而言，这样的体验式探究过程，是从被动式的接受规则内容学习走向主动理解规则并以实际生活为载体的形成规则意识的过程，逐步体现在行为改善中。

综上所述，与传统学习相比，指向小学道德与法治学科规则教育的项目化学习方式的实践探索在学生认识规则、了解规则的主动性，学习内容与生活实际情况的贴合性，小组探究学习的合作性以及统筹设计与汇报学习成果的综合性等方面具有较大的提升，进而促进学生更好地了解规则。学生为了达到改善目前小朋友遵守公共场所规则现状的目的，变得更自觉地遵守规则。在之后的探索中，为了持续地培养学生遵守规则的行为，笔者认为需要进一步结合教材内容，设计项目化学习系列课程，形成阶梯式学习，使学生逐步内化公共规则意识与行为。

5　浅谈部编初中道德与法治教学设计的有效性

——以《创新永无止境》一课为例

上海市建平实验地杰中学　强语晴

初中道德与法治课对青少年的身心发展起着关键性的推动作用,在精神塑造方面充当着必不可少的角色,有利于引导学生初步了解中国特色社会主义思想,感知中国特色社会主义的建设成就,增强国家意识和国情观念。本文以统编道德与法治教材九年级上册《创新永无止境》一课教学设计为例,分析如何增加学生对国情的认识,引导他们培养创新意识,立志做社会主义建设者和接班人,具体内容如下。

一、教材分析

习近平总书记指出,要注重创新驱动发展,紧紧扭住创新这个牛鼻子,强化创新体系和创新能力建设,推动科技创新和经济社会发展深度融合,塑造更多依靠创新驱动、更多发挥先发优势的引领型发展。

本课所依据的课程标准的相应部分是"我与国家和社会"中的"认识国情,爱我中华",具体对应的内容标准是:"了解我国在科技、教育发展方面的现状,理解实施科教兴国战略的现实意义,认识科技创新的必要性,努力提高自身素质。"同时,本课也对应《青少年法治教育大纲》中的"初步了解物权的概念,加深对知识产权的认识,理解知识产权的意义"。本课的教学就是要落实法治教育大纲要求,引导学生从法律方面尊重和保护知识产权,为鼓励创新营造良好的氛围。

二、学生分析

我们的学生正处于一个创新的时代,处于这个时代的青少年学生,既是创新时代的成果享有者,也是时代创新的重要主体。他们是各种创新成果的受益者,他们更渴望投身时代的创新浪潮。所执教的学生在丰富的校园活动中积累了许多创新活动的经验,形成了许多创新的感性认识。他们的思维发展特点和已有的创新体验为其参与本课学习奠定了重要的基础。但是,囿于对创新的浅层次理解,他们往往局限于从科技发明的角度理解创新而较少从文化、制度等角度理解创新。有的学生认为创新只是个体的行为,而没有认识到创新对于人类进步、社会发展的深远意义;有的学生会认为创新只是发明家、科技工作者的专利,而意识不到每个人都具有创新的品格和可能;有的学生在渴望创新的同时,可能会在创新与法律、伦理的关系问题上产生疑惑。因此,需要帮助学生形成对创新的全面、理性的认识。

三、教学目标

本课首先通过对专利药和仿制药的价格对比,以及对印度做仿制药的探究,提高学生分析能力,建构科技发展、科技保护与人民生活之间的关系,让学生了解专利保护和保障人权的重要性;其次展现改革开放以来我国各行各业取得的一些成就以及相关图表数据,培养学生读取数据和建立联系的能力,建构科技、教育、经济、党的领导等要素之间的关系;最后通过对华为科研经费投入等案例的分析,培养学生获取信息的能力,让他们感受大众创业、万众创新的时代氛围,理解创新精神的表现,以及理性看待我国科技创新发展的现状,提高创新的主动性和自觉性。

四、教学过程

(一)导入"创新"话题

探究活动1.展示《我不是药神》电影海报

师:同学们是否观看过这部电影,可以简单描述主要剧情吗?

生:看过,主要讲述的是男主人公帮助白血病患者购买印度仿制药的故事。

探究活动2.图片展示"原版专利药和仿制药价格图"

师:观看这一组图片后,同学们知道为什么这两颗药价格差异如此之大吗?

生:成本高,时间久,专利保护等。

探究活动3.展示新药与仿制药的区别

图片1:新药从研发到上市的流程图(以小分子药物为例)。

图片2:仿制药从研发到生产的流程。

师:以上两组图验证了大家所说的观点。

【设计意图:通过社会热议话题——仿制药,引发学生思考,提高学生学习兴趣。】

(二)讲授新课

目标导学一:创新强国

探究活动 1.阅读材料

1972年印度颁布第一部专利法,根据该专利法,食品和药品不在专利法保护之列。

1995年印度进入WTO,给自己争取了10年专利豁免权。其中,还专门为印度仿制药留了一个后手——可以对药品专利强制许可和授权限制,就是说如果在大型的公共利益面前,印度政府可以强制要求跨国企业公司把其专利授权,或者是允许印度本土的仿制药企业进行制造。

在印度进入WTO相关知识产权协议过渡期满之后的2006年,就遭遇了第一起药品专利跨国诉讼,药业巨头诺华公司就印度专利局的决定向印度高等法院提出诉状,表示知识产权被侵犯……开庭的当天,有超过150个国家近30万民众,包括许许多多的无国界医生全球健康运动组织、国际乐施会、卫生全球获取项目组织和第三世界网络联合发出呼吁,要求诺华终止对印度政府的法律行动。原因自然也是不言自明的,对于全球大多数的卫生系统和大多数的不发达国家来说,对于像无国界医生组织这样的跨国非营利组织来说,昂贵的正版药就代表会有无数人命因此流失……

在印度之后加入WTO的国家,很难享有像印度这般专利待遇。

师:结合以上材料,谈一谈为什么印度能做仿制药,以及思考为什么印度在打官司的时候,有这么多的民众和组织支持它。

生:印度的食品和药品不在专利保护中,WTO给予印度10年专利豁免权;印度人民生活水平较低,买不起专利药等,要维护其民众的生命安全。

学生课堂反馈:部分学生对印度国情了解较少,以及发出疑问——生命安全和专利保护谁更为重要?

解决方法:结合历史知识以及印度相关时政新闻和文学作品,唤醒学生对印度的印象,引导学生展开"生命安全以及专利保护谁更为重要"的辩论并说明其理由。

教师总结:专利保护促进自主创新能力的提升,也要以维护人的生命安全为出发点,这是国家尊重和保障人权的体现。

【设计意图:提高学生处理、运用信息的能力,并通过设问引发学生思考,培养学生辩证思维,最终了解到专利保护和保障人权的重要性。】

探究活动 2.播放视频《数说改革开放 40 年来主要科技成就》

师:思考一下,我们取得这些成就的原因有哪些?

生:我们国家取得这些成就的原因是坚持党的正确领导、创新战略的实施以及科技工作者的艰苦奋斗。

学生课堂反馈:我们国家发展这么快,为什么现在还是发展中国家?

解决方法:引导学生平时多关注国际新闻,了解时事,明白发展中国家并不代表落后并强调国家持续的发展。

探究活动 3.看图表

图表一:改革开放以来 GDP 的变化;

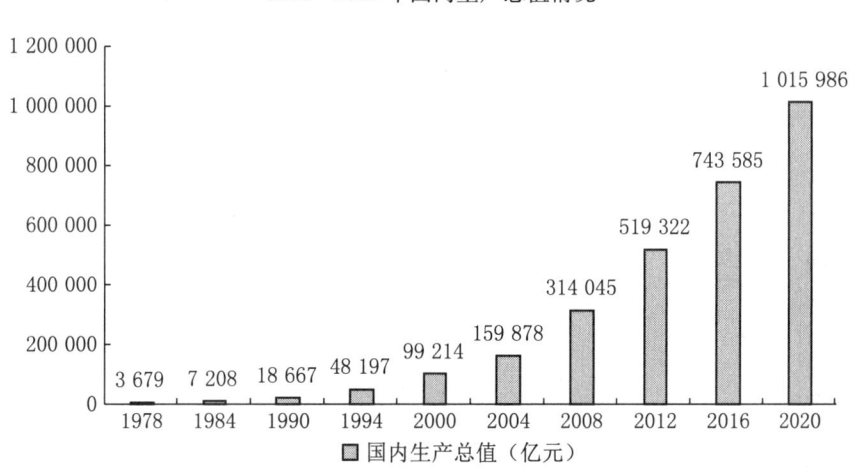

1978—2020 年国内生产总值情况

年份	国内生产总值(亿元)
1978	3 679
1984	7 208
1990	18 667
1994	48 197
2000	99 214
2004	159 878
2008	314 045
2012	519 322
2016	743 585
2020	1 015 986

图表二:2010—2022 年全国研究与试验发展(R&D)经费总支出情况;

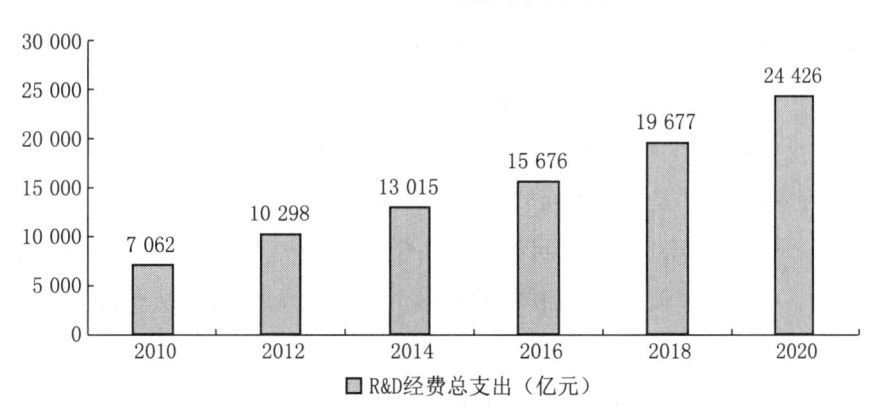

2010—2020 年 R&D 经费总支出(亿元)

年份	R&D 经费总支出(亿元)
2010	7 062
2012	10 298
2014	13 015
2016	15 676
2018	19 677
2020	24 426

图表三:2010—2022年全国教育经费总投入情况;

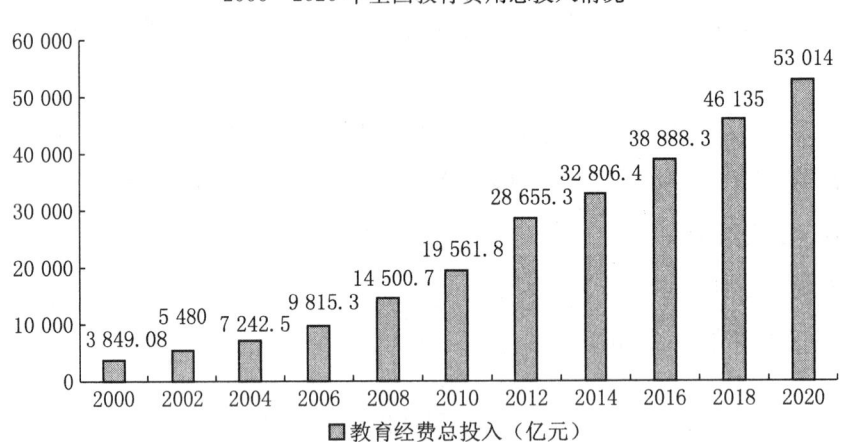

2000—2020年全国教育费用总投入情况

年份	教育经费总投入（亿元）
2000	3 849.08
2002	5 480
2004	7 242.5
2006	9 815.3
2008	14 500.7
2010	19 561.8
2012	28 655.3
2014	32 806.4
2016	38 888.3
2018	46 135
2020	53 014

图表四:2010—2022年全国普通本专科毕业人数。

2012—2016年全国普通本专科毕业生数

年份	本专科毕业人数（万人）
2012	624.7
2013	638.72
2014	659.367
2015	680.886
2016	704.18
2018	753.31
2019	758.5
2020	797.2

师:阅读和思考这4幅图表,小组讨论5分钟,可以得出哪些结论?

生:经济、科技、人才、教育领域不断取得发展,且人才与教育推动科技的发展,科技对经济具有支撑作用,经济也为科技创新和教育发展打下坚实的基础。

学生课堂反馈:部分学生无法构建4个因素之间的关系;学生提出现在还有一些国家比较贫困,比如阿富汗,是不是这几方面的原因造成的?

解决方法:采取追问的方式,提问:"结合所学知识,思考这几个因素之间有怎样的关系?"同时引导学生可以多关注时政新闻,针对每个国家的发展状况,从多方面思考,比如经济支撑、国家政策等方面。

向学生展示"我国支持创新的一系列政策",让学生了解到在党的领导下,我国高度重视科技发展,积极出台政策支持科技创新;结合新时代的发展要求,理解国家积极作为,谋创新谋未来。

教师总结：建设创新型国家，在中国共产党的领导下，必须落实科教兴国战略、人才强国战略，将科技和教育摆在经济社会发展的重要位置，把经济建设中心转移到依靠科技进步和提高劳动者素质轨道上来，加速实现国家的繁荣昌盛。

【设计意图：培养学生读取数据以及构建科技、教育、人才、经济、法治、人民生活等要素之间的关系的能力，认识到我国科技取得如此成绩的原因。】

目标导学二：大众创业，万众创新

探究活动 1.阅读材料

师：阅读以下材料，思考从华为案例中，能得到哪些启示？

图1：2010—2020年华为公司科研投入占营业收入的情况；

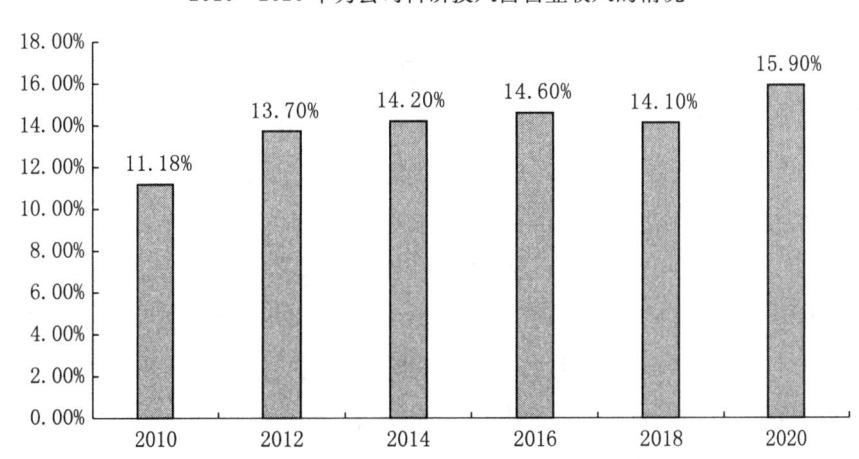

2010—2020 华为公司科研投入占营业收入的情况

- 2010: 11.18%
- 2012: 13.70%
- 2014: 14.20%
- 2016: 14.60%
- 2018: 14.10%
- 2020: 15.90%

图2：2020年中国企业研发投入前十强。

排名	企业名称	研发费用（亿元）
1	华为投资控股有限公司	1 316.59
2	阿里巴巴集团控股有限公司	430.80
3	中国石油天然气集团有限公司	286.91
4	中国航天科工集团有限公司	273.05
5	中国移动通信集团有限公司	234.81
6	浙江吉利控股集团有限公司	207.30
7	百度网络技术有限公司	183.46
8	中国第一汽车集团有限公司	180.95
9	中国建筑股份有限公司	172.90
10	中国铁道建筑集团有限公司	165.28

材料一： 任正非说，"要敢想敢做，要勇于走向孤独。不流俗、不平庸，做世界一流企业，这是生命充实激越起来的根本途径""'小改进、大奖励'是我们长期坚持不懈的改良方针，在小改进的基础上，不断归纳，综合分析，不断取得进步"。

生：企业的成功需要一步一个脚印，从小做起，坚持不懈，同时企业也需要不断地创新。

教师总结：企业是社会创新的重要力量，企业是科技和经济紧密结合的重要力量。同时，企业要重视核心技术的培养，不断增加创新研发投入，加强创新平台建设，培养创新人才队伍，促进创新链、产业链和市场需求的有机衔接。

探究活动 2.出示"迎接孟晚舟回国"相关微博评论截图

师：为什么大家对于"孟晚舟回国"如此兴奋？

生：孟晚舟代表的是中国的优秀企业华为，"孟晚舟回国"象征了中国力量，意味着中国的崛起。

师：作为初中生的我们能做些什么呢？

生：学生期间最首要的还是好好学习，培养创新精神，积极参加科创比赛等。

教师总结：习近平总书记说过："中国要强盛，要复兴，就一定要大力发展科学技术，努力成为世界主要科学中心和创新高地。"我们必须增强自主创新能力，走中国特色自主创新道路。大众创业，万众创新，创新永无止境。

【设计意图：选取典型事例，引导学生认识到创新不仅是国家的事情，也是企业的事情。明白国家命运与个人命运紧紧结合，青少年应担当起应有的责任。同时使学生感受到创新精神，感受大众创业、万众创新的时代氛围，理性看待我国科技创新发展的现状，自觉提高创新的主动性和自觉性，最后点题——创新永无止境。】

五、教学反思

在本框题的教学过程中，突出了"三中心"，即以学生为中心、以活动为中心、以情境为中心。凸显学生的主体地位，体现了教师多引少讲的教学理念，有利于学生自主探究、合作探究，加速知识的内化，建构完整知识体系，有助于他们在亲身实践探究的活动中，升华思想情感，树立正确价值观。

在本节课教学过程中，笔者根据学生的参与度、互动积极性以及对课本知识的理解程度，进行了反思，并总结出三点：一是教学设计主题要将抽象的理论表述、不容易理解的知识点具体化、情境化；二是案例选取要以贴近学生生活实际为出发点，避免大而空；三是问题设置要坚持循序渐进、螺旋上升的原则，避免超出相应学段学生的认知，导致简单无效问答。

参考文献

[1] 中华人民共和国教育部.义务教育课程标准(2022年版)[M].北京:北京师范大学出版社,2022.

[2] 廖姣宁.在初中道德与法治教学中融入本土特色资源的实践——以《共筑生命家园》教学设计为例[J].广西教育,2021(9):91-92.

6 关于小学语文学科与德育教育融合的思考和实践
——以习作《中国的历史文化遗产》为例

上海市浦东新区御桥小学　张　婷

一、研究背景

《义务教育语文课程标准(2022年版)》关于语文课程的性质中提到：语文课程是一门学习国家通用语言文字运用的综合性、实践性课程。工具性与人文性的统一，是语文课程的基本特点。语文课程致力于全体学生核心素养的形成与发展，为学生学好其他课程打下基础；为学生形成正确的世界观、人生观、价值观，形成良好个性和健全人格打下基础；为培养学生求真创新的精神、实践能力和合作交流能力，促进德智体美劳全面发展及学生的终身发展打下基础。

在语文课程实施建议中也有明确的指导意见：要求教师充分发挥语文学科独特的育人功能；立足核心素养，彰显教学目标以文化人的育人导向；把立德树人作为语文教学的根本任务。

这就要求教师需要及时根据社会的变化，学生的学习心理、学习需求的不同进行教学方法的转变。习作教学在小学语文教学中占据着重要位置，但在平时教学活动中，很多学生对写作有着畏难情绪。习作内容空洞，素材匮乏，语言组织困难，缺乏想象力和创造力，最终呈现的习作往往缺乏真情实感，读来索然无味。甚至很多一线教师也对习作教学感到无从下手，困难重重。通过在小学语文习作教学中融合德育教学，引导学生将学习的语文知识应用到生活中，真正走入生活实际，拓展自己的视野，增加知识储备，有助于改善小学语文习作教学面貌，促进小学生写作水平的进一步提升。

二、小学语文习作教学与德育教学融合的意义

(一) 充分发挥学生在课堂上的主体地位

传统的习作课上，由教师来负责讲解一篇习作的组成部分，可以运用哪些描写手法，可以用上哪些素材，再拿出一篇范文来精讲一下。教师以为已经掰碎了讲透了，但收上来的作

文却还是不尽如人意。

将学生生活中的真实情境带入习作课教学中,由教师作为引导和辅助角色抛出驱动性问题,学生通过合作沟通、自主探究的学习方式来解决问题。在解决问题的过程中,学生逐渐寻找方法和思路,从而提高表达与交流、梳理与探究的能力,发展核心素养。不同于传统的习作教学模式,此时教师是一个组织者和引导者,其重点任务是发挥自己引导和评判的作用,将课堂还给学生,引导学生用"语文的方法"去解决问题,最终完成一篇完整的习作成果。

(二) 充分体现语文学科的实践性和综合性

语文是一门兼具综合性和实践性的学科,写作能力更是体现学生语文综合素养的关键。在习作课的指导过程中积极引入生活化的学习任务,通过完成各种学习活动来考查学生的语言运用能力、小组协作能力和完成学习活动的实践能力。通过这种教学引导,学生思维分析能力、探究能力以及针对成果导向产生的自我评价、自我认知能力都能得到锻炼和提升。

(三) 有助于培养学生的创新精神和实践能力

教师在教学中结合习作内容为学生创设生活场景,能够将学生带入场景中,加深学生对作文主体的理解,为学生点明写作的思路。在真实情境的发展过程中,强调在实践中发现问题,寻找方法,最终来解决问题。在创设的生活情境中以具体的实践活动来发展学生的听、说、读、写等能力;在小组活动的过程中,培养学生搜集处理信息、人际交往、组织策划能力;在成果展示环节,展现学生的创新能力。

三、习作《中国的历史文化遗产》的教学过程

(一) 创设真实情境,增强学生的情感体验

在习作课导入环节,教师先播放了一段视频:中央电视台《国家宝藏》节目片头剪辑版。

同学们快看! 中央电视台《国家宝藏》节目组正面向中小学征集新一季的国家宝藏守护人,我们学校也收到了邀请函。现向全校同学发出"国宝守护人"征集令:如果你是国宝守护人,你会怎样向大家推荐你心目中的一处中国历史文化遗产呢?

在习作课之前,教师借助探究课、班会课或其他课余时间,向学生推荐了《国家宝藏》这档综艺节目,让学生对中国历史文化遗产有了大致的了解。节目生动的戏剧表演形式,加上学生耳熟能详的明星阵容的加持,很快得到了学生的欢迎和喜爱。这对此次习作课来说是一个良好的开端。

本次习作教学过程是基于学生对中国历史文化遗产充满新鲜好奇感,渴望深入了解各个历史文化遗产的真实心理而设计的。基于学生真实心理设计的"情境任务"能较好地激发

学生的学习兴趣、参与学习的欲望,为后续学习的开展奠定良好的心理基础和行为基础。

(二)设置学习任务群,提升教学过程的趣味程度

习作对于小学生来说,是最困难的任务之一。由于小学生缺少生活积累,写作内容空洞刻板,为此,教师应设定与写作相关的情景,让学生身临其境,认真感受事件本身,积累素材,培养情感。根据前期调查了解的学生需求,结合五年级下册第六单元习作课程目标,教师设计了一系列子问题,再相应设计出一系列学习活动,来帮助学生顺利地完成此次习作课的学习:

子问题 1:《国家宝藏》节目组对宝藏的推选有什么要求?

活动一:阅读《国家宝藏》节目组的要求细则,明确作品征集要求。分小组,确定下来你想介绍的国家宝藏(历史文化遗产)。

子问题 2:你想介绍的国家宝藏,它的历史背景和基本现状等相关情况,你都了解吗?

活动二:有目的地搜集相关资料,了解国家宝藏(历史文化遗产),把资料来源记录下来。

子问题 3:从哪些方面来介绍国家宝藏?

活动三:观看《国家宝藏》节目精彩部分内容,教师指导说明文写作方法。小组根据要介绍的内容分类整理资料,筛选资料,合作撰写完成说明文。

子问题 4:怎样才能让大家对你介绍的宝藏感兴趣?

活动四:展示环节,向同学们介绍你的宝藏。

学生自主选择习作素材,自己制定学习进度表,自由选择小组分工,根据讨论自主指定评价量规,不仅提高了课堂上的学习效率,更在生生互动、师生互动的过程中,提升了学生的沟通能力、探究能力等语文核心素养。

(三)转变学习方式,调动学生学习积极性

在本次习作课的学习过程中,学生需要进行激烈的探讨,小组讨论,甚至是辩论。还需要对所找到的资料进行筛选整理,这对学生处理语言文字的能力提出了很高的要求。

以下为本次习作课的实施步骤及分工:

1. 教师针对学生回答作出总结归纳,整理出 6 处学生最感兴趣的历史文化遗产,作为小组合作介绍的主题。

2. 教师根据学生的兴趣、意愿及学习能力进行分组,将班级同学分为 6 个小组,分别对应不同主题。

3. 教师提供项目化学习进度表,小组根据进度表拟定自己的学习进度表。

4. 在确定好学习进度表后,按照小组成员特性再具体进行分工。

组长:统筹规划。

组员 1:收集资料。

组员 2、3:汇编整理资料。

组员 4、5:完成撰写和汇编。

进行子任务时,组员身份可以进行交换,根据具体任务进行具体操作。

在习作课的实施过程中,我们可以看到学生在问题的驱动下,通过自我实践而产生的学习进步,还可以看到小组共同进步所带来的收获。而且这个学习的过程是流动生成的。每个小朋友搜集的资料不同、搜查的路径不同以及对资料的整理概括情况也不同,教师根据语文知识点进行概括和整理,再引导学生进一步学习和整理。师生研讨中对语文知识点的学习也是互动生成的结果。

在整个学习的过程中,学生运用语言知识来思考问题,运用语言文字来交流表达,进行真实的语言实践。最终习作的成果展示环节,书面或口头的成果展示都呈现出学生个人的思考,创造性的展示方式更有助于学生深化理解和实践。

(四)充分挖掘教材,发挥语文教学中的德育作用

语文教材蕴藏着丰富的财富,那就是其中所具有的丰富的德育素材。作为语文教师应该充分挖掘教材,找出更多有价值的德育方面的材料。

"中国的世界文化遗产"这一习作题要求学生选择一处感兴趣的中国的世界文化遗产,搜集资料,写一份简介。除了让学生在完成习作的过程中学习和掌握一些语文要素,还要让他们在习作中体会历史遗产的魅力,感受中华文化的丰富,感受祖国山河的壮美,从而培养和激发学生的爱国情怀,这是本次习作教学的关键所在。

四、总结与反思

在习作《中国的历史文化遗产》的教学过程中,学生通过搜集整理资料,了解自己感兴趣的一处中国历史文化遗产,发现我国的大好河山和丰厚的历史文化底蕴;通过撰写说明文,锤炼运用语言文字的能力,提高语文学科的综合能力;通过多种多样的具有创造性的汇报成果,实现对知识的深度理解,培养创造性解决问题的能力。

当语文学习成为一件轻松快乐又触手可及的事情时,不仅学生的学习积极性与学习效率显著提升,教师教学也得到了极大的方便,教与学产生了良性互动。总而言之,小学语文教学中融入德育内容有助于学生的健康成长。教师应该充分认识到德育渗透的作用,通过有效的教学设计和安排,将德育内容融入教学过程,全面提升学生的综合素质。

7 家国情怀在初中历史课堂教学中的应用策略

——以《清朝君主专制的强化》为例

上海市绿川学校 张晓芸

学科核心素养是学科育人价值的集中体现,是学生通过学科学习而逐步形成的正确价值观念、必备品格和关键能力。历史核心素养包括:历史解释、史料实证、时空观念、家国情怀和唯物史观。其中,家国情怀是学科的核心价值,不仅是中国文化绵延至今的灵魂,也是学校思想教育永恒的主题。对学生进行家国情怀教育,有助于他们树立正确的世界观、人生观、价值观,提高学生的综合素质。教师通过日常教学,采用多种教学手段,运用史料、漫画、文献等材料客观地陈述历史事件,将有助于把对学生"家国情怀"的培养落到实处,使学生形成对祖国的认同感与归属感,对中华民族的自豪感,具备文化自信,并以开阔的眼界认识世界历史发展。

一、初中历史课堂培养"家国情怀"核心素养现状

1. 学生课堂参与度不高

课堂上,教师坚持"以学生为主体"的教学理念,通常会设置提问互动的环节,但是,大多数情况下的互动提问都是知识性的问答,有助于学生启发思维和情感提升的环节较少,很难达成帮助学生提升情感、态度、价值观的教学目的。

2. 多为知识灌输型课堂

初中历史的教学内容是相对简单的,抽象的知识较少,关于时间点、历史事件、人物的表面层次知识很多。迫于学业考试压力,有的学生认为取得好成绩是历史学习的最终目的,导致他们都产生了以考试为目的学习,但这并不是历史教学的目标。朱汉国教授曾说:"学科核心素养不是简单的知识或技能,而是既包括一般意义上的知识与能力,还包括情感、态度、价值观。可以说,学科核心素养,是学生学习该学科(或特定学习领域)之后形成的、具有学科特点的关键成就。"所以,学习历史不仅是为了学习知识,还是为了学习家国情怀,帮助学生树立正确的价值观,培养历史思维。

3. 教学内容脱离于实际

教材内容基本涵盖了我国的古代史、近代史和现代史,虽然了解未知的历史让学生感觉

新奇,但难免也会产生些许距离感,例如历史中涉及的一些地区或城市都是学生没有去过的。其实学生对自己身边的历史尤其感兴趣,希望教师能多讲一些本地的历史。家国情怀来源于家国同构的思想,鼓励学生爱自己的家乡,进而才能爱国家。但是受限于课程内容编排和学业考试要求,上海乡土历史的课程内容无法在课堂中与学生进行交流。又如"丝绸之路"在千年后的今天仍成为中外交流的要道,以"一带一路"的形式重新发挥其重要作用,教师可以结合古今,联系实际,使学生感受到历史就在身边,培养学生的家国情怀。

针对以上现象,本文就《清朝君主专制的强化》案例展开,通过课程片段,思考如何将"家国情怀"落实于课堂教学中。

二、案例概述

1. 教材分析

本案例以初中部编版《中国历史》第二册第 20 课《清朝君主专制的强化》为例。本课通过军机处、文字狱与文化专制政策、闭关锁国政策、社会矛盾加剧四目展现清朝中央集权的制度和社会矛盾的相互影响,强调清朝这一统一多民族国家对边疆地区实施的有效管理和它为何落后于世界发展潮流,对于学生情感、态度、价值观方面的培养有着深刻的影响意义。

2. 学情分析

基于第一册书本的学习,学生对我国"统一多民族国家的形成与发展"具备了一定的知识储备,能够从动机与结果、主观与客观方面简单地分析历史事件。但是本课知识点繁多,对学生家国情怀的渲染就要以基础的历史事实作支撑。

3. 教学目标

了解军机处、文字狱与文化专制政策的史实;知道清朝社会矛盾加剧的表现;基本掌握清朝实行闭关锁国政策的原因。通过表格归纳,认识军机处的设立及其影响;根据漫画、历史照片、文献等不同类型材料,学习从中提取历史信息的能力;通过材料研读、合作探究,理解文字狱的危害和闭关锁国政策的影响;感悟开放利于国家的繁荣发展,而闭关锁国终将影响国家的发展进程。

4. 教学过程(片段)

课文中清王朝的危机在于不断加强的君主专制,而其中一个表现就是闭关锁国政策。我将闭关锁国政策从以下方面进行阐述:清朝采取闭关锁国政策的原因、表现、结果和影响,在此过程中以马戛尔尼使团访华的故事作为切入口。当西方已然完成工业革命,英国想通过扩展海外市场的方式加紧资本主义扩张步伐,他们在前人的口中听说了中国这个东方神秘的国家,这个以儒家思想为正统地位的礼仪之邦,他们想知道这个马可·波罗口中遍地黄金和香料的富裕之地到底是怎样的一番景象。英政府由此派出了马戛尔尼使团。使团来华与乾隆皇帝见面时,皇帝甚至以"天朝上国,无所不有,无需与他国通商"的借口拒绝了与英国达成经济上的外交关系。马戛尔尼使团在华停留一个月后发表了这样的感想:"清政府好比是一艘破烂不堪的头等战舰,它之所以在过去一百五十年中没有沉没,仅仅是由于一班幸运、能干而警觉的军官们的支撑,而她胜过邻船的地方,只在她的体积和外表。"西方列强意识到清政府自以为"天朝上国",实则故步自封,清政府完全没有意识到西方世界已然天翻地覆。

通过学生的课堂即时反馈,得到了与学生如下对话:

师:我们从马戛尔尼使团访华的案例可以发现闭关锁国对我们有什么影响?

学生1:使当时的清朝落后于世界的发展。

学生2:闭关锁国让我们缺乏工业技术,在之后的战争中不得不失败。

根据课堂师生讨论,发现学生对于闭关锁国的影响只能表达出落后于当时世界的发展,而忽视了对当下历史发展的观照与反思。我想,学生所缺少的正是历史学科应该具备的育人特点——家国情怀,这是学科特点,更是现在我们所倡导的历史学核心素养之一。

5. 反思与展望

本课旨在培养学生的爱国情怀,使学生知道闭关锁国会使国家落后于世界发展潮流,只有保持开放的胸怀才能屹立于世界之林。清朝由于逐渐加强的君主专制而向外关上了大门,当西方进入工业时代,踏上了工业发展的快速路,当西方人已经接触到望远镜、蒸汽机、汽船等产品,清朝依旧处于封建的小农经济中。中国人对待西方新奇事物的态度既有好奇更有担心,这其实反映的正是闭关锁国之下闭塞的社会现象,人民对外来事物抱有排斥态度。因此,闭关锁国带来的影响是巨大的。历史可以为镜,教育也可以联系当下热点时事,习近平总书记曾说:"放眼未来,合作开放是促进人类社会不断发展进步的时代要求。"2017年5月,习近平总书记在"一带一路"国际合作论坛上宣布,中国将从2018年起举办中国国际进口博览会。2018年11月5日,中国首届国际进口博览会在上海举行,通过进博会,中国主动向世界开放市场,以开放、包容的胸怀展现大国气度,迎接世界的挑战。而我们国家所倡议的"一带一路"也正是使中国怀抱着大国之心去拥抱世界、拥抱未来,积极与其他国家合作交流,依托自身优势与他国取长补短,互利共赢。学习历史,不仅要学习过去发生的事件,更要联系现在,展望未来。

三、家国情怀培养的有效措施

1. 制定合理教学目标

教学目标,就是指通过教学,教师预期学生应完成的学习结果。赵亚夫教授认为:"教学目标的作用,对教师而言,如同打靶时枪上的准星,要把得住、瞄得准、三点一线不能马虎。"

本案例中，初次设计本课教学目标时，我将情感、态度、价值观方面的教学目标设置为"感悟闭关锁国对清王朝的影响，体会国家需有包容开放的胸怀"。同时，我将重点放在引导学生体会闭关锁国政策对当时（清王朝）的影响，却忽略了历史学科以史为鉴，以古鉴今的现实意义。之后，我将此教学目标修改为"感悟开放利于国家的繁荣发展，而闭关锁国终将影响国家的发展进程"。教学过程中引入我国"一带一路"和进博会等热点新闻，使学生感悟中国的大国气度。因而，制定合理的教学目标，并在教学过程中严格落实，对于教师上课具有重要引领作用。

2. 注重良性师生互动

"教"与"学"二字相互联系，不可分割。学生是教学活动的主体，而教师在教学活动中发挥主导作用。因此在教学过程中，我们要注重良性师生互动，教师与学生互为促进，相辅相成。例如，课堂教学中，我和学生进行了如下对话："我们从马戛尔尼使团访华的案例可以发现闭关锁国对我们有什么影响？"学生1答："使当时的清朝落后于世界的发展。"学生2答："闭关锁国让我们缺乏工业技术，在之后的战争中不得不失败。"至此，只是涉及闭关锁国政策对当时的影响，而未真正落实对当今社会的深入思考。因此，我又抛出了一个问题："那么，同学们是否可以用当下的事例来论证国家实行闭关锁国政策的错误性？"以此引出"一带一路"的新闻事例，并使学生感悟我国的大国风采。教师可以通过设问、视频、史料、游戏等方式发起良性师生互动，在教学过程中落实对学生家国情怀的培养。

3. 挖掘丰富史料内涵

"论从史出，史论结合"是历史学科的基本要求之一，而历史学科中包含的丰富史料都是培养学生家国情怀的优秀素材。基于此，教师可以深入史料，带领学生从史料中挖掘背后的历史信息，对课堂进行重构。例如课本上的"材料研读""知识拓展""课后活动"等板块，都蕴含着大量的史料素材，教师应当积极地利用，进行家国情怀的提升。以本课《清朝君主专制的强化》为例，在"闭关锁国"一目中，"相关史事"板块出示了以下内容："清朝对出海贸易的商船装载货物重量有严格的限制，甚至规定只准带铁锅一口，每人只许带铁斧一把；船上所有人员必须详细登记姓名、年龄、面貌、履历、籍贯等；船只预先规定往返日期，每人每日只许带米两升。"根据材料中细化的铁锅、铁斧、大米的数量，我们得知清政府对出海贸易有着极为苛刻的限制，进一步分析出在闭关锁国政策下不仅不允许外国商船来华，更是严格控制本国船只外出经商，很大程度上阻断了清朝与世界的联系，清朝就此开始落后于世界发展潮流。教师通过不断挖掘史料，一步步举例讲解，升华情感，突出家国情怀，引导学生们要对国家有高度的认同感、归属感、责任感和使命感。

4. 借助信息技术手段

在互联网高速发展，信息全球化日益完善的背景下，历史教学也要精准抓住时代特征，将信息技术融入教育中，加入"互联网+"教育理念，让历史教学变得更加高效。课堂中，"情境教学法"是教师常用的一种教学方法,我们可以充分利用信息技术将学生置身于历史环境中,更好地体会家国情怀。"学生应置身于历史发展的环境中去观察历史,站在历史人物的立场上去研究历史,从而把握历史人物的思想、情感、信仰、动机和意图等,并理解他们思想的发展变化。"例如VR技术,结合本课可以先给学生展示清朝强盛时期的国家面貌,与闭关锁国后被列强入侵、战火连天的情形,形成强烈反差,使学生感受到"闭关锁国"政策终将影响国家发展进程;又可以通过动画、视频甚至3D建模等方式体现如今我国强大的一面,使学生感悟国家开放包容的胸怀。信息技术与历史学科的结合能够调动学生的感官,让学生身临其境感受那段历史,真正走入历史,去体会历史人物的情感变化和历史事件的悲壮,进而突显如今生活的美好,体现国家的强大,潜移默化地让家国情怀在学生心中萌芽。

5. 联系学生实际生活

"以古鉴今"是历史学科的重要功能之一,通过历史事件可以引导学生形成正确的思考现实问题的能力。当教师抛出问题"闭关锁国对国家有什么影响?"时,大部分学生仅会把自己置身于当时的时代而忽视了对现实社会的观照。那么,教师可以将当下时事与历史事件相结合,清朝实行闭关锁国导致它落后不前,而现在的中国倡议的"一带一路",掀起了中国与世界发展的新篇章,以开放的胸怀展望未来,拥抱世界,通过如此对比促进学生联系现实来感悟历史,增强他们的情感共鸣。

四、结论

本案例《清朝君主专制的强化》一课中,学生所认识的清朝实行闭关锁国政策带来的影响多为"闭关锁国使中国落后于世界发展的潮流""清朝的夜郎自大使它在近代历史中不断遭受西方帝国主义列强的侵略"等,因此我们发现,学生对于历史事件的解释往往只关注于当时的历史背景而缺乏联系现实的能力。当我直接出示现在中国的开放政策时,我发现十分生涩牵强,只能使学生掌握基础的知识内容而未达情感、态度、价值观这一层面。为了落实本课对于家国情怀的培养,我对自己的教学设计进行了修改,增加了两个设问:(1)"你能不能在我们已学的历史中找到一个繁荣与开放的时代?它的特点是什么?"(2)"从你现在生活的时代能不能举例说明我国的强大?这种强大来源于何?"两个设问其实能巧妙地使学生搭建起知识架构,思考古代的繁荣朝代与现代的共通性,那就是胸怀开放与包容。

家国情怀的培养是初中阶段的学生感怀历史的基本素养。除了本课能够培养学生的家国情怀,由于历史学科的学科特点,例如"岳飞抗金""唐朝的对外文化交流""戚继光抗倭""两汉的科技成就""明清时期的文化、技术、建筑"等课程都能够作为具备较高价值的育人素材,使学生感受历史人物保家卫国的精神,面对困难勇于奉献的精神,使学生能够通过观察实物史料、文献等材料欣赏中国悠久的历史文明和灿烂的文化,感受古代劳动人民的智慧。

但是如何润物细无声地将情感、态度、价值观的培养落实在教学环节中依旧是值得我们思考关注的问题。

家国情怀是历史学科的核心价值,教师通过日常教学,采用多种教学手段,运用史料、漫画、文献等材料客观地陈述历史事件,将对学生"家国情怀"的培养落到实处,使学生形成对祖国的认同感与归属感,对中华民族的自豪感,具备文化自信,并以开阔的眼界认识国际历史发展。历史学科使我们走进历史人物,触摸历史的温度,使学生逐渐形成正确的人生观、价值观、世界观,带领学生感悟历史,观照现实,对历史充满关怀。我想,这就是历史学科育人价值的体现方式。

参考文献

[1] 朱汉国.历史学科核心素养释义[J].历史教学,2018(03):3.

[2] 何成刚,陈亚东,夏辉辉.历史课堂教学技能训练[M].上海:华东师范大学出版社,2008:26.

[3] 陈新民.运用历史神入激发学生的历史学习[J].历史教学,2001(6):49.

8 聚焦单元整体教学，探寻小学英语学科育人价值

上海市浦东新区御桥小学　卫丽红

《国家中长期教育改革和发展规划纲要》指出，我们要坚持"以德育人，立德树人"的原则，将社会主义核心价值观融入整个民族教育活动中，将道德教育贯穿到教育教学的每一个环节，以及学校、家庭、社会等各个层面上。教师以课程标准为基础，对教科书内容进行结构化、系统化和学科价值的全面阐释，不仅可以使教师的学科知识更加丰富，还可以使学生在学习过程中，更好地培养自己的文化意识，发展自己的心智，形成自己正确的价值观。

英语是一门国际通用语言，其中蕴藏着丰富的道德教育资源，教师可以从教材中挖掘出一些事例、道理，以陶冶学生的情操，开阔他们的眼界，培养他们的道德修养。然而，在我们的英语教育与教学中，却常常只重视语言技巧的教授，而忽视了英语课程的育人价值。德育是指培养学生的道德品质、价值观和良好的行为习惯，使他们成为有社会责任感和公民意识的人。英语教学提供了一个很好的机会，让学生在交流和互动中学习如何与他人友好相处，培养他们的同理心和自我控制能力。通过英语教学中关于公平、正义和社会问题的讨论，学生可以更好地理解自己在社会中的角色和责任。例如学生可以学习关于社会公益和环保的话题，了解如何成为积极的社会成员。英语教学中的德育渗透还可以帮助学生发展自我意识和自我评价的能力。通过反思和讨论，学生可以了解自己的优点和缺点，也能注重尊重他人的不同之处，这有助于培养学生的自信心和自尊心。综上所述，英语教学中渗透德育是非常必要的，因为它可以培养学生的道德品质、社会责任感、自我意识、跨文化理解以及沟通合作能力。这些价值和技能将对学生的终身发展产生积极的影响。

那么，怎样才能在英语教育教学中更好地渗透德育呢？可以从以下几个方面具体着手。

一、整体分析确立主题，挖掘单元育人价值

教师应加强素养导向，以课程内容为中心，深入挖掘课程的育人价值，确定课程的育人目标与教学主线。

比如沪教牛津版五年级上册第二模块"Me, my family and friends"，从教材的整体来看，本模块从"我"出发，关注的是周边世界，感受的是周围人群。在了解与长辈（尤其是祖父

母)之间关系的基础上,关注家庭成员之间的生活细节与交流途径,学习与家庭生活密不可分的若干动词词组,在居家平淡的生活中体验亲情、学会尊重长辈;在了解更多的朋友的信息(包括所在学校、班级、喜好、能力等)的基础上,进行朋友间的互动及异同描述,明白友情的珍贵与个体的独特;在进一步了解居家特点、房间设施的基础上,能运用方位词等描述喜欢的房间以及相关缘由(从朝向特征等角度),学会思考,并以此激发热爱生活、关注生活细节的情怀。

学生之前的学习虽然也涉及了祖父母、朋友和居家,但本模块的学习话题与以往仅仅从个人角度来认识、介绍朋友、家人或居所有不同之处。本模块更注重从与家人、朋友间的联系、比较和互动的角度来展开学习过程,不仅关注了他人或居所的外在的、表面的现象,更要求通过对人与物的深入分析与比对,学会找寻异同、探寻缘由、合理分析、流畅表达。

可以说,本模块不仅注意到了新旧知识的有机整合与螺旋推进,还对学生的语言能力提出了更高的要求,即在兼顾学生各项技能培养的同时,更关注学生学习策略的训练、文化意识的熏陶以及学生思维习惯的培养。从学情来看,小学五年级比起低年级的学生,需要更进一步提高自己的社交能力。基于以上主题分析挖掘本单元的育人价值:在与他人的交往中锻炼自己,形成积极的人生观和价值观。

二、整合单元教学内容,架构单元育人蓝图

教师需要深入地解读并分析单元中的各个语篇及相关的教学资源,并与学生的认知逻辑以及生活经验相结合,对单元中的每一个语篇的内容以及语篇的育人功能进行整合或重组,最终形成一个具有整合性、关联性、发展性的单元育人蓝图。

比如在沪教牛津版五年级上册第二模块第一单元"Grandparents"中,教师对本单元的内容进行深入的分析后,可以构想出以下育人蓝图:单元的第一部分是一个包括所有家庭成员的家庭树,帮助学生整体认识了家庭成员的称呼并重点突出 grandparents。第一个语篇融汇了核心词汇,主要创设两个主人公聊家庭合影中的成员的情景,重在了解祖辈的居住情况,能用频率副词或词组来表达日常生活和长辈们一起做的事情;学会关注长辈的日常生活,体现家庭幸福感,学会尊敬老人。

本课时在育人蓝图之下围绕主题展开、承前启后、层层递进,将零散的知识有意义地联系起来,构建基于主题的结构化知识,发展学生的思维能力,逐步帮助学生建构对家庭和生活的认知,促进其自身与他人的生命成长。

三、基于单元育人蓝图,构建整体目标体系

按照单元育人蓝图进行教学,要建立由单元教学目标构成的目标体系,让学生逐渐建立

起对单元主题的完整认识,从而培养出正确的态度和价值观。教师在教学前需先确立单元整体目标,并体现育人目标的逐步达成。

比如在沪教牛津版一年级上册第二模块第二单元"My family"中,学生通过第一课时的学习初步认识家庭成员的词汇,学会介绍家庭成员给他人,在语境中表达与分享自己的家庭成员之间的关系,这是育人之始;通过第二课时的学习在已有认知的基础上逐步培养学生与家人和谐相处的意识,这是育人之进阶;在之后的课时中,育人目标不断深入递进,最终助力学生形成正确的人生观,体现学科育人价值。可见育人之道在整体目标推进中始终浸润且层层深入。

四、整体设计学习活动,凸显育人课堂本质

教学设计与实施要以主题为导向,以语篇为基础,通过学习理解、应用实践和迁移创新等活动,引导学生整合性地学习语言知识和文化知识,并围绕主题表达自己的观点和态度,解决实际问题,最终实现在教学过程中对学生核心素养进行培养。学科的教育价值,指的是某一门学科的课程,不仅要让学生学会一定的专业知识,培养他们的学术能力,同时,也要让他们在心智能力、情感态度、思想品德、社会责任感等方面得到提高。为实现英语学科育人价值效应的最大化,教师可从德育、智育和美育三个方面体现英语学科的育人功能。教师可以基于英语学习活动进行整体设计学习活动,在活动中融合语言思维和人文,注重德育、智育、美育等的引导,指向整体育人。

比如在"Grandparents"单元学习中,教师可以举办一个故事会,请学生分享与家庭成员有意思的经历,还可以进行一次投票,请同学们选出和家庭成员最经常做的一件事等。这些活动都与本单元的整体教学内容相联系,与单元育人价值保持整体性,且可以提高学习活动的趣味性,与实际生活相联系,能够最大限度地挖掘学科的育人价值。

五、整体实施持续评价,跟进反馈整体育人

教学育人离不开评价。教师应准确把握教育、学习和评价在教育活动中所起到的作用,确立"教学—学习—评价"一体化的育人理念。教师在教学过程中需时刻关注学生的学习过程,通过追问等多样化的方式进行整体评价,促进学生整体素养的提升和发展。在本课教学过程中,效果评价时刻融入活动中。比如在学生回答问题时,教师及时给予肯定并追问;在复述故事后,教师和同伴及时给予评价;在表演环节中,有师生评价、生生互评等多元评价等。同时教师还可采用单元持续性的、梯度性的评价促进育人目标的达成。

比如,下面是一组指向育人的单元持续性评价:(1) Share your feelings(分享照片,畅想

心情);(2)Make a chart(制作晴雨表,提出建议);(3)Make a mind map(制作思维导图,复述感悟);(4)A mini book show(链接生活,制作绘本)。以上几个评价任务的能力指向与素养提升层层递进,育人之道循序渐进。比如第一个任务是让学生分享照片,相互交流家庭小故事(可在课堂最后环节落实,也可作为作业延伸),此评价旨在让学生感受到与家庭成员和谐相处的快乐。第二个任务是让学生绘制晴雨表,并提出建议,这是在前一个评价基础上的提升。第三、第四个任务均是在原任务的基础之上更上一个台阶,指向单元育人目标。

在英语单元整体教学中,教师可以通过这些方式来实现德育渗透的目标,比如:

主题设计:设置有意义的主题,围绕实际生活、社会问题或跨文化交流展开,激发学生的学习兴趣并引发他们对道德与社会价值观的思考。

文本选择:选择有助于培养德育价值观的文本,例如关于友谊、互助、道德困境等的故事、文章或视频,通过文本引发学生的情感共鸣和价值观探讨。

讨论与辩论:组织学生进行小组或全班的讨论和辩论活动,探讨各种道德问题、伦理困境、社会公平等议题,培养他们的道德判断能力和公民意识。

角色扮演:通过角色扮演活动,让学生扮演不同角色并面对道德抉择,锻炼他们的道德判断能力和决策能力以及理解并尊重他人观点的能力。

但同时教学实践中也存在着一些问题。希望教师能够充分理解并认识到英语课程的德育潜力,将德育价值融入每个单元整体教学中,而不仅仅注重语言知识的传授。此外,鼓励学生思考并提出他们对于道德、伦理问题的疑问和观点,促进他们的思辨能力和价值观的培养。同时,希望学校能够提供相关培训和资源支持,以帮助教师更好地实施英语课程的德育。

第三辑　融入生活促践行

1 推进思政一体化 多维育人润芳华

——上海市新云台中学思政一体化工作阶段性总结

上海市新云台中学 高 林

  我校于2016年加入北蔡学区,2018年被列为上海市百所公办初中"强校工程"实验校,同年加入建平教育集团,这为思政一体化建设创造了基本的条件,营造了良好的氛围。我校抓住了强校工程的契机,共享了北蔡学区和建平教育集团的优质资源,在思政一体化建设中进行了初步尝试,从师资队伍、课程体系、教学设计、实践教育、全员育人、评价机制等多方面开展思政一体化建设,通过多维的育人机制立德树人、培育人才、慧爱润心、不负芳华。

  首先介绍一下我校的总体情况。我校以"构建适合学生的教育,创设教师成长的平台"为办学理念,以"明志笃信,好学力行"为校训,以"良师携手共建强校工程,学子并肩见证自我成长"为策略,落实"尊重差异,让每位师生都得到进步和发展"的办学目标和"重德崇文担责,焕发生命活力"的强校目标,建设集花园、乐园、学园、家园于一体的"欣耘园",通过"五行课程"落实五育并举要求,培养"习惯良好、学习主动、做事认真、身心健康"的学生,搭建家校共育桥梁,努力实现"四个明显改变",办好家门口好学校。强校以来,我校完成了"五行"课程开发与评价,构建上海市新云台中学安全教育系列体系,逐步将"安全教育"课程与"行走"系列课程打造成在区域内有一定影响力的"上海市新云台中学综合实践活动课程",同时完成相关课程的初步开发。学校生态、教育质量日趋理想,师生精神状态良好,最近四年中考合格率100%。获得或保持的荣誉有"国家防震减灾科普示范校""上海市安全文明校园""浦东新区行为规范示范校"等,增值的效果显著,"强校"规划预期目标达成优秀。

  进入新时代,党和国家事业发展对人才培养提出了新要求,以习近平同志为核心的党中央先后召开全国高校思想政治工作会议、全国教育大会、学校思想政治理论课教师座谈会等系列重要会议,出台了系列重要文件,高度重视学生思政教育,而且越来越注重其整体推进,呈现出总体筹划大中小学思政教育的发展趋势。在大中小学循序渐进、螺旋上升地开设思想政治理论课非常必要,是培养一代代社会主义建设者和接班人的重要保障。习近平总书记强调要高度重视对青年们的思想政治工作,完善思想政治工作体系,不断创新思想政治工作内容、丰富形式;要把总体筹划推进大中小学思政课一体化建设作为一项重要工程。各学段思政教育既要"守好段渠,种好责任田",更要树立整体规划思维,接续培养、上下贯通、形成合力。在这样的大背景下,我校推进思政一体化建设工作,这既是深入贯彻新时代党和国家人才培养方针的现实需求,也是推进各学段思政教育统筹发展的适切选择,更是立德树人根本任务取得实效的基本保证。

一、三支队伍加强师资

（一）领导组队伍

根据党组织领导的校长负责制文件精神的要求,此项工作的领导组成员是学校党政领导、德育的校级分管领导、德育主任和教导主任等。

（二）思政学科专职教师队伍

我校在核定编制时充分考虑思政课专职教师配备要求,核定思政课专职教师的岗位。2020学年第一学期,我校的思政课教师中有一位即将退休,一位在援疆,为了能为后续工作做准备,我校当时入编了一位思政学科对口专业、研究生学历的青年教师孙婷。经过见习期培训和后续培养,孙婷老师思政学科的基本功逐步扎实,逐渐站稳了讲台。本人是浦东新区骨干教师,一直担任孙老师的带教工作,我们把思政一体化建设作为师资培训的重点内容之一。

（三）班主任德育工作者队伍

在班主任例会、班主任实务培训和德育实践等相关内容中,有思政一体化建设的计划和内容。

二、课程体系知识衔接

学生的成长成才过程是由一个学段承接一个学段完成的,只有充分考虑到思政教育教学在各学段中的情况,才能建构出有针对性、实效性,并能实现纵向有机接续的思政一体化课程体系。思政教育教学呈现出循序渐进、环环紧扣的状态,这种状态贯穿于教育全过程和各学段、年级,因此,思政教育教学呈现出整体性与层次性的有机统一。思政学科专职教师主要进行的是六到九年级课程体系知识和教育教学方法的衔接。除此之外,教九年级的教师侧重负责初三与高中相关内容的衔接,教六年级的教师侧重负责六年级与初中学段相关内容的衔接。我校道德与法治备课组教师主要做了以下工作:

（一）学习《义务教育道德与法治课程标准(2022年版)》

重点学习第三部分"课程目标"三大方面：核心素养内涵，总目标，学段目标。第四部分"课程内容"详细学习了从一年级到九年级共四个学段的课程内容。

（二）做好思政一体化的跨学段、跨年级衔接工作，根据课程体系整理基本知识

备课组的所有老师都对六到九年级的知识点进行总体把握，便于更好地做好思政一体化的跨学段、跨年级衔接工作。

第一个步骤：所有老师首先统一思想认识，认同跨学段、跨年级总体整理基本知识点很重要，这些内容就是学生答题能选用的基本文字，中考答题中要考察的必备品格需要这些基本知识点的支撑。

第二个步骤：详细整理出基本知识点。举例说明：本人任教初三年级，因此要做整理六到九年级知识的总负责，初三之外的年级是孙老师任教的，孙老师侧重整理初三之外的内容。从2023届学生的角度思考，学生已经完成六至八年级的课程知识，主要考虑对于初三的总复习，请孙老师根据学生的基础和学情，给本人提建议。从2023届之后的学生角度思考，衔接工作最紧迫最艰巨的是八年级，本人根据总复习中发现的学生关于八年级的知识困难点，指导孙老师在原有基础上调整和改善知识的整理。经过沟通与合作，我们两位老师形成共识，一起整理出了与时俱进版的思政一体化的基本知识内容。

第三个步骤：形成思政一体化的基本教育教学方法和学法指导，引导学生常复习、常使用，在问题驱动、完成学科任务的过程中学习，不断记忆和理解，不断提高能力，形成正确的价值观并引导驱动行动。

做好思政一体化的跨学段、跨年级衔接工作，根据课程体系整理基本知识和教法学法，对于本人来说，有助于初三教学提质增效，对于孙老师来说，便于她自己在专业上更好地成长，也为能够顺利承担不同学段、不同年级的教学任务打好基础。经过备课组思政一体化的集体备课，经过师生教学相长的共同努力，学生进步较大，最近几届学生在道德与法治学科也取得了优秀的成绩。

三、多种视角教学设计

道德与法治备课组组员达成共识，从思政课教师专业培训和发展的角度，需要把"思政一体化的教学设计"作为思想政治教育学科研究的新领域，从多种视角比较、思考后进行教学设计。我们在以下几方面努力践行：

其一，从把握总体的角度看，思政课教师都应具备扎实的本体性知识，除了具备马克思

主义基本理论外,还要对哲学、经济学、政治学、社会学、伦理学等相关学科都适当关注和学习,能够综合运用本体性知识储备进行课程规划与设计。同时,要明确认识大中小学思政课的总体布局与各学段之间的关系,了解所处学段在一体化建设中的特定作用,力求达到"整体大于部分之和"的教育实效。

其二,从理清层次的角度看,不同学段的思政课教师要加强学习条件性知识,提升适应该学段的教研能力,依照相应学段的课程目标,合理安排教学计划,使教学内容呈现循序渐进的层次性。

其三,从建构关联的角度看,纵向看不同学段的思政课教学,应该是目标一致、内容连续的有机整体。因此,思政课教师应提高对各学段思政课的理解和衔接能力,深入挖掘思政课教材中的共通性核心内容,在教学实践中探索与创新方法,积极和其他学段思政课教师沟通交流,把每学段的教学目标有效落实到教学内容和过程中,并不断研讨、建构各学段课程的内在关联,尊重各学段学生的身心发展规律和特点,实现思政课教学的有序衔接。

实例一:2021年,孙婷老师参加建平教育集团"大中小思政教育一体化"精品课程征集,主题是"红船追梦百年　首创奋斗奉献"。教学重点是理解红船精神的实质,增强对红船精神时代价值的认同。难点是继承和发扬红船精神,坚定信念,当好红船精神的守护者、传承者、践行者。之后,我们能持续发挥好这一课程资源的教育作用。

实例二:2022年,北蔡学区开展了"思政一体化"展示活动,主题是"引入生活元素　培养学生核心素养　探索思政课情境教学"。孙婷老师报名参加后,我校文综教研组组织集体备课,助力孙老师选课题和进行教学设计,孙老师选了六年级,便于进行小学和初中的思政学科衔接。教学内容是关于友谊的课题"让友谊之树长青",孙老师从把握总体的整体性视角出发,除了本体性知识,还去查阅了哲学、心理学、伦理学和社会学等学科中与本课题相关的内容;从关联性角度出发,查阅了小学至高中阶段关于友谊方面的教学内容,注意了纵向的螺旋式上升。孙老师试讲时,文综组组员都去听课评课、提改进建议。之后,孙老师在学区交流会上进行了说课,开了校级公开课,最后在北蔡学区开了展示课。本课题的指导思想:培育核心素养,培养学生适应未来发展的正确价值观、必备品格和关键能力,引导学生成长为德智体美劳全面发展的社会主义建设者和接班人。本次展示课赢得了学生的喜爱,得到专家和观课者的一致好评。

四、横向贯通形成合力

思政教育一体化创建要注重主渠道与主阵地横向贯通形成合力。思政教育的实现形式主要包括思政课这一主渠道和日常思政教育这一主阵地。思政课体现了思政教育的系统性,是在教育各学段引导学生系统、专业地学习价值观念和理论。日常思政教育体现了思政教育的经常性,是在各学段通过升旗仪式、早会午会、班会、团队活动、实践教育等形式,实现对学生发展的影响。主渠道与主阵地横向协同配合,要注重特定学段内部不同类型的思政教育形式和方法之间协调联动、形成合力,渗透到学生校园和社会生活多方面,与时俱进结合时政、社会热点和学生关心的实际问题,情境多样,体验丰富,引导学生健康成长和发展。

我校思政课教师首先要完成主渠道的教学任务,除此之外,还要完成主阵地的工作。比如,我校学生发展中心对思政课教师有以下工作要求:

(一)初中各年级在晨会或午会时间安排开展一定的时事教育;每月在校、班会时间安排一次时事形势报告会。

(二)初中《习近平新时代中国特色社会主义思想学生读本》的学习,在主渠道和主阵地进行统筹安排,在八年级作为必修内容,利用道德与法治课、班团队课、校本课程等统筹安排课时,由道德与法治课教师主讲。

(三)开展关于学宪法的系列活动。开展"学宪法 讲宪法"主题系列活动。第一,组织开展以习近平法治思想为核心的宪法教育。深入学习宣传贯彻习近平法治思想,结合我国宪法发展史深化宪法教育,坚持与日常法治教育相结合。第二,组织实施"宪法卫士"网上学习竞答活动。我们组织初二年级学生在规定时间内登录教育部全国青少年普法网全国学生"学宪法 讲宪法"活动专题页面,进行学习。第三,开展"宪法宣传周"系列活动。开展国家宪法日"宪法晨读"活动。继续深入推进"打开宪法之门"课程内容。第四,在学校电子宣传屏幕中加强宣传。学宪法活动有利于思政教育一体化建构,横向贯通形成合力,有利于学生了解宪法的基本知识,增强法治观念,坚持宪法至上,理解依法治国首先要依宪治国,维护宪法权威,推动学生以实际行动尊法、学法、守法、用法。

五、三全育人全员导师

"三全育人"是中共中央、国务院《关于加强和改进新形势下高校思想政治工作的意见》提出的坚持全员、全过程、全方位育人的要求,为深入学习贯彻习近平新时代中国特色社会主义思想,落实"立德树人"的根本任务,我校积极践行全员、全程、全方位一体化育人理念。"三全育人"的理念科学务实,符合教育教学规律。"全方位育人"是指充分利用多种教育载体,主要包括学生综合测评和奖学金评比、贫困生资助与勤工助学、学生组织建设与管理、校园文化建设、学风建设、诚信教育、社会实践等,把思想政治教育寓于其中,这也是践行思政一体化的表现。

在"三全育人"的大背景下,我校继续推进全员导师制的工作。

（一）践行基本理念。

学生人人有导师，教师人人是导师，人人都是德育工作者，人人成为学生的良师益友。

（二）落实导师任务。

导师的工作设置三项基本任务，包括一次学生家访，一次交心谈话、一次书面反馈。一次家访：每学期开学前，班主任指导或联合导师开展学生家访。一次交心谈话：导师要在每学期重要考试前后、学生生活发生重大变故等关键时间节点，与学生进行交心谈话和开展家校沟通。一次书面反馈：导师在每学期末，要围绕学生本学期的成长发展情况，以积极肯定、正面鼓励和挖掘学生的"闪光点"为导向，撰写个性化《成长寄语》，向学生及家长进行书面反馈。

（三）"两个一"活动。

导师关心学生的全面发展，依托"两个一"活动，建立良好的师生关系，给予学生有针对性的指导，必要时可通过家访，与家长交流沟通，进行有针对性的家庭教育指导，保证受导学生的全覆盖教育。

六、过程结果绩效考评

我校根据实际情况采取对策，进行了过程性的奖励和结果性的绩效考评，主要有以下几种情况。

（一）用好上级拨给思政课教师的专项经费，一部分作为平时上课的课时费补贴，一部分在学期结束时作为考核奖发放。

（二）对于初三年级的中考学科，有专项奖励。

（三）对于宪法宣传教育、禁毒教育等专题项目组的工作，酌情给予一定的参与性的经费补贴（过程性奖励）和绩效奖励（结果性奖励）。

七、结束语

通过"思政一体化"的内涵和方法等研究，助力强校工程和后强校阶段的攻坚克难。提高教育质量：研究"思政一体化"工作课程体系的知识衔接，助力完善"五行"课程体系，研究"思政一体化"工作中的"三全育人"，助力完善"五行之星"评价机制。培育和发展特色：推进"思政一体化"工作在横向贯通中形成合力的实践研究，挖掘"安全""行走"的内涵和外延，将安全教育与区级德育课程相融合，完善生命安全特色课程体系，引导学生掌握民防安全技能,从生存安全、生活安全到理解生命安全,最终激发国家安全意识,形成校本课程,并在"思政一体化"思想指导下,开展多种视角的教学设计。市级实验项目的综合实践活动课程体系:"行走"课程之"安全教育""红色之旅""博物馆+"等课程。区级实验项目:德育特色课程(上海市新云台中学生命安全特色课程体系)融合安全教育与区级德育课程(家校合作、生涯教育),提升师生道德修养、人文素养。

2 "五育"融合 一体建设

——探究新时代背景下小学道德与法治一体化建设策略

上海市浦东新区御桥小学　滕晓妍

一、小学阶段进行道德与法治一体化建设的重要性

小学生正处于培养世界观、人生观、价值观的重要阶段,这个阶段通过思想教育课程有利于培养学生高尚的道德修养和正确的行为规范等。在传统的小学,道德与法治教学过程一般关注文化教学,很少关注对学生正确世界观、人生观、价值观系统性、长久性的培养。因此,推动小学阶段道德与法治一体化建设具有重要的意义。新课标不断强调小学生的主体地位,因此,结合"五育"融合理念推动小学道德与法治一体化建设有利于充分提升学生学习的自主性,从学生的角度出发来制定道德与法治课程的活动,充分发挥道德与法治课程在道德与法治一体化建设过程中的作用。

二、小学阶段进行道德与法治一体化建设的策略

(一)显性教学,传播思想

在建设道德与法治一体化的过程中,充分把习近平新时代中国特色社会主义思想融入小学生心中,通过课堂教学使小学生增强四个自信,并培养他们的爱国情感。在道德与法治的课堂教学中,我一般采取目标引领之下的课程闭环实施形式,积极将教学目标与评价活动融为一体。通过创设情境、自主学习、思维对话、知识建构、拓展迁移等环节,构筑相对稳定的课堂教学模式,从而推动课程呈现阶梯式上升的效果。

(二)隐性浸透,全面育人

除了通过道德与法治的课堂对学生进行道德与法治教育,我还经常为学生创编有趣的游戏活动来推动学校道德与法治品牌建设,实现全方位育人。针对低年级小学生的年龄特点,我设计了很多游戏活动,如教学《我的好习惯》中"小闹钟倒计时"、教学《我和大自然》中"植物生长记"等,把道德与法治课程理念充分融入游戏。在设计游戏的过程中,我还充分融

入文明礼仪、行为规范、读书报国、爱党爱国、生态文明、生活习惯、学习习惯等,把道德与法治课堂充分落实到操场上、家庭中,让道德与法治教育走出课堂,走入生活。通过多样的道德与法治游戏,激发学生的学习兴趣,充分实现"三全育人"的目标。

一个优秀的道德与法治课堂,应该充分尊重学生的天性。根据《义务教育道德与法治课程标准(2022年版)》所提出的理念,在设计道德与法治课堂游戏中,应该充分从学生的角度出发,让学生儿童的天性在游戏中得到释放。结合"双减"政策的要求积极探索,并不断丰富道德与法治课堂的内容,将跳房子、象棋等传统游戏充分融合进道德与法治课堂,实现寓教于乐,落实立德树人的根本任务,充分体现"五育"结合。比如在《我们的校园》这一课的教学活动中,我带领学生走进校园。通过在校园中做游戏、捉迷藏的方式让他们认识校园,了解自己所处的学校环境,并且感受到学校是一个可爱的地方。通过多种有趣的游戏,激发学生热爱学校、热爱上学的情感。教师设身处地地为学生讲解学校中的措施,鼓励他们运用学校中的措施来解决自己学习和生活中的问题。

除了结合道德与法治游戏对学生进行教育,我校还努力建设校风,将道德与法治教育融入校风建设中。首先是融入环境建设,比如我校积极举办党史长廊、阅读书吧和美化操场等。其次,通过多样的道德与法治文化建设,比如举办红歌大赛,加强学生的爱国主义教育,让学生在歌唱的过程中培养爱国主义情感。此外,还通过少先队员活动、德育活动等充分加强道德与法治教育,让道德与法治教育润物细无声地融入小学生的心中。

(三)结合"五育",融入建设

在进行道德与法治教育的过程中,我把道德与法治教育充分与"五育"结合。并且通过多种方式来落实教学目标,让个性不同的学生都热情参与到道德与法治课堂中,充分提升道德与法治课程的系统性和综合性,让道德与法治课程的建构与实施更加多样开放。

1. 德育结合

在小学道德与法治教材中,有着非常丰富的德育教育资源。比如一年级上册《拉拉手,交朋友》这一课就侧重于学生的人际交往以及适应能力的培养。教学中设计"网小鱼""好友连连看"两个游戏,引导学生掌握交朋友的技能,并且领悟交往的基本礼仪与方法,从而让学生能够运用多种方式初步养成讲文明、懂礼貌的行为习惯,加强德育教育。

同时通过多样化的教学活动加深学生对社会的认识。如:教学《我爱我家》时,从讲述我自己小时候的故事入手,再请学生回忆家人的温暖,向小伙伴、老师介绍自己家人间的甜蜜,增进孩子与家人之间的沟通、交流从而培养孩子对家庭的自豪感以及对家人的情感,体味一家人的幸福。教师从学生的生活出发又走进学生的生活,帮助学生感受家庭的幸福、校园的可爱、社区的美好,从而引导学生养成良好的品德、行为和生活习惯,学会生活和做人。

在我们的语文教学中,也同样贯穿着深刻的品德教育。《吃水不忘挖井人》是部编版一年级下册第二单元中的一篇课文。文章讲述的是毛主席在江西领导革命时,带领战士和乡亲们挖了一口井,解决了沙洲坝村子吃水困难,人民感谢他的革命传统故事。课文的内容很具有感染力,对于大多数的学生来说,理解课文内容不难,但对于缺少生活经验的学生来说就有一定的难度。因为革命传统题材类课文由于叙述的故事内容远离当代儿童的生活时代,他们对于那个时期的人和事一无所知。这时,教师通过大量图片的对比,帮助学生去理解,感受没水的状况是多么艰难。并引导学生通过自己的想象知道吃水难和挑水辛苦这件事,为下面的德育渗透打下坚实的基础。这样,就把课堂从课文引向了生活,启发学生去思考,不仅训练了学生的表达能力,而且让学生感受对他人的深深爱意,激发出浓浓的感恩之情,达到了水到渠成的效果。在语文教学活动中,德育渗透是一个广阔的空间,只要细心发掘德育工作和学科教学的最佳结合点,就可以让学生得到"紫丁馨香,沁心无痕"般潜移默化的教育。

2. 智育结合

作为一名道德与法治老师,在进行道德与法治一体化建设过程中,既要会讲故事,更要讲好故事。不仅要自己讲故事,还要鼓励小学生学会讲故事。讲好故事的关键是掌握大量的素材,因此我把道德与法治教学与读书课程相结合。在教学《我和我的动物朋友》中"怎样才是真喜欢"课堂上,教师从讲故事《长颈鹿妈妈的哭泣》导入,和同学讨论"小长颈鹿怎么了?长颈鹿妈妈为什么会伤心?"并鼓励学生分角色表演"长颈鹿妈妈的诉说"。同时鼓励学生展开自由的想象,对故事情节加以拓展和延伸,学生由听故事到自己创编故事,从而引发思考,知道动物是人类的朋友,要善待动物,由此初步培养学生保护珍稀动物的意识。

同时,结合学校开展的"学雷锋主题教育活动"、"国家安全教育日主题活动"、"清明祭英烈活动"、观看电影《最可爱的人》等一系列主题教育活动,以爱国主义教育为红线,以"五爱"——爱自己、爱他人、爱家、爱校、爱国家为教育的基本内容,规范养成教育、道德品质教育、集体主义教育、社会主义教育及民主法治、国防教育、文明礼仪教育有机结合,形成整体德育框架。以爱国主义教育为核心,以发展新中国和发扬优秀革命传统教育为重点,通过各种爱国主义教育,使学生深入了解中国共产党领导中国人民在建立新中国的奋斗中所表现的革命精神,增强学生对国家与民族的自信心和自豪感。引导学生树立热爱祖国、热爱人民、努力学习、为祖国的繁荣昌盛做贡献的思想,并进一步举行读书分享会活动,倡导学生朗诵革命故事,从而鼓励学生热爱阅读,激发学生的爱国情怀,加强智育。

3. 美育结合

中国是一个有着悠久历史和灿烂文化的民族,上下五千年,中国一路走来,脚下是深厚的文化底蕴。可是随着多元文化的流入,电子科技的发展,学生对"美"的认识已不同以往。学生的眼光过多地停留在"炫""酷"的事物上,许多学生对漫画人物非常痴迷,画得惟妙惟肖。然而,我们中国的国画,却少有学生欣赏。

在道德与法治一体化建设的过程中,需要充分关注对学生的美育,并且针对提升审美能力设立专门的教学。比如在一年级《新年的礼物》这一课的教学中,我会鼓励学生制作关于春节的手抄报以及动手实践来包饺子等。通过特色的课程,让学生领略中华优秀传统文化之美,积极地传承优秀传统文化。

美育可以沉淀学生急躁的心,让他们放慢脚步,安静耐心地观察,听到内心对美的赞赏,从而获得成长的正能量。

4. 体育结合

身体是学生学习的成本和基础,所以在建设道德与法治一体化的过程中,加强对学生体力的训练是必不可少的。在道德与法治课堂中,我秉持"健康第一"的教育理念,满足学生的个性化要求,来设计相关的体育活动。比如在一年级《上学路上》这一课的教学过后,我为学生布置课后作业,要求他们连续半个月坚持走路来上学,锻炼学生的体力,深受学生的喜爱。

同时,在体育锻炼课上,我和学生做了一个游戏,让学生各自吹起一个气球,在吹起的气球上写上自己的名字。第一轮活动中,10个气球因为吹得过大而出局。第二轮活动中,我让学生把剩下的30个气球向空中抛起,然后在草地上找到署上自己名字的气球。可是15分钟过去了,没有几个学生能顺利找到自己的气球。这时,我询问一位学生:"你脚下的气球是谁的,你找到了他的气球,那你的气球被谁发现了?"学生七嘴八舌不停地说着,不到5分钟,所有的学生都拿到了属于自己的气球。通过这项活动,学生认识到在学习和生活中,分享、互助或许比竞争更重要。

5. 劳动结合

劳动技能是培养小学生全面发展的必备课程。因此在道德与法治一体化建设中,我把劳动教育充分融入培养小学生的过程中,以树德、增智、强体、育美为主要宗旨,引导学生理解和形成马克思主义劳动观,让学生感受到劳动的乐趣。以劳树德,以劳养德,是学校教育、家庭教育中一劳永逸的好方法。创造学生劳动的时机,让学生通过劳动获得收获的体验,进而养成健全的品德修为。

在一年级下册《我们爱整洁》这一课中,组织班级学生开展大扫除的活动,让他们在活动的过程中养成爱清洁的好习惯,启发劳动意识,感受劳动的乐趣,培养劳动技能,体会到劳动最光荣。并且布置家庭作业,去父母的工作单位体验一日职业的劳动,让学生在劳动中磨炼意志,提升品质。活动促进了学生和父母之间的合作,不仅融洽了亲子关系,还可以使学生养成尊重劳动的观念,树立正确的价值观念。只有有了深厚的道德品质根基,学生的成长才能行稳致远。

三、小学阶段进行道德与法治一体化建设评价体系

除了在课程中要关注学生的主体地位,在设计道德与法治一体化建设评价体系过程中,也应该从小学生的角度出发。结合目标性评价、过程性评价、展示性评价形成综合评价结果,推动道德与法治一体化建设有效推进。

在设置目标性评价中,我提前对学生进行调研,了解学生对道德与法治课堂的需求,并且结合他们的需求来制定阶段性成长目标和学习成长目标。以星级评价的方式对学生进行评价,鼓励学生进行自我评价,不断实现自我完善,让学生体会到评价的乐趣。在设计过程性评价中采用多种评价方式,比如学生互评、家长评价、教师评价等。以成长卡、家长互联等方式,让学生关注到他评和互评的结果,从而全方位认识自己的表现。结果性评价,也就是展示性评价。在道德与法治课堂一体化建设过程中,我充分利用了学生设计展示成果的平台,让他们积极展现自己的学习成果,在展示的过程中促进个性化发展,实现知行合一。

四、总结

在目前强调中小学道德与法治课程一体化的背景之下,教学目标、内容、评价形式都应该结合时代的发展而不断更新。作为一名小学道德与法治教师,应该充分结合学生的年龄特点设计课堂内容,促进道德与法治课程一体化建设,努力培养德智体美劳全面发展的社会主义时代新人。

参考文献

[1] 郭绍均,张永香.大中小学思政课一体化研究:现状、特点及趋势[J].教书育人(高教论坛),2023,805(3):86-88.

[2] 陈建清,张彩云.习近平法治思想融入大中小学思政课一体化教学的研究[J].福建教育,2023,1411(4):28-32.

3 小学与初中思政课教学的异同及衔接分析

上海市北蔡中学　方　颖

在《义务教育道德与法治课程标准(2022年版)》全面推进的背景下,如何培养学生的核心素养,如何在教学实践中真正抓住学生心理、潜移默化中落实立德树人的根本任务显得尤为重要。新课标修订优化了课程设置,将小学原《品德与生活》、《品德与社会》和初中原《思想品德》整合为"道德与法治",进行一体化设计。因此根据新课标的要求,我们教师有必要探究小学与初中思政课教学的异同并合理地衔接来提升课程的科学性和系统性,确保学生的全面发展。以小学三年级的课文《大家的朋友》和初中课文《养成亲社会行为》为例,分析如下:

一、小学与初中学生的学情

小学和初中学生在认知发展、学习需求、社会认知等方面存在显著的差异,这为我们提供了对小学与初中思政课教学进行个性化调整和优化的可能性。

首先,我们来看小学和初中思政课程的主题。小学阶段的思政课程以"大家的朋友"为主题,从三年级学生初步、零散的公共生活经验来看,学生对公共场所及场所内的公共设施有初步的了解,但学生的公共意识、规则意识还相对薄弱,也缺乏对公共设施价值的认识,无法将爱护公共设施的行为落实到具体的生活中,学生有意、无意地破坏公共设施的行为并不少见。同时,学生对破坏公共设施的相关法律规定也并不了解,因此需引导学生初步认识和理解公共设施的重要性和作用,激发他们对社区生活的关注和参与。而初中阶段的思政课程以"养成亲社会行为"为主题,初中学生尤其是高年级已经具备一定的知识储备,对于社会现象和国情也形成了初步的了解。我们教学实践就不能只是聚焦公共设施这一具象的概念,需逐步引导学生关注社会、了解社会、服务社会,培养他们的社会责任感和参与社会的主动性。这两个阶段的思政课程在主题上有一定的连贯性,都是围绕着如何理解和参与社会展开。但是,它们的焦点和深度不同,由具象到抽象螺旋式上升。小学阶段主要是对社会生活的直观理解和参与,关注的是社区环境中具体、直观的公共设施;而初中阶段则提升了社会理解和参与的层次,强调的是理解社会,关注社会发展,养成亲社会行为。

其次,我们来看小学和初中思政课程的教学方式。统编教材《道德与法治》每一课最前面都会设置"运用你的经验"内容,这也是帮助教师了解学情、促进学习目标完成的重要体现。同时从学生生活实际出发,走近他们的关注点,激发他们的学习兴趣才能真正达到教学效果。小学阶段的教学方式更倾向于生动、形象的故事和实践活动,例如通过猜谜、续编故事等活动,使学生直观地了解公共设施的重要性;通过小叮当的旅行遭遇引导学生理解没有公共设施的生活会是什么样子;通过"新型公共设施设计大赛"激发学生的创新思维和实践能力。而初中阶段的教学方式则更倾向于理论探究和社会实践,强调对社会知识的学习和社会实践的体验。例如在《养成亲社会行为》课程中,教师可能会创设模拟社会情境,让学生在角色扮演中分析教材理论,体验社会生活,或者组织学生进行社区服务等社会实践活动,让学生在实践中养成亲社会行为。当然,初中道德与法治教学还有学业质量标准的要求,学业水平考试命题将提高综合性、开放性、应用性、探究性,倾向于探索素养导向。因此,初中生不能仅仅停留在知识理解的层面,更为重要的是在情境创设、任务设置等方面体现出应用、解决问题等综合能力。

最后,我们来看小学和初中思政课程的衔接。从上述分析来看,小学阶段的思政课程为初中阶段的思政课程打下了基础。小学阶段通过生动、形象的方式引导学生认识和理解社会,激发他们对社会的关注和参与;初中阶段则在此基础上,运用情境教学增强学生的代入感,从感性出发逐渐上升到理性思考,从多角度分析问题、解决问题,提高学生判断、分析、运用和综合的思维能力。

二、小学与初中思政课的衔接方式

小学与初中思政课的衔接是一个系统的过程,涉及知识内容、教学方法、学习目标和教育评价等多个方面。根据不同阶段学生的身心发展特点,以学生实际生活为基础,分学段按主题对内容进行科学设计,建构学段衔接、循序渐进、螺旋上升的课程体系。通过这种衔接,学生可以在思政教育中实现顺利的过渡和持续的发展。

(一)知识内容的衔接

思政课程的知识内容衔接,是确保学生能够在不同教育阶段顺利过渡、持续发展的关键,需要以学生的认知发展为依据,逐步拓宽和深化他们的社会知识、观念认知、价值观念和社会实践能力,帮助他们从对社会的简单理解,发展到能够积极参与和建设社会。

1. 基础知识的延伸

在小学阶段的思政教育中,学生们会接触到如公共设施等基础社会知识。在初中阶段,教师可以在此基础上进一步拓宽学生的知识视野,比如让他们了解公共设施的设计、建设、政府管理等背后的社会原理和价值。

2. 观念认知的提升

在小学阶段,学生主要学习了公共设施是为大家提供服务的"朋友";到初中阶段,学生可以更深入地理解和体验到公共设施与社会的关系,以及他们在社会中的责任和角色。

3. 价值观念的深化

在小学阶段,学生已经对公共设施的重要性有了基本的认识,当他们进入初中阶段,我们可以进一步引导他们思考和实践如何通过亲社会行为来维护和提升公共设施的价值,如遵守公共设施的使用规则、参与公共设施的建设和保护等。

4. 社会实践的连贯

从小学到初中,思政课都强调社会实践的重要性。在小学阶段,学生主要是通过生活实践来了解和使用公共设施;在初中阶段,他们则需要通过更复杂的社会实践,比如参与公共设施的设计比赛或者社区服务,来体验和理解社会的运作。

(二)教学方法的衔接

教学方法的衔接是保证学生在不同学段之间能够顺利过渡和持续发展的关键。小学与初中思政课的教学方法衔接,是以学生的发展需求和能力为导向,逐步引导他们从接受和理解社会知识,发展到能够独立思考和解决社会问题的能力。

1. 实践活动的深化

小学阶段的思政教学更注重生活实践,让学生通过观察和体验来认识和理解社会生活中的公共设施。而在初中阶段,虽然依然保持实践活动的引导,但会更加强调情境模拟和社会实践,比如让学生参与社区活动,设计公共设施,这样可以帮助学生更深入地理解和体验社会生活。

2. 课堂教学的转变

在小学阶段,思政课教学更偏向于引导和启发,让学生通过故事、游戏等形式认识和理解公共设施的重要性。而初中阶段的思政课教学,则更注重引导学生通过思考和讨论,形成自己的见解和理解,比如让学生思考和讨论公共设施对社会的影响,以及他们自己在社会中的角色和责任。

3. 思维训练的提升

在小学阶段,思政课主要是通过故事、游戏等形式,让学生理解和接受社会知识和道德规则。而在初中阶段,思政课会更多地引导学生进行批判性思维和问题解决能力的训练,比如通过问题为导向,引导学生分析和解决公共设施的使用和管理等实际问题,让学生能够理解和掌握更深层次的社会知识和技能。

(三) 学习目标的衔接

小学与初中思政课学习目标的衔接是确保学生能够在不同教育阶段实现连续、有序的学习,是一个从具体到抽象,从知识接受到能力运用,从个体道德到社会责任的发展过程。这种连续、递进的学习,有助于学生全面、深入地理解社会知识,提高社会技能,树立正确的人格和价值观。

1. 知识层面

小学阶段的思政课,学习目标主要是让学生了解社会公共设施的作用和价值,以及基本的社会规则。在这个基础上,初中阶段的学习目标则扩展到更全面、深入的社会知识,如公共设施的管理和运营、社会参与等。这种从具体到抽象,从浅层到深层的知识递进,使学生能够建立起完整的社会知识体系。

2. 技能层面

小学阶段的学习目标主要是让学生能够正确使用公共设施,遵守基本的社会规则。初中阶段则进一步要求学生通过社会实践活动,如参与公共设施设计、提供社区服务等,提高解决问题的能力和社会责任感。这种技能的递进,有助于学生从知识的接受者,逐步发展成为社会的参与者和贡献者。

3. 态度和价值观层面

小学阶段的学习目标,主要是让学生认识到公共设施的重要性,培养爱护公共设施、尊重他人的基本道德观。初中阶段,学习目标则更注重培养学生的社会责任感和公民意识,如了解社会、关注社会问题、积极参与社会活动等。这种从个体道德到社会责任的转变,有助于学生形成健康、积极的人格和价值观。

(四) 教育评价的衔接

小学与初中思政课的教育评价衔接,旨在帮助学生在不同阶段实现恰当的反馈,从而更好地了解自己的学习状态和进步情况,也为他们提供了自我提升和目标达成的机会。这种评价的衔接,不仅关注学生的知识和技能,也关注他们的态度和价值观,以培养他们成为具有社会责任感和公民精神的全面发展的人。

1. 评价内容的连贯性

在小学阶段,评价的重心主要在学生对公共设施作用的理解,以及他们的道德行为。比如,他们是否能够正确使用公共设施,是否能够尊重他人和公共设施。而在初中阶段,评价则更注重学生的社会参与和责任感,比如他们是否能够关注社会问题,是否愿意为社区服务,是否能够尊重社会多元化。通过这种评价的连贯性,可以帮助学生明白他们在思政课程中需要达成的目标。

2. 评价方式的递进性

在小学阶段,评价主要依赖于教师的观察和学生的作业和自我报告。教师观察学生在课堂和日常生活中的行为,评价他们对公共设施的使用和尊重他人的程度。学生则通过自我报告,反思自己的行为和态度。然而在初中阶段,评价则更多地依赖于学生的实际行动和成果。教师以学业质量考评为标准,结合过程性和结果性评价进行综合性考核。例如,评价学生在社区服务或公共设施设计中的表现,创设情境问题考查学生运用知识解决问题的能力以及他们对社会问题的理解和看法。

3. 评价目的的深化

在小学阶段,评价的主要目的是帮助学生了解和接受社会规则,形成基本的道德习惯。而在初中阶段,评价的目的则更多的在于帮助学生形成对社会的深入理解和积极参与,培养他们的社会责任感和公民精神。

三、小学与初中思政课教学衔接建议

综上所述,小学与初中思政课的衔接,需要从课程内容、教学方法、学生个体差异、教师交流合作以及学习情况跟踪等方面进行综合考虑和规划,以实现教学的有效衔接。

(一) 确保课程内容的连贯性

课程设计应确保主题和目标在不同学段间的连贯性。小学和初中道德与法治教材是相一致的,正是从学校出发,家庭、个人、社会法治、国家层层递进,根据学生的认知过程螺旋上升的衔接体系。面对新的挑战,教师首先要学习研究教材和新课标发展自身专业素养,正确使用教科书,充分发挥教科书的育人作用。比如,小学阶段可以引导学生从生活中理解公共设施的重要性,初中阶段可以在此基础上,教导学生对于公共设施的规划、管理和改进的思考,进一步提升学生的社会认知水平和参与能力。既保持内容的一致性,又要在教学内容上加以扩充,注重结合时政内容,培养与时俱进的新时代少年。

(二) 加强实践活动的设计

新课标明确强调:强化课程综合性和实践性,推动育人方式变革。学生丰富多彩的课外学科活动也是课堂教学知识的有力补充,无论是小学阶段还是初中阶段,教学方法都应重视实践活动的设计。从学生已有的经验出发,可以激发学生的学习兴趣,提高他们的实践能力。尤其在初中阶段,可以组织更加复杂的社会实践活动,让学生在实践中提高理论知识的理解和应用。作业设计中可以考虑社会实践内容,小学可以了解公共设施是什么,而初中可以在此基础上结合公共设施的建设、管理等综合社会因素加以思考理解。

(三) 注重学生个体差异

因为小学和初中学生的认知发展水平和学习需要有较大的差异,所以在教学过程中,应尽可能地考虑到学生个体的差异,采用不同的教学策略和方法来满足不同学生的学习需要。不同地区、不同家庭、不同学校的学生基于自己的生活经验,知识、思维能力起点不尽相同。有时,我们教师基于自己的教学经验所列举的教学事例,也会出现学生并不了解和兴趣不高的问题。因此教师需全面了解自己学生的认知情况,方能明确相关教学任务。例如,小学学习过的知识内容初中可以简化或复习,可以提供更深入、更复杂的学习任务和挑战。

(四) 加强教师之间的交流和合作

思政一体化建设目前存在的较大的壁垒就是教师对于小学和中学的教学内容并不清晰,教学任务的设置也是各自安排。小学和初中阶段的教师应加强交流和合作,共享教学资源,讨论教学策略,以确保教学内容和方法在不同学段之间的连贯性。我们可以利用思政一体化的契机,加强学段的衔接研讨,针对相应学生的学情调整教学方法,从而取得良好的教学效果。

(五) 加强对学生学习情况的跟踪和评估

通过定期的学情分析,建立一定的评价机制,了解学生的学习情况,对学生的学习进度和学习难点进行及时的跟踪和调整,以确保学生在不同学段之间的学习连贯性。

4　优化教学设计　创设生活化教学情境的实践研究

北蔡镇中心小学　许利华

　　道德与法治是一门培根铸魂、启智润心的课程。《义务教育道德与法治课程标准(2022年版)》对任课教师提出更新、更高的素养要求——严格落实培养学生思想道德教育的目标,坚持以立德树人为培养根本任务,提升学生自主探究的能力。

　　鲁洁教授有云:"道德与法治作为一门类生活化的实践课程,从生活中出发还得让它再回到生活中去,使它在与生活的其他方面不断发生动态联系和作用中真正融入生活世界中。"传统的小学道德与法治教育,由于教学内容枯燥无趣,使得学生学习兴趣不高,学生往往是在被动、机械灌输的环境中学习,课堂教学效果不理想。

　　情境是指教师在课堂中根据课标创设有一定目的意义的教学环境。生活化情境是指在课堂教学中,教师有目的地引入或创设具有一定情绪色彩的、以形象为主体的生动具体的场景。为了改变传统教学的现状,更好地提升道德与法治课程的育人功能,教师要联系生活实际,构建出课堂的生活化情境教学模式。在课程实施时,教师要扩宽生活化的路径,体现道德与法治课程的真实化、生活化与情境化,让教学回归生活。

　　在教学实施中,笔者认为可以从以下几个方面入手。

一、把握目标,创设情境

　　教学目标是课堂伊始的落脚点,也是贯穿整堂课的灵魂。课堂教材体现了课程的性质和教学任务,反映了学科的教学目标,是学生学习与教师教学的重要内容、方法。教师是教材的理解者、参与者和实践者,只有把教材读透了,才能准确把握教学目标。

　　正确地解读教材,理解编写者的任务意图是教师准确把握目标的前提。解读教材首先要认真研读书中的提示语和关键词,它们是教材的精髓,起着导向引领的作用。

　　另外,道德与法治课程内容形式多样、丰富多彩,每页都有插图,有单幅、多幅的。从个人的学习生活到集体的校园、社会生活,从个人的行为准则到学校、家庭、社会的道德规范,从为人处世、品德修养到尊老爱幼、爱家爱国爱党……其中包含许多教育内涵。它针对学生的认识水平和特点,采用生动活泼的画面,直观地反映了现实生活。教师在理解编写意图的基础上，需从学生个人的生活经验出发，定位儿童对生活的基础认知，精心设计教学目标，创设教学情境，这样才能在课堂上贴近儿童，让儿童易于接受。

《美丽文字　民族瑰宝》是部编版《道德与法治》五年级第一学期第二单元《骄人祖先　灿烂文化》的第四课。从单元教学目标来看，这一单元主要让学生了解我们祖先创造的灿烂光辉文化，感受祖国文化的博大精深，激发学生对中国文化的兴趣，产生认同感。

设计本课教学时，我通过汉字的起源—汉字的创造—汉字的发展—汉字的魅力这条线索，引导学生通过设想、探寻、研究、体会、感悟等创设一系列有趣的情境，了解汉字的发展及演变、创造过程，从而让学生在思索领悟的过程中感受到古代劳动人民聪明、智慧以及伟大的创造力，感受汉字文化的无穷魅力和汉字的神奇、有趣及其丰富的文化内涵，弘扬优秀的民族文化，提升学生的文化自信和文化自觉，增强民族自豪感。

在详细解读教材的前提下，我确定本主题教学目标如下。

1. 情感、态度、价值观

贯彻党的二十大精神，尊重中华民族的优秀文明成果，传播和弘扬优秀文化传统，感受汉字文化的无穷魅力和中国人在文字上的创造力，产生对中国文化的认同感和民族自豪感，激发文化自觉和文化自信。

2. 方法与能力

通过交流、推想、探究的学习方式，理解汉字独特的表意功能。

3. 知识与技能

创设生活化情境，运用比较、迁移的教学方法，了解汉字起源和汉字造字方法，知道中华民族汉字的特点、深刻的意蕴、发展历史和汉字书法艺术。

二、多维探究，描绘情境

在生活中，学生可能往往只知道与之生活水平、学习水平相吻合的道德规范准则，比如过马路守红绿灯，爱护公共设施，讲文明礼貌等，但学生没有思考过：为什么？如何做能更好？往往有些学生只知其一，不知其二。所以，在道德品质教育中，要再现类似生活化场景，唤醒学生的情感体验，激发学生的道德想象力，反思自己成长中的不足之处，达到自我教育、自我反思的成效，引导学生形成正确的行为导向。

因此，课堂教学中需采用表演、游戏等活动形式，让学生在轻松、愉快的气氛中领悟道德高点，激发道德情感，增强辨别是非的能力。在实践操作过程中，我摸索出了"创设情境，激发情感→分工合作，共扮角色→小品表演，集体评价"的游戏表演活动教育模式。

① 创设情境，激发情感——教师利用PPT、录像等多种信息技术，将课本内容改编成生动形象的画面展现眼前，并要求学生以小组为单位，再次描绘、创编故事情节。

② 小组合作,共扮角色——以小组的形式共同探讨每个角色的人物特点,分角色尝试表演。

③ 小品表演,集体评价——课堂中,教师邀请几组学生表演,而其他学生则边看边思考,最后集体评价。这个过程中,最重要的是考查学生对题目的理解是否到位,认知是否准确、全面。通过引导学生进行评价,展现真实想法,深入理解课程内容,进一步提高学生的道德认识水平和道德判断能力。

比如:教师在进行《法律保护我们健康成长》教学时,可以带领学生创设生活情境。可以让学生进入角色,一名学生扮演商店老板,一名学生扮演消费者,设定的情境是消费者从商店购买到过期食品造成身体不适,然后教师让学生在此情境内自主解决这一问题。学生在了解过教师授课之后,就会明白:作为消费者,我们要学会用法律的武器来保障自身的合法权益不受侵害,同时要让违法者受到应有的惩罚。

又如:教学《四通八达的交通》一课时,教师开头就播放由课文内容改编的录像片,当播放到乐乐乘在公交车上,但是他把头和手往窗外伸出,并高声呼喊"大风真舒服!"时,画面戛然而止,接下去让学生想象故事发展的结局,以小组为单位分角色表演,续编故事情节,教师巡回指导。最后,教师有目的地安排2—3组同学到台前表演,从不同侧面反映出学生独特的想法,教师加以适当的引导,使学生明辨是非,增强自我保护意识,达到课堂效果。

教学中,我们发现道德与法治教材中许多课文都可以使用这种活动方式。例如一年级的《校园里的号令》《吃饭有讲究》《欢乐过新年》,四年级的《买东西的学问》《我想要　我能要》《低碳生活每一天》等,采用这种形式的教学,学生能够自由发挥,有利于学生个性的发展和创新能力的培养。

通过生活化情境教学,可以有效提高学生的法律意识和维权意识,也能够让学生时刻警醒,不要做违反法律、违反道德底线的事情,从而使学生逐步建立起正确的价值观和道德品质。

三、链接生活,模仿情境

在道德教育中,最为重要的是如何提高学生的道德判断能力,并引导学生养成正确的行为导向。

1. 明理思辨,激发共鸣

课堂中,根据课文内容,通过"提供情境,激发兴趣→提出问题,激活思维→小组讨论,阐述观点(分组辩论,阐述观点)→全班交流,明确观点"的活动模式,选择一些与现实社会或学校生活有关的道德两难问题,运用多媒体的形式向学生提供含有道德主题的问题情境(图像、文字材料、表演等),采用小小辩论赛的形式让学生参与社会道德问题的讨论或辩论,阐明自己的观点,做出合理的判断和选择,得出有价值的观点或结论,提高道德判断能力。

道德与法治新教材中,可以采用明理思辨型活动模式的课非常多,例如《说话要算数》《我们班 他们班》《我家的好邻居》等。比如为了让学生正确认识《网络新世界》中"沉迷网络游戏的利弊"关系,在教学中设计这样一个论题:"小学生沉迷网络游戏好不好?"并要求学生根据实际情况进行正反方辩论。有的学生从报纸杂志上摘录相关案例,说明网络游戏的危害性;有的学生也很有理地阐述网络游戏益智健体,有益身心健康。正反双方据理力争,纷纷阐述各自的观点。最终教师点评,网络游戏是双刃剑,学生要遵守"五不五要"的全国青少年网络文明公约,维护网络安全,不沉溺虚拟时空等。这种思辨式学习完全从道德行为教育点,从学生的认识出发,通过组织、引发、释疑、激励,能够最大限度地调动学生的积极性和主动性,将思维进一步向事物的纵横延伸,培养学生思维的创造性,让学生主动地思考探索,学生从思辨中学会了思考,提高了认知与实践能力。

2. 立足生活,实践探究

"实践是生活最好的老师。"对于学生来说,只有亲身实践和体验到的才能刻骨铭心,终生难忘。道德与法治新教材密切联系了课堂与学生的生活,把大量的生活及社会资料编入教材。为此,教师要创造性地使用教材,最大限度地拓展教材空间,组织学生开展探究性实践活动。

通过实践,我发现教材中《爱心的传递者》《生活离不开规则》《家乡物产养育我》《我家的好邻居》《买东西的学问》《低碳生活每一天》《变废为宝有妙招》等,这些课的教学仅靠课堂说说、议议、演演往往也不能达到预设的教育目标。

于是,教师将课堂搬出了教室、搬上了社会、搬进了图书馆、搬进了商场,广泛开展社会调查、访问、参观等多种实践活动,构建了"选择地点,提出问题→提出问题,分析方案→解决问题,形成效果"的探究实践活动模式。如:从学生比较感兴趣的珍稀保护动物的生存问题切入,引导学生开展"濒临灭绝的珍稀动物"综合实践调查,主动获取相关资料,通过对所收集的资料进行筛选、分析、整合,最后做出一份内容完整、论据充分的调查报告。

(1) 选择地点,提出问题——在该阶段,由教师根据调查内容选择一个合适的地点,根据内容,设计探究主题。教师组织学生以小组为单位讨论"濒临灭绝的珍惜动物种类",学生根据自己已有知识,说出并写下将要灭绝的动物种类名称,然后进行实践探究,寻求这些动物的生存现状及其灭绝原因。

(2) 提出问题,分析方案——该阶段涉及三个方面内容:①提出问题。根据探究主题内容,学生提出了一系列问题,教师就要引导他们将问题变成一种可解决的形式。比如:将动物名称进行分类、归纳和整理,并选出最感兴趣的一种动物作为进一步探究的主题。②收集资料。指导学生收集相关的信息来论证主题中选定的动物所面临的生存危机及其灭绝的原因。各小组围绕选定的课题展开探究,使用各种信息工具收集有关资料。③解决问题,形成方案。学生通过比较、整合所收集的资料,选择、组合并排列相关资料信息,确定出验证课题所需要的信息呈现方式,如图片、动画或声音、视频等,最后拟订出问题的解决方案。

(3)解决问题,形成效果——在这个阶段,各小组根据探究结果,完成一份关于"濒临灭绝的珍惜动物"的调查报告。教师要鼓励学生使用各种形式展示与交流探究成果,比如将探究结果打印出来形成小论文,做成多媒体文稿或发表在网上,还可以写一些体验日记等。最后,形成最终的学习体会或探究成果。

3. 成果分享,体验快乐

苏霍姆林斯基说过:"成功的快乐是一种巨大的情绪力量,它可以促进儿童好好学习的愿望。请你注意无论如何不要使这种内在力量消失。缺少这种力量,教育上的任何巧妙措施都是无济于事。"尝试成功对于正在成长的孩子来说是多么重要。成功的机会需要自己去把握,而更多的是要靠教师去创设。

实践中,根据教材及学生的实际生活,在教学《分享真快乐》《新年的礼物》《装扮我们的教室》《家乡物产养育我》《让我们的学校更美好》等课文时,构建了"课前布置,准备材料→明确目标,分工合作→展示成果,分享快乐→集体评比,总结延伸"的成果展示型活动模式。学生参与的兴趣浓郁,情绪高涨,动手动脑,既培养了学生的创新精神,又增强了学生的自信心和自豪感。学生在活动中学会了合作、欣赏、评价、创造、关心他人、热爱集体和大自然……

四、精研作业,再现情境

课后作业是道德与法治教学过程不可缺少的部分,是学习活动的一种重要形式,也是促使学生认知、能力、情感全面协调发展的重要途径。通过改革作业训练的设计方式,切实减轻学生过重的课业负担,使之不仅仅是知识、技能的巩固和训练,而且成为学生再学习、再实践,反思知识、探究问题的学习活动,真正给学生以自主选择、自主发展的时间和空间。而生活化的作业设计无疑是教师最明智的选择之一,它具有趣味性、实用性、创造性的特点,不仅有利于培养学生收集、处理和使用信息的能力以及用道德与法治知识解决实际问题的能力,同时注重学科间融合,促使学生的思维能力、审美创造能力、协作和创新精神等综合素质都得到发展。针对小学生的年龄、心理和兴趣特长,在尊重学生个性发展的同时,促进学生完成以主动性、创造性为目标的生活化作业,及时巩固课堂所学。教师布置的生活化作业,包括收集类、调查类、制作类以及观察类等形式。学生将所学知识更好地应用到生活中。

1. 收集类作业——在生活中找一找

收集类作业是指：学生主动在生活中找寻道德与法治。信息化高速发展，学生接触、学习知识的途径很多，应该在适当的时候鼓励学生收看政治新闻、广播或上网去汲取丰富的道德与法治资源，增加信息输入。这不仅使学生增长了知识，也培养了他们良好的自学意识。

2. 调查类作业——到生活中问一问

调查类作业把学生从封闭的课堂教学中解放出来，融入学校、家庭、社会广阔的天地中去锻炼、去实践、去探寻，实现课内外联系、校内外沟通，使学生时刻感到道德与法治就在我们身边。此类作业通常以调查访问、做表格的形式呈现。比如，《有多少浪费可以避免》课后，教师让学生对自己身边浪费水、电的现象展开调查、收集，并对浪费所造成的严重后果予以总结，再结合自己所收集的相关内容设计小报。这样的课后作业，使学生兴趣高涨，也有助于提高学生创新、动手能力。

3. 制作类作业——在生活中做一做

小学生活泼好动，心灵手巧，动手能力强，"做一做"的作业既有较强的活动性与趣味性，又能使道德与法治作业生活化，很适合他们的年龄特征，同时注重学科间横向的联系，让作业能够成为充分展示学生才艺、张扬个性的舞台。这样不仅培养了学生的发散性思维，达到学以致用，还能让学生的动手能力、注意力、领悟力、学习力等综合素养实现发展。

4. 观察类作业——在生活中演一演

观察是培养学生自发的、有预期目的、认识和理解外在事物的一种感知活动，是学生了解外界世界、增长知识的重要途径。观察类作业能培养学生敏锐的观察力，还可以训练学生听说读写的能力，扩大知识面。学生在观察过程中，了解生活、领略自然，把所学的知识与现实生活相结合，增强了参与意识。

"多彩的社会"就是我们道德与法治作业的一个很好的题材。通过收集、调查、观察，学生会为自己能发现并学到这么多身边的道德与法治知识而十分欣喜，有一种成就感，同时培养了学生自觉学习的意识。因此，在小学道德与法治教学实施过程中，教师不仅要完成基本教学课标，更要重视生活化作业的设计与布置，使小学道德与法治作业趣味浓厚，形式多样，帮助学生学有所成。

生活是最有魅力的教育，生活的真实性和丰富性给教学提供了广阔的空间。开展小学道德与法治生活化情境教学，能够在很大程度上激发学生的学习积极性，让学生深刻理解道德与法治的课程内容，有效提高教学质量，同时帮助学生树立起正确的世界观与价值观。作为新课标时代道德与法治教师，我们要带着新思想、新认识、新做法，去耕耘、探索各种生活化的教学方法，全面提高学生的道德与法治素养。

5 引进生活元素,优化课堂教学

——以《深深浅浅话友谊》教学设计为例

上海市北蔡中学 王雪晶

将生活元素融入道德与法治课堂,能够激起学生的学习兴趣,使学生更好地理解教材,理解道德与法治的学习在现实生活中的价值,从而优化课堂教学。本文以公开课《深深浅浅话友谊》的教学设计为例,浅谈这一观点。

一、初中道德与法治课堂教学现状

初中阶段是学生学习道德与法治知识的重要时期,教师不断更新教育理念,力求优化课堂教学,提高学生核心素养。但在实际教育中仍有一些问题需要教师及时发现和解决。首先,道德与法治知识是多样性的,学生需要通过长期经验的积累来掌握更多的学习技巧。在应试教育背景下,教师注重学习成绩,却忽视具体学习方法的教导,导致学生缺乏学习道德与法治知识的综合能力。其次,教师忽视了学生在教育中的主体地位,学生往往被动接受知识,对课堂缺乏兴趣。久而久之,学生对道德与法治的学习失去兴趣,课堂教学质量低下。最后,道德与法治的学习不仅要在书面练习中检验成果,还要结合实际生活进行运用,使思政教育更有效。但目前,学生在平时的学习过程中,并没有太多的机会通过实践活动灵活运用道德与法治知识,无法做到知行合一,不利于教师建设高效课堂。

二、生活元素在道德与法治课堂教学中的应用优势

(一)有助于增强学生对道德与法治的学习兴趣

学生的兴趣与学生在课堂上学习的意愿直接相关。教师在课堂中引入生活元素,结合生活经验进行知识的讲解和教学,这将增强学生的学习兴趣。教师在课堂活动的进行过程中,改变传统课堂严谨枯燥的教学方式。通过不同的教学方法提高学生的主观能动性,让学生积极参与到课堂活动中。例如在熟悉的日常环境中学习,让学生通过自主学习获得道德与法治的学习技巧,进一步提高道德与法治核心素养能力。学生在课堂上通过一些贴合他

们生活实际的情境,发现道德与法治与现实生活的联系,发展了在生活中应用知识的能力,就会增强他们学习的信心。在自信心的驱使下,学生积极参与交流,感受道德与法治这门课程的魅力,提高兴趣和积极性,使思政教育更有效、更有意义。

(二)有助于强化学生的知识理解能力

道德与法治课的内容要求学生对生活体验有一定的理解和认识。教师结合生活实际,寻找现实生活与道德与法治课堂知识点的联系。在这样的教学过程中,学生拓宽了在知识学习中的思维广度和深度,有利于构建完整的道德与法治思维结构框架。在解决现实生活中的问题时,学生充分利用自己思维框架中的知识进行分析,提高解决问题的效率。学生通过对现实生活的思考,形成正确的价值观,实现健康全面的成长。

(三)有助于践行教学改革思想

在道德与法治的课堂上引进生活元素,这一方法改变了传统课堂教学的枯燥,体现了先进教学理念与课堂教学的融合。教师在课堂上将现实生活与知识点紧密联系在一起,关注学生的实际需求,有助于创造良好的学习环境,促进学生的全面发展。

三、生活元素在道德与法治课堂教学中的应用策略

(一)设置生活化的课堂导入,增强学生好奇心

通过精心设计课堂导入部分,可以增强学生的好奇心,为本课的学习奠定基础。学生对教师即将讲解的知识点感兴趣,可以自主完成知识点的预习工作。教师在生活化的课堂导入中,不断激发学生兴趣,引导学生积极参与,也会提高学生的听课效率。

例如,在《深深浅浅话友谊》的教学中,教师为优化课堂导入,设计活动一:"友谊故事"分享会。引导学生结合生活实际,与大家分享交流自己的友谊故事,从而导入本课的主题。每个学生都有属于自己的友谊故事,面对这一话题,学生有话可说也乐于分享,因此,这一贴近学生的课堂导入设计是合理且有效的。教师在课堂导入环节引进生活元素,将激发学生的好奇心和主动性,逐步提高学生的思维能力与语言表达能力。

(二)创设生活情境,提升学生学习效果

通过创设生活情境,让学生在良好的课堂氛围中学习知识。教师以生活实际为基础,为学生创设一个良好的课堂学习环境,提高学生对知识的探索欲望,提高学生的课堂学习积极性,从而提升学生的学习效果。

例如,在《深深浅浅话友谊》的教学中,教师也设计了不同的生活情境,帮助学生更好地掌握本课知识点。首先,在"友谊的特质"这一部分,教师播放视频《我的友谊故事》,通过这样一个符合学生生活实际情况的视频,引领学生探讨友情的特质,帮助学生更好地感悟真正的友谊到底具有哪些特质。接着,通过设计具体的复杂的问题情境,帮助学生澄清对友谊认识的误区。通过《我的友谊故事》"成长篇"中主人公的三个困惑,让学生结合具体的生活情境,讨论交友过程中可能会遇到的种种问题,以及该如何去面对这些问题。此外,教师在课堂问题的设置上,也充分考虑学生的实际情况,引导学生列举生活中真实发生的例子来阐述自己的观点。总的来说,以学生的现实生活为出发点,设计生活情境,并思考交流,有助于提升学生的学习效果。

(三)融入互动教学模式,激发学生学习兴趣

将互动教学模式应用到课堂教学中,将不断提高学生的学习效果。在道德与法治课堂上,教师可以在各个环节尝试互动教学,让学生做一回小老师,从与以往不同的角度去思考书本上的知识点,这样的模式更能吸引学生。教师应结合学生感兴趣的话题,增加学生的兴趣,同时融入生活元素,让学生将课堂所学落实到生活中。

在《深深浅浅话友谊》的教学中,教师就采用了互动教学模式。例如在巩固小节的环节,让学生上台当一回小老师,继续完成本节课的板书。预备年级的学生在这方面的能力可能有所不足,因此,教师可以在课前进行教具的准备,将本节课的知识点做成卡片,引导学生完成卡片的粘贴。这样的形式既降低了难度,也使学生产生了兴趣。再比如,在本节课的最后,教师布置了一个作业:"你与朋友交往有哪些原则?完成'我的交友原则'小卡片,下节课进行交流分享。"这样的作业设计可以让学生将本节课体会到的不同道理应用于生活,培养学生在生活中与朋友相处的智慧,从而实现教学目标。这样的作业设计贴近学生生活,且具有互动性,是合理且有效的。

(四)超越生活情境,做到知行合一

道德与法治课堂的主要任务之一是引导学生感受生活,体验生活,学会生活。教师应引导学生超越生活情境,做到知行合一。学生可以将自己在课堂中的感受和所学知识点进行内化,再外化到生活中去。只有让学生在现实生活中再次运用道德与法治课堂中所学的知识,做到知行合一,这样的课堂才是真正有效的。此外,道德的认识和观念只有通过实践不断加深,才能让学生养成良好的道德行为习惯。所以,当道德与法治课结束时,并不是道德体验和实践的结束,而是一个新的开始。作为一名教师,应引导学生将课堂上的学习热情延伸到生活中,通过亲身经历获得真实的情感体验,自觉地调整自己的行为规范,养成良好的品德。

例如,在《深深浅浅话友谊》的教学中,教师也引导学生将思考的落脚点归于现实生活。

在"友谊的澄清"这一环节的学习中,通过对情境、视频中案例的分析,帮助学生树立正确交友观,引导他们思考在未来生活中,如果遇到类似问题该如何解决。并且,学生在课后也乐于将自己在现实生活中遇到的交友问题与教师进行探讨。通过个别交流后,教师既能帮助学生解决实际问题,又能在沟通中了解学生学情,优化之后的课堂教学。

综上所述,引进生活元素,可以有效优化道德与法治的课堂教学,这也符合目前教学改革的理念。本文针对初中道德与法治课堂教学现状,提出了生活元素在道德与法治课堂教学中的应用优势与应用策略。在道德与法治的课堂教学过程中,教师通过设置生活化的课堂导入、创设生活情境、融入互动教学模式等策略,秉持以生活为导向的教学理念,使学生的现实生活与道德与法治课堂紧密结合,帮助学生提高学习道德与法治知识的综合能力,提升课堂教学质量,并且引导学生在现实生活中做到知行合一。

参考文献

[1] 孙晓勇.创设教学情境优化课堂教学——以粤教版初中思想品德为例[J].科技展望,2015,25(24):191.

[2] 于凤娟.试议初中思想品德情境教学中的有效教学情境[J].新课程(中),2014(06):52.

[3] 黄晓清.思想品德课课前指导探究[J].成功(教育),2009(10):141-142.

附:《深深浅浅话友谊》教学设计

一、教材分析

1. 课标要求

本课所依据的课程标准的对应部分为"我与他人和集体"中的"交往与沟通"。具体对应的内容标准是:"了解青春期闭锁心理现象及危害,积极与同学、朋友和成人交往,体会交往与友谊对生命成长的意义""知道每个人在人格和法律地位上都是平等的,做到平等待人,不凌弱欺生,不以家境、身体、智能、性别等方面的差异而自傲或自卑,不歧视他人,富有正义感"。

2. 整体感知教学内容

本节课是第四课《友谊与成长同行》的第二课时内容,通过前一节课《和朋友在一起》,学生意识到了自己的朋友圈扩大了,交往范围也在扩大,感受到友谊的力量。但是,何为真正的友谊,学生需要在此基础上更好地了解友谊的特质,澄清对友谊认识的误区,从而体会交往对我们生命成长的意义并正确看待友谊。

二、学情分析

在成长的过程中,学生都会与同辈群体进行相处,也会结交到一些好朋友。友谊是中学时代的孩子绕不开的话题,他们能切身感受到来自友谊的快乐,也有不少来自友谊的烦恼,他们渴望收获一份真正的友谊,但对于真正的友谊充满迷茫和困惑,容易陷入一些误区。所以对于友谊的特质及友谊的澄清,学生有话可说也乐于探讨交流,他们在这节课中拥有绝对的主动权和话语权。

对于刚刚步入北蔡中学的学生来说,他们的朋友有的在其他学校,有的在同一学校的不同班级。在课前的问卷调查中也反映出一些关于友谊的特殊问题,例如:学生渴望结交朋友,却没有有效的方法和途径;面对朋友的请求,无论好坏,不懂如何拒绝和处理;多数学生认为竞争可能会影响友谊等。因此需要帮助学生更好地了解友谊的特质,并澄清对友谊认识的误区。

三、德育指向

本课体现了道德与法治课程的核心素养,具体为"健全人格"中的"能够与他人进行有效沟通,树立正确的合作与竞争观念,真诚、友善,具有互助精神"。在本课的教学过程中,通过对情境、视频中案例的分析,了解友谊的特质,并澄清对友谊认识的误区,引导学生树立正确的交友观。

四、教学重难点

教学重点:认同友谊是一种心灵的相遇,能够正确认识友谊与竞争之间的关系。
教学难点:学会正确处理友谊与竞争之间的关系。

五、教学目标

1. 知识目标
联系生活实际经历,了解并知道友谊的特质;认识到对友谊理解的误区。
2. 能力目标
澄清对友谊认识的误区,提高具体生活情境的分析能力和辨别能力;掌握解决相关友谊困惑的方法,提升实际生活问题的处理能力。

3. 情感、态度和价值观目标

反思自身在处理友谊问题时的方法和态度,树立正确积极的友谊观。

六、教学过程

教学环节	教师活动	学生活动	设计意图
导入	活动一:"友谊故事"分享会	结合生活实际,与大家分享交流自己的友谊故事	结合学生实际生活经历,导入本课学习内容
环节一:友谊的特质	活动二:课前调查:你向往的友谊是怎样的? 活动三:播放视频《我的友谊故事》 问题1:故事中的"我"和她是怎样的朋友? 总结:友谊是一种亲密的关系。 问题2:假如故事中的"她"遇到了困难,需要"我"的帮助,但"我"却选择默默走开,你觉得两人的友谊会怎么样?为什么? 总结:友谊是平等的、双向的。 探究与分享:1. 古人云:"君子之交淡如水。"也有人说:"朋友之间交往应该'投桃报李'。"你赞同这两个观点吗?为什么? 2. 自古以来,有许多关于友谊的故事,你知道哪些?这些友谊有什么共同特质? 总结:友谊是一种心灵的相遇。	分析课前调查数据 观看视频,思考并交流 结合情境,思考并交流 小组讨论:结合材料并联系自己进行思考与分享。由小组代表进行交流发言	通过课前调查,了解学生对友谊的认识。通过观看视频、观点讨论,让学生知道友谊的重要特质,感悟友谊对生命的重要性
环节二:友谊的澄清	活动四:"我"的友谊故事——成长篇 出示困惑一 问题:友谊是否一成不变? 总结:友谊不是一成不变的。 出示困惑二 问题1:竞争必然会伤害友谊吗? 播放视频:《马龙和张继科的故事》。 问题2:张继科和马龙的乒乓球生涯中,无时不在竞争。但他俩却是好朋友。竞争会伤害友谊吗? 问题3:在竞争中,什么样的情况会伤害到友谊? 问题4:如何正确处理竞争与友谊之间的关系? 总结:竞争并不必然伤害友谊,关键是我们对待竞争的态度。 出示困惑三 问题:朋友之间的交往需要讲原则吗? 总结:友谊不能没有原则。	阅读情境材料,结合自身生活经历,分享交流 阅读情境材料,观看视频,思考并分享交流 阅读情境材料,思考并分享交流,学会正确处理友谊关系	通过情境分析,引导学生认识友谊是会改变的 通过对情境、视频中案例的分析,引导学生辩证地看待友谊关系中的竞争问题,得出相关结论。在问答过程中,形成正确的交友观 通过情境分析,引导学生认识到友谊需要原则,不能违背道德和法律,从而树立正确的友谊观
课堂小结	呈现:习近平总书记在韩国首尔大学的讲话。师生共同梳理总结本节课知识点	回顾与整合课堂所学内容	引导学生梳理本课内容,巩固所学

七、作业要求

【基础类作业】

《练习册》P24、25 选择题部分。

【应用类作业】

你与朋友交往有哪些原则？完成"我的交友原则"小卡片，并进行交流与分享。

八、板书设计

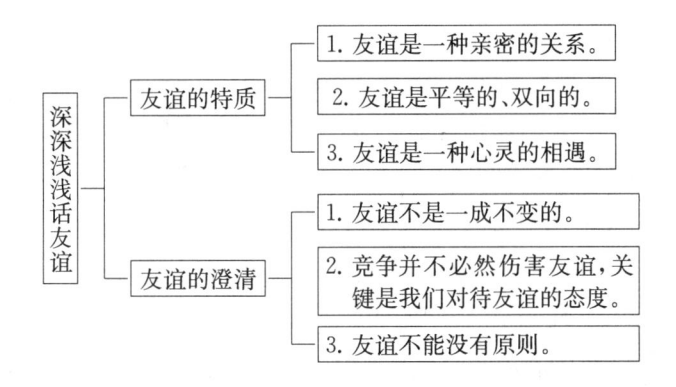

```
                    ┌─ 1. 友谊是一种亲密的关系。
          ┌─ 友谊的特质 ─┼─ 2. 友谊是平等的、双向的。
深深浅浅   │            └─ 3. 友谊是一种心灵的相遇。
话友谊 ───┤
          │            ┌─ 1. 友谊不是一成不变的。
          └─ 友谊的澄清 ─┼─ 2. 竞争并不必然伤害友谊，关键是我们对待友谊的态度。
                       └─ 3. 友谊不能没有原则。
```

九、教学反思

这堂课虽然结束了，但是想起从准备到试教到修改到上课，每一步的提高都凝聚了很多人的付出和帮助。这次教学也让我清醒地认识到自己的不足和今后提高的方向。此次考评课，我主要尝试了以下三点：

第一，创建激发学生兴趣的教学模式。

针对以往在综合性学习过程中，学生兴趣不大、置身事外的现象，我把教学的起点定位在学生现实生活中。为了激起学生浓厚的自主探究兴趣，我结合学生的实际，将学生的生活与课堂内容紧紧联系在一起。首先，在课前，针对学生的学情进行调查，了解学生学情，并将课前调查结果以图表的形式呈现在课件中，让学生在课堂活动中更有参与感。其次，在课堂活动的问题设计中，增加开放性的问题设置，让学生通过对问题的思辨，更深层次地理解友谊的特质。同时，结合一些符合他们生活实际情况的视频，帮助他们更好地感悟友谊到底具有哪些特质。接着，通过设计具体的复杂的问题情境，帮助学生澄清对友谊认识的误区。最后，邀请学生上台贴板书，通过一些有趣的活动，帮助他们更好地总结本节课的知识点。总的来说，通过合理的教学设计，可以创建激发学生兴趣的教学模式。

第二，倡导以问题为导向的学习方式。

本课时的学习内容思辨性较强，在教学设计过程中围绕问题的研讨展开。在教学过程中，教师提出问题，由学生进行研讨回答，再由教师点评，较好地实现了教学目标。这种教学方式，更能增强学生的思辨性与主动参与的意识，但也对教师问题的设置提出了更高的要求。如果在提问环节直接将主问题抛给学生，学生可能无话可说或者不知从何说起。于是，在问题的设置方面，我将主问题拆分成多个子问题，引导学生一步步得出结论。这样既能把握课堂节奏，也能培养学生的思维逻辑能力。因此，倡导以问题为导向的学习方式，可以更好地达成教学目标，也能培养学生的思辨能力。

第三，注重学生的主体性，让课堂真正"活动"起来。

课堂上教师的作用应该是"抛砖引玉"，一堂课的最终目的不是展示教师的教学技巧，而是让学生学到知识，掌握方法，领悟道理，受到熏陶感染，并能够自由地享受学习之乐。这节课，教师在开始上课时以"友谊故事分享会"为导入，让学生结合自己的生活，谈谈自己身边的友谊，这一环节的设置紧密结合了学生的生活实际，充分调动学生的积极性。中间部分的探究与分享环节以学生的小组讨论、思考与发言为主，教师只是稍加点评和补充，进而得出知识点。在课堂的最后，教师邀请学生上台来补充完整本节课的板书，通过师生互动，回顾与整合课堂所学内容。总体来说，本节课学生参与度高，将课堂充分还给了学生。

但是，本节课的不足之处也有很多。第一，时间和节奏的把握方面存在不足。在小组发言的过程中，小组代表人数偏多，有部分学生发言重复的现象未加以调控。因而最后巩固部分处理也太快。针对这一问题，我会在今后对学生的发言进行整体把握，合理管控好时间。第二，在板书的设计和书写方面，粉笔字的书写不够好，我将在今后对粉笔字加强练习，提高自身的基本功。第三，最关键的问题是在学生回答问题时我过于关注结果，即学生是否能得出相关知识点，在点评学生的回答时，也是着重强调知识点。我会在今后上课的过程中，多多关注过程，关注学生回答问题时的思维，提升他们的思辨能力。如何处理这一问题还有待我自己的提高和反思，要通过不断的上课和磨课来提高自己这方面的能力。同时，我也会向自己的导师与有经验的教师请教，多听听其他教师的课，不断提高自身教学水平。

总的来说，整堂课学生参与性较高，在一种欢快的气氛中学习了新知识。在教学过程中，我激发学生兴趣，注重学生的主体性与积极性，让学生自主思考与探索，培养学生的图文转化能力与逻辑思维能力。整节课教学设计合理，教学目标基本达成。但也存在很多不足，在今后的工作中，我会继续努力改进。

6 关于新媒体背景下搭建思想政治教育话语框架的思索
——以初中道德与法治学科教学为例

上海市建平实验地杰中学　杨　澜

一、思想政治教育话语框架

（一）思想政治教育话语框架的内涵

话语框架是一种完整的、具有层次性的组织结构，是一套围绕着一定的逻辑结构来展开运作的体系。思想政治教育作为一门专业性的学科，具有属于思想政治教育的特有的"思政"话语框架（以下简称"思政话语框架"），它支撑着思想政治教育的存在和发展。

从纵向上来看，思政话语框架的搭建，自上而下，要坚持思想政治教育的话语主导权，充分发挥思想政治教育在意识形态领域的引领作用，发挥思想政治教育的统筹上下作用，坚持统一的思想政治教育信仰，从整体上把握和控制意识形态的稳定性。

从横向上来看，思想政治教育的话语框架搭建符合了事物发展的客观规律，体现了事物之间存在的客观联系。首先，在搭建话语框架中要充分发挥"思想政治教育人"（包括从事思想政治教育工作、行业的主体以及接受思想政治教育的对象）的主观能动性。故初中道德与法治学科教学中思政话语框架的搭建要充分考虑学生成长规律，尊重学情，充分发挥初中道德与法治教师的重要作用。其次，思想政治教育话语框架的搭建并非单一的，它通过多样化的载体的形式来呈现，包括抽象的意识形态教育和直接现实性的实践教育，落实到初中道德与法治教学中，就是要把课堂上对学生进行的理论教育和走出思政课堂的社会实践结合起来。再者，思想政治教育学科的时代性很强，这就要求了思想政治教育的内容和全过程要体现与社会的高度关联，在初中道德与法治的教学中，充分反映时代特色，体现时代育人要求。最后，充分把握思想政治教育内容的双重性，即在坚持对人思想意识形态的领导作用下，合理关照人，促进人的全面发展，在初中道德与法治的教学中，考虑到学生的身心发展规律和学情，关注学生的全面发展。

由运作主体、受众、运作载体、内容等构成了一个完整的思政话语框架。具象到初中道德与法治学科中，由任教老师、学生、理论和实践教育等多样化载体以及道德与法治学科相关内容构建成思政教育话语框架。

（二）新媒体背景下思政话语框架构建面临的机遇和挑战

新媒体是随着科技发展、时代变迁出现的一种新的传播载体,它的出现给人们生活的方方面面都带来了巨大的影响,其中就包括了人们的社交行为、思考方式,并且这种影响随着大数据的普及愈发深远。一方面,新媒体具有的一个显著特点是传播的即时性,即"新"。它将信息以一种低成本的方式,迅速传递给消息受众,大大缩短了信息的更新周期,降低了传播难度。此外,新媒体使用个体之间的互动性较强,个体之间互动和反馈的效率非常高。故在初中道德与法治学科教学中,可以利用新媒体具有的"快""新"等特点,充分利用微信群、钉钉、Classin 等媒体软件,向学生发布和收集作业、上传和共享教学资源、完成课堂前测或课后小测、进行学情调查等,丰富课堂形式,促进教学数字化转型,提高教师和学生之间的沟通力度。另一方面,新媒体提供广袤丰富的素材资源,可供选择的信息资源丰富,因此可以借助新媒体来拓展、丰富思想政治教育的内容。在初中道德与法治教学中,可以有意识地在新媒体上选取最新的资源作为课堂素材,增加课堂趣味性,尤其是学生较为关注的时事政治和社会热点问题,起到拓宽学生知识面的作用。

新媒体也给初中道德与法治思政话语框架的搭建带来了一些挑战。新媒体的另外一个显著特点,即在受众上的年轻化趋势,也使得它与以往的传统媒体相区分开来。新媒体受众大部分为年轻一代,这一群体对新媒体的接受度和认可度较高,尤其是处于初中阶段的学生,便是新媒体的直接或间接使用者,因此在享受新媒体带来的利好时,也间接暴露在新媒体带来的危险中。首先,新媒体的特点使得它呈现出来的信息是缺乏筛选性的,新媒体中存在着大量虚假、不良的信息,其中不乏歪曲历史真相、扭曲意识形态的言论,并且由于某些网络平台监管力度不足,使得歪曲意识形态的部分言论未经筛选便得到了传播,造成了危害性的后果。其次,新媒体呈现出来的信息内容多但是杂乱,缺乏一定的专业性,初中生不加辨别吸收信息,可能造成误导性的影响。最后,新媒体的高度活跃性使得对新媒体的规范和引导成为一个重大问题。一方面是本身监管难度大,这是由新媒体本身具有的广泛特点带来的;另一方面是新媒体发展态势迅猛,国家在相关法律法规的制定和普及上仍相对缺失,监管力度尚且不够。

初中道德与法治思政话语框架的搭建要抓住新媒体发展带来的机遇,也要积极应对挑战。

二、初中道德与法治思政话语框架的现状与问题以及建议分析

（一）现状及问题

思想政治教育要借助话语表达来进行,思想政治教育话语框架的搭建要依靠思想政治教育话语表达来实现。毋庸置疑,前人一直在搭建思想政治教育话语框架上进行不懈的努

力,但是更多地依靠意识形态灌输形式来进行的传统思想政治教育话语体系已经不能很好地适应新媒体背景下思想政治教育话语框架的搭建。一方面,在表达方式上,传统的思想政治教育话语的表达更加注重内容的严谨性、逻辑性,对专业素养具有一定的要求;而新媒体大环境下的话语表达方式缺乏一定的逻辑性、严谨性和专业性,内容面向的受众面更广,但是可接受程度相对比较高。因此会存在思想政治教育话语表达的一种失效,即在新媒体大环境下,旧的思想政治教育话语表达不能达到预期效果。在初中道德与法治教学过程中,便会出现学生厌倦教师单纯乏味的说教、单一的理论灌输,出现学生质疑和挑战权威的现象。另一方面,上文提到的新媒体的一个重要特征,就是受众广,受众群体年轻化趋势明显,新媒体在某种程度上能够填补传统思想政治教育话语传递载体的空缺,使之更能为青少年群体接受。要解决思想政治教育话语的失效和缺失问题,就需要我们进一步转化思想政治教育话语表达的方式。

在内容上,思想政治教育存在的一个显著问题就是不够接地气,是为"思政"而"思政"。这就偏离了思想政治教育促进人全面发展的目的。思想政治教育脱离了实践与生活,用假大空的说教来替代,成了无源之水。正是因为思想政治教育一直存在的传统话语框架,使得部分人仍对思想政治教育存在误解,认为思想政治教育是一门高悬于楼阁之上的学问,这种情况也强烈打击了思想政治教育主体和受众的积极参与性和主观能动性。同时这也反映了一个问题,当前人们对思想政治教育还存在着一种固有的、刻板化的印象,将思想政治教育与没有灵魂的说教相等同。因此首先还要改变人们的这种固有思想,加强对思想政治教育的宣传,让思想政治教育受众去主动接纳、认可思想政治教育。在初中道德与法治的教学中,要在新课标的指导下,坚持校内与校外相统一,开展"议题式教学",更多发挥学生的主体作用,变教师的单一灌输为激励学生主动思考和创新,在具象化的情境中提高学生利用所学知识解决问题的综合能力。此外,充分利用各类资源例如红色革命纪念馆、改革创新纪念馆、创新训练营、东方绿舟等,鼓励和引导学生在实践中感知"大思政",在日常生活中潜移默化地受到意识形态教育的引领。

(二) 新媒体背景下初中道德与法治学科思政话语框架的搭建的一些建议

现阶段,要做好新媒体背景下初中道德与法治学科思政话语框架的搭建,从根本上,要坚定马克思主义的信仰,坚持思想政治教育的脊梁,保持坚定的信念,规范好思想政治教育的价值取向,坚持和保护思想政治教育的话语权和主导权。从国家上层来说,相关部门要加强对新媒体信息的监管力度,弥补新媒体立法方面存在的空缺,同时,充分把握好新媒体在舆论方面的重要作用,把握对舆情的控制,坚持意识形态领域的引领地位,尤其对危害国家安全的不法言论进行精准式的打击,加大惩处力度。

在"人"的方面,要切实提高思想政治教育者的专业素养水平,尤其要重视思想政治教育工作者在其中能够发挥的作用。作为初中道德与法治学科教师,充分做到与时俱进,不断创新,充分利用新媒体中的资源,不断更新教学资源。同时,在进行思想政治教育的过程中,合理处理好思想政治教育主体和受众之间的关系,加强师生沟通,以人为本,摒弃冰冷式的说教,体现思想政治教育的人情味,合理照顾学生成长和发展的需要,考虑学生的实际情况,促进人的全面发展,从而形成思想政治教育主体之间的良性循环。

此外,还要充分考虑到新媒体的大背景,摒弃陈旧过时的思想政治教育理念,将创新提上日程,体现与时代的紧密契合。这就要求在内容上,要兼顾思想政治教育的严肃性以及活力性,在坚定立场和意识形态的前提下,加入富有时代特色和创新的元素,使思想政治教育成为一汪活水,从实践中来,到实践中去。

三、小结

当前初中道德与法治学科教学中思想政治教育话语框架的搭建仍然还处于不断探索的过程中,面临着重重挑战。新媒体大背景下机遇挑战并存,我们应当抓住机遇应对挑战,促进初中道德与法治学科教学中思想政治教育话语框架的搭建和完善。

参考文献

[1] 罗雅婷.新媒体背景下高校思想政治话语表达的转变[J].湖北函授大学学报,2017,30(03):35-36.

[2] 杨琪.试论思想政治教育话语权提升的体系构建[J].山西青年职业学院学报,2018,31(01):70-72.

[3] 郑永廷,曹群.坚持思想政治教育学科的话语权与主导权[J].思想理论教育,2015(03):45-48.

[4] 王永友,龚春燕.蕴底气、涵生气、接地气:实现思想政治教育话语"三转化"[J].湖北社会科学,2018(07):183-188.

[5] 许苏明.论思想政治教育的话语转换[J].东南大学学报(哲学社会科学版),2014,16(02):5-9+134.

[6] 马云天.新媒体境遇下高校思想政治教育话语精准转换探析[J].黑龙江教育(高教研究与评估),2019(05):5-7.

[7] 牟婉璐.新媒体视域下思想政治教育话语优化探析[D].长春:东北师范大学,2017.

[8] 乔靖文.新媒体时代思想政治教育话语创新研究[D].北京:中共中央党校,2017.

[9] 王欣玥.网络思想政治教育话语体系问题研究[D].成都:电子科技大学,2016.

[10] 邱仁富.思想政治教育话语理论探要[D].上海:上海大学,2010.

7　道德与法治学科促进学生学习主观能动性提升的实践探析

北蔡镇中心小学　厉雯卿

伴随着课程标准的更新迭代,德育这一概念被愈来愈多地渗透到各个学科中,不少跨学科探究活动更是将德育作为一项重中之重的课程目标,而道德与法治这门兼具政治性、思想性、综合性和实践性的课程,地位也愈渐彰显。然纵观道德与法治学科的一线教学,整体情况却并不乐观,笔者所在学校的一至五年级抽样课堂小调查结果显示:约52％学生"喜欢"道德与法治学科;13％的学生"不喜欢";35％的学生表示"中立",即谈不上喜欢也谈不上不喜欢;而"认为该门学科存在非常有必要"的学生仅占19％。究其原因:一是受传统观念的影响。尽管道德与法治学科越来越受到关注,但在许多家长的传统观念里仍旧认为这只是一门副科,甚至有些教师也并未真正重视,学生潜移默化中也漠视这一学科。二是教师"没方法"。道德与法治学科专职教师相对匮乏,对于学科教材本身的钻研有所欠缺,因此在进行教学设计时难得要领,使得一系列课堂活动的开展流于形式,此类"打卡式"教学难以激发学生的学习兴趣,学生学习的主观能动性大幅度降低。三是成就感缺失。道德与法治学科不像语文、数学、英语此类工具性学科,学到的知识与技能通过习题等方式能很快体现。这门课程更多聚焦学生的成长,并以此为原点,将学生不断扩大的生活和交往范围作为构建基础,以螺旋上升的形式凸显育人主题,呈现学生与自己、家人、他人、社会、自然、国家乃至人类文明之间的逻辑关联。因此,在短期内显性知识的受益是较为有限的,学生对于该门学科的体验和成就感就会相对较弱。

《义务教育道德与法治课程标准(2022年版)》在"教学建议"章节的第一句话便强调了"上好道德与法治课,关键在教师"。教师应立足核心素养,结合不同的学情制定合适的教学目标;针对教学内容和活动形式的设计要尽可能充实、丰富;同时要多关注学生的实践体验,实现说理教育与引导启发有机糅合。唯有以积极的策略推进道德与法治学科的课堂教学,有效破解"没方法"这一难题,使学生真正感受到课程对核心素养的促进以及个人成就层面的收获,学习的主观能动性才能被调动,才能慢慢让传统观念得到转变,形成良性循环,从而推动道德与法治学科的德育更高效落实。基于此,笔者进行了促进学生学习主观能动性提升的实践探析,并初步形成一套实践策略。

一、注重实践体验,促进课堂辐射生活

心理学家赤瑞特拉的一项实验证明:在人类学习的过程中,有1%是通过味觉,1.5%通过触觉,3.5%通过嗅觉,11%通过听觉,83%通过视觉。也就是说人类通过视觉和听觉获取新知识的比重占94%。有别于工具性学科,道德与法治学科作为一门具有综合性和实践性的课程,在育人的过程中何不利用好这一优势,多多创设机会让学生去生活中大胆体验呢?

针对一年级上册道德与法治《上学路上》这一课,在授课过程中,学生都能说清楚自己是步行来校的,还是乘坐自行车、电瓶车、私家车等交通工具来学校的。但对于上学途中会经过什么关注甚少,多数学生只能说出"出门经过马路就来到了学校"或"走过一座桥就到了学校"这类简单短句,对于路途中的关键性建筑物基本忽略。这就是对于实践体验关注度不够造成的,此时教师若稍加引导,大部分的学生就会在接下来的上学、放学路途上有意识地进行观察和思考,这就促进了道德与法治学科课堂对生活的辐射。因此,笔者布置了一道思考题"说一说你的上学路线",并提示学生可以用任意形式的呈现来丰富这个上学路线的分享。该思考题旨在引导学生积极主动地观察自己的上学路途,重点关注自己上学路上经过的标志性地点,并要能口头表述清楚,以促使学生更加熟悉自己的上学路线。对于工具性学科的开放性问题,学生往往会有畏难情绪,然而学生对于道德与法治学科的实践类思考题则表现出较浓厚的兴趣。在后来的课堂交流分享环节,学生们给我带来了诸多惊喜,他们有的拍摄了自己上学路途的视频,在分享时边叙述边把视频清晰直观地呈现给大家;有的在家中小黑板上绘制了简易地图,通过录制短视频的形式向大家介绍;还有的即便没有任何额外资源的补充,也能将自己上学沿途所经的标志性事物讲清楚。布置思考题并不是硬性要求学生去完成某项作业,而是启发学生留心观察生活,通过自己的实践体验,与伙伴分享讨论,结合教师的适当引导和点拨,自然而然地便促成了课时目标的落实。学生在实践中对于道德与法治学科的学习兴趣被激发,学习主观能动性也能得到促进。

《上学路上》第二课时涉及交通"信号"相关知识,通过学习,学生对交通"信号"及含义已经有了初步的了解。笔者考虑到一年级的学生好奇心较强,但安全意识淡薄,由此设计了一道思考题:在上学路上你见到过哪些交通"信号"?它们的含义是什么?旨在引导学生持续留心自己的生活,观察身边的交通"信号",了解与自己生活有关的交通安全知识,思考、表达的过程也是对学生自觉遵守交通规则意识的强化。

对比有的教师可能会让学生在课前通过查阅相关资料或者向父母问询等方式为课堂交流做准备,让学生带着问题在课后的生活中继续进行观察和探索更能激发学生的兴趣。课后的时间更充分,空间更自由,各自生活的差异性所带来答案的不确定性都能在一定程度上放大学生好奇求知的天性,激发学生个体独立的观察思考。通过道德与法治学科课堂对生

活的辐射,学生走在上学路途自然而然便能联想到课堂所学,在巩固知识的同时也能逐步关注身边的交通标志,如此更能强化安全意识,实现课堂教学的延伸与巩固,达成本课安全教育的目的。有了真实的实践体验和自主思考,学生能体会到道德与法治学科与生活的紧密联系,也能感受到该门学科的开放性,对该门学科的学习主观能动性能够有所提升。

二、鼓励畅所欲言,开拓思维促表达

道德与法治学科教材每一课的内容编排主题性都较强,要想在简单的2—3个课时中把一个主题的内容讲深、讲透,讲到学生心坎里,并非易事。其实,许多道理学生都明白,只是在认识上不够深刻。因此,笔者在落实课堂教育教学的过程中,始终坚持以学生为课堂的主体,最大限度鼓励学生畅所欲言,有疑惑提出来共同探讨,有知识主动分享大胆展示。让学生成为课堂的主人,促进学生交流表达、大胆质疑、合作讨论,无形中道德与法治课堂的氛围热烈起来,学生学习的主观能动性有了大幅度提升。

(一)鼓励多分享

许多学生会因为怕出错而怯于举手,也会有一部分学生性格内向羞于表达。很显然,在道德与法治学科中较多开放性问题的存在能够激发学生的表达,笔者鼓励学生成为课堂的主人,畅所欲言。每节课都会创设学生感兴趣的情境,引导学生联系日常生活进行分享。譬如在一年级下册《可爱的动物》讲授中,班中每一位学生都主动加入交流,分享自己与小动物的有趣故事。对于某一主题的学习,学生可以先行分享自己在这一范畴内的相关知识,全班学生都会给予热烈的掌声;对于一些辨析题只要亮明观点、言之有理,笔者都会大大鼓励;笔者还启发学生尝试从不同维度进行思考、质疑和辩驳,对于不确定的答案引导学生在课后生活中继续关注和探索。道德与法治的课堂似乎有一种专属的仪式感,无形中学生的成就感拉满,有话则长,无话则短,每堂课每位学生或多或少都能说上几句,分享表达能力得到了提升,课堂参与度也得到大幅提高。

(二)保留思考题

要想充分调动学生学习的积极性,道德与法治课堂的舞台就必须以学生为主角,而非教师唱"独角戏",课后思考题的保留能很好地为舞台搭建提供素材。每堂课开始于上堂课思考题的交流与分享,每堂课的结束同样也会留下便于下回交流的思考题。例如《不做"小马虎"》的课后思考题:想一想自己或身边人曾做过的最马虎的一件事,以及这件事给你带来的启发。从课堂到课后,从校园内到校园外,学生乐此不疲地交流着。以学生感兴趣的形式布置作业,话题的延续也是课堂延伸的体现,思考题的保留使学生学习的主观能动性在不知不觉中得到了升华。

(三) 保持开放性

开放式的问题也许会有主观价值导向,但不会有绝对是非,譬如通过《灰姑娘》的故事能够让孩子学会保持善良、要守时、不撒谎、广交朋友、友善待人等诸多美好品质。在道德与法治的课堂上,除了贯彻单元主旨外,也应兼顾对学生天性的保留和释放,才能更大程度实现学生的畅所欲言。在一年级下册课文《我们爱整洁》中有一个看图辨析"这样做好不好",图上画着一个小女孩穿戴整洁,背着书包走在上学路上,有一只小鸟围着她欢快地歌唱,小女孩脸上也洋溢着笑容。教材编排主旨体现女孩穿着整洁,那这个辨析的回答应该是"这样做很好"。然而,却有一个学生回答这样做并不好,给出的理由是走路要注意脚下,不能被小鸟吸引注意力。笔者对于学生适当的"犯错"给予鼓励,只要言之有理,即便稍许偏离本堂课的主题也是被允许的,如此才能让学生的思维"活"起来,促进学生积极主动地思考。

三、利用多元媒介,丰富课堂活动形式

立足新课标,从教材出发,充分利用好多元媒介,让课堂形式"活"起来。课堂模式应从教师"无效说教"向学生"高效探究"逐步转变,课堂活动丰富了,学生的参与度自然水涨船高,学习的主观能动性才能被调动起来。适当整合网络资源作为课本知识的拓展补充是一种在实践中运用较多且行之有效的手段,但也应注意方式方法的多元转变,避免形成"讲授、讨论、看视频资料"三者循环交互的单一模式。

以道德与法治五年级上册第五单元课文《应对自然灾害》为例,笔者在授课过程中便运用多元媒介开展了一系列形式丰富多样的课堂活动,充分调动起了学生学习的积极性和探索欲。我国每年都有各种各样的自然灾害发生,新闻中也经常会报道各种自然灾害造成的损失。防灾减灾教育已被纳入国民教育体系,学生或多或少接触过不同形式的防灾减灾宣传教育,而且上海是台风较多发地带,学生对台风的影响及危害都有感知。但对于该学段学生来说,感受依旧是比较浅的。首先,人类面临的环境灾难发生在某个区域,且我国自然灾害种类也比较多,我们的学生绝大多数都没有经历过。其次,有的自然灾害对学生的生活影响不大,学生感受不到。因此,学生的防灾避险意识比较淡薄,在执教过程中如果全权交由学生进行讨论可能会遇到泛泛而谈的情况,因此有效利用好多元媒介在本课执教中就显得尤为关键。笔者首先通过创设情境揭示课题,请学生先看数字故事,再谈一谈自己所了解的我国曾遭受过的自然灾害,借助视频、图片资料导入会比单刀直入地请学生说自己了解过的灾害更有吸引力,且能引导学生日常要多去关注国家时事。其次,出示我国自然灾害分布图,请学生读图观察,合作讨论我国自然灾害的分布情况。读图探究的形式在课堂中的运用

并不频繁,也给予了学生较多的空间和自主性,从实践效果看,学生的参与度和积极性都非常高。接着,通过观看不同灾害发生后的真实照片,分析新闻数据和统计饼图,结合小组间交流,能更直观地认识不同种类的自然灾害,了解"距离自己较远"的灾害的情形,感知不同自然灾害带来的经济损失比重,更进一步认识到自然灾害的破坏力和严重危害。从讨论到图片再结合数据资料,层层递进,课堂互动氛围热烈,学生对于灾害的危害能有比较深入的体会,也为后续探索灾害产生的原因及培养爱护环境的意识奠定基础。最后,对水土流失导致自然灾害频发的具体案例展开分析,鼓励学生自由表达看法,并通过模拟"草地"与"黄土地"浇灌实验的视频进一步感知两者之间的联系,挖掘出自然灾害背后的自然因素和人为因素。整堂课活动形式丰富,学生自主与同桌交流,借助小组合作探究等模式开展学习,具备充分的时间进行独立思考和思维交互,中肯地认识、了解自然,初步树立正确的人地观,取得了良好的课堂效果。

在日常课堂中,教师也应大胆设计、积极创新,利用好多媒体信息技术,结合案例、实验、辩论等活动,使道德与法治的课堂活动整体形式更加丰富,使学生互动时乐在其中,探究时深入剖析,激发出学习兴趣,真正学有所得。

四、评价赋能课堂,激发成就挖掘潜力

让评价机制为道德与法治课堂赋能,有两点非常重要。

一是评价具有导向性。对课堂目标落实而言,评价最重要的目的是促进评价对象的进步。评价是指挥棒,运用好评价机制,有针对性地开展评价,就是将指挥棒效能最大化,实现"指哪打哪"的精准定位。道德与法治课堂具有特殊性,德育的渗透与落实是一个缓步推进的过程。学生从初步了解信息提取相关知识,到深入思考后明晰内里蕴含的价值取向,再到能对所学内容深入掌握并尝试依托所学自主输出,是一个闭口的循环。基于学生思维发展的水平,教师在这个逐步升华的过程中要落实对评价方向的把控,以促进学生在这个闭口循环过程中的成就体验和潜力挖掘。在小组合作、分享交流、活动交互的过程中,借助合理、有效的评价机制,能够帮助学生发现不足之处、及时优化,挖掘学生潜力,也能对优秀的表现进行客观肯定和及时的反馈,有利于激发学生的成就感。

二是评价是为了促进进步。改进学生的课堂表现,激发学生正向、积极的分享交流,对提升学生学习主观能动性有着至关重要的作用。教师一定要在明确目标导向的基础上把控好评价机制的运用,每一活动环节都应设置有明确目标导向的评价机制,无论是开展自评、互评、他评,都必须严格落实课堂活动设计的目标。就道德与法治学科的各个活动环节而言,不能只看最终的结果和产品,也不能只看学生学到了什么、掌握了什么,搞"一刀切",而是要综合学生的过程性体验、情感态度的升华、方法技能的领悟等情况进行整体评价,在过

程性评价中对学生所做的尝试给予肯定和鼓励。道德与法治学科的学习不是功利的,无论知识层面、技能层面还是德育对价值观的渗透,都是一个厚积薄发的缓慢过程,运用好"评价"这味催化剂能促进学生学习主观能动性的提升,由内而外地发动自主学习,实现由量变到质变的进步。

针对不同的学段及学情,评价机制对课堂的赋能有着无限潜力,教师应改变传统观念中对结果评价的过分关注,加强以过程性评价为导向,激发学生成就感、体验感以促进学习的进步。学生能感知到道德与法治这门学科的开放性与包容性,他们会更愿意在教师的引导和陪同下进行探索,共同分享、感受道德与法治学科的精彩。评价对学生成就的激发、潜力的挖掘还需要在实践中不断摸索,教师不仅要不断汲取新的教育评价理念,还要勇于试错,在不断开拓创新的过程中走出一条与时俱进的发展之路,在不断地"破"与"立"中彰显过程性评价的智慧,大力激发学生学习兴趣,促进学生主观能动性的提升。

综上所述,以更大程度提升学生对道德与法治学科学习主观能动性为抓手的实践探析,核心在于推动"听课的人"深度拥抱课堂和生活。霍林姆林斯基曾说过:"人的内心有一种根深蒂固的需求——总感到自己是一个发现者、研究者、探寻者。"积极有效的教学实践策略,不仅能推动学生在丰富的课堂活动中产生积极、正向、美好的实践体验,也能辐射学生在校园外的日常生活里逐步感受身边的道德与法治元素,在不同时间、不同空间、不同情境中唤起学生的情感体验,促进学习主观能动性的激发,引导学生从"普通的学习者"逐步进阶成为"积极主动的学习者"。从学校和教师层面而言,对于爱国主义的教育、文化自信的坚定、集体荣辱观的建设、社会责任感的培养、法治素养的培育等德育的开展不能仅仅停留在道德与法治课堂,也不能仅仅寄托于传统的主题班队会,还需充分利用不同形式的实践活动,让德育教育真正走进学生心底,激发认同感,促进主动学习。

8　挖掘学科特点,融合德育特色,提升小学生英语学习综合素养

北蔡镇中心小学　黄踏程

一、小学英语教学与德育教育融合的意义

　　小学教育是教育阶段中的基础部分,小学阶段是孩子身心发展成熟的前期时段,它是建立常规、培养良好习惯的重要时期,也是优良品行形成的最佳时期。随着我国教育体制的改革,以"五育并举"教育提高学生综合素质的呼声越来越高,作为五育之首的"德育"则是灵魂和基础。因此,在小学各个学科教学中渗透德育也越来越受到重视。以"润物细无声"的模式让学生在参与学习英语的过程中,树立正确的价值观,提高自身的道德修养,受到英语教师的广泛推崇。学科教学融合德育教育的重要意义,笔者以为主要有以下几点:

　　1. 知识与情感互促,培养学生英语学习习惯

　　良好的习惯是学好英语的一个关键因素。作为教师应努力创设轻松愉快的学习环境,发展和谐融洽的师生关系,利用灵活多样的教学方法让学生"从做中学,在学中用"。对于英语学科来说,良好的学习习惯既有助于学生找到较好的学习方法,又能减轻学生的学习负担,从而达到事半功倍的学习效果。

　　2. 教学与教育互助,激发学生英语学习内驱力

　　学生学习的内驱力并不是与生俱来的,而是在后天的学习过程体验中获得。课堂教学对学生的教育引导应该是融会贯通、深入浅出,自然地进行在传授知识和培养能力的过程中,教师始终注意着调动学生学习的积极性和主动性。我们要相信每个孩子都是天生的学习者,以学生为主体的教学,带给学生更多自主修炼、自我成长的机会,从而让德育借助英语教学内化为学生自身成长的动力。

　　3. 学科与德育互融,提升学生英语学习综合素养

　　我们的教育最终围绕"培养什么样的人"展开,综合素养教育则是针对人的高阶的、关键的、核心的素养进行教育。将英语学科教学与德育相融合,除了学生能通过各种学习活动学到知识技能,教师也能在不同情境中对学生的英语学习进行及时评价、积极鼓励和耐心指导,以激发学生的求知欲,从而强化学生的学习动机,进而提高学生的综合素养。

二、小学英语教学与德育融合的原则

德育的契机无处不在。在平时的教学过程中,小学英语教师不仅要提高自身的德育修养来影响学生,还可以结合英语教材中的德育因素,寓德育于教学中,利用英语学科主题知识更好地培养学生的语言能力、文化意识、思维品质和学习能力。笔者认为,教学可遵循以下原则:

1. 全面性原则

全面性原则是指我们的德育应"面向全体,贯穿全程"。英语教学活动主体是学生,小学阶段的学生具有不同年龄段特征,即使相同年龄段孩子也会有不同的性格特点,我们的德育目标应该符合学生的年龄特点,循序渐进。同时,英语教学中教材就是德育最好的载体,依据教材挖掘德育素材是渗透德育的关键,应该贯穿于小学英语教学的全程。我们现行的小学英语教材是《牛津英语(上海版)》,该教材以主题、话题为模块单元,教材内容与学生的学习、生活紧密联系,且小学全学段的教学内容和知识相互联系、螺旋递进。每个单元的语言材料在相关主题背景下围绕一个话题展开,教师的教学活动采用多种教学手段,在丰富的课堂学习活动中,学生既能学得语言知识,也能感受语言的美妙,得到情感上的认同。牛津英语一至五年级上下册模块主题安排如下:

上册:

  Module 1 Getting to know you Module 2 Me, my family and friends
  Module 3 Places and activities Module 4 The natural world

下册:

  Module 1 Using my five senses Module 2 My favourite things
  Module 3 Things around us Module 4 More things to learn

这些主题涉及学生学习和生活的各个方面,经过教育专家悉心的研讨、编辑和安排,具有一定的代表性。它不仅符合小学生的身心发展规律和成长特点,也蕴含着丰富的德育价值。所以在教学过程中,英语教师可以通过情境的创设、有效课堂活动的教学渗透德育,体现人文关怀,让学生在学习语言知识的同时,提升综合素养。在学科教学中渗透德育是新时代教育的重要组成部分,德育目标也是不可或缺的教学目标之一,教师在英语课堂教学中应坚持教学目标制定的全面性。

2. 适配性原则

适配性原则是指在学科教学中落实"立德树人"的根本任务,就是要结合学科特点深度挖掘提炼课程中的德育元素,探寻学科教学中思想教育的最佳渗透点,抓住学科德育的最佳时机,寓思想教育于知识的学习和训练之中,使学科教学的科学性与思想性水乳交融,实现思想教育的潜移默化、润物无声。作为小学英语教师,无论是课前的教学设计,还是课中的教学过程,乃至课后的作业布置都应该积极探索科学合理的德育渗透,因为德育目标也能有助于英语学科教学目标的达成。

例如,3AM2U3 Shopping第三课时At the supermarket教学,在看似平常的话题中,教师能关注学生年龄特点,结合生活实际挖掘不同的德育渗透点,效果良好。在学习过程中,当学生进入故事情境来到Toys场景,看到琳琅满目的玩具时不禁发出惊叹,都能带着欣喜兴奋的情感积极完成朗读表演。其实这一环节是教师为之后的德育渗透特意设计的,之前的雀跃大声、情感丰富,正是为了能够自然引导学生注意"不要在公共场所大声喧哗,'Shh …! Don't shout.'"的行为。接着在Fruit场景中,故事主角Peter当场吃苹果的行为也得到了学生们的制止,强调了"Let's check out first.让我们先结账"的超市购物文明举止。这两个熟悉的生活场景在学生完成"What can't Peter do at the supermarket?"问题时,学生需要复现情感,认真体会,对于教师的总结"To be a well-behaved and polite customer at the supermarket!"做一个讲文明有素质的顾客也会更有感触,自然也就达成了教师这节课教学的德育目标。

教师在充分挖掘教材中的德育因素后,应通过融合渗透的方法,有目的、有计划、自觉地寓德育于英语教学环节中。笔者根据自身实践的经验发现,要实现德育渗透的教学目的,教师应注重教学活动的多样化,让学生在完成课堂学习任务的过程中自然领悟到其中的道理,以达到德育渗透"润物细无声"的效果。

3. 导向性原则

导向性原则是指进行德育渗透时要有一定的理想性和方向性,以指导学生向正确的方向发展。小学生正处于身心萌芽发展的阶段,在进行英语教学时,教师可以结合教材内容,巧妙利用这一点,让学生的认知水平、思维发展、道德品行朝积极向上的方向发展。

例如,在1BM4U1 Activities第一课时Let's play together! 教学中,害羞女孩Lily看到不相识的小伙伴在公园玩耍,想要一起加入参与运动,小伙伴们欣然接受,让大家充分感受到和睦团结的氛围,教师引导学生体会本课话题"Let's play together!"的意义。当Lily碰到自己不擅长的运动项目play football想要退缩放弃时,小伙伴们一声声加油鼓励"Have a try!"让Lily融入群体,勇敢迈出play together的第一步。

这堂课的文本再构结合生活实际,能激发学生共鸣,鼓励那些胆小腼腆的学生勇于改变,培养明朗向善、积极向上的优良品质。课堂上,学生仿佛身临其境,好像自己就是故事中的角色,对语句的理解和情感的体验水到渠成。

三、小学英语教学与德育教育融合的策略

小学英语教学中进行德育渗透既具有必要性,也具有可行性。加强小学德育工作,发挥

英语学科的德育渗透价值，离不开一个良好的德育环境。创建良好的德育环境，能使小学生的身心融入良好的德育氛围中，于无形中感受德育熏陶。

1. 深挖教材，研寻德育因素

牛津英语教材中蕴含着丰富的德育内容，需要教师深入挖掘和钻研，做好充分的备课工作，采取科学合理的教学方法，把德育融合在平时的英语课堂教学中。

我校成果集《生命教育教师课堂执行力提升的策略研究》一书中深度挖掘出很多牛津英语的"德育渗透要点"。例如，4B教学主题Home life中，单元教学情感目标设立为：引导学生爱自己，珍惜自己的生命；爱家人，热爱自己的家庭生活，懂得感恩父母。每一个小家庭都是社会的组成部分，也是地球家园的一个小细胞，通过学习The Earth Hour语篇，向学生发出保护地球资源的倡议，引导学生从小树立保护地球生态环境的意识，从围绕主题的课堂活动到课后作业一次又一次地激发学生爱护地球的情感认同，鼓励他们从自身做起，为创造一个美好的生活家园而努力。

2. 依据情境，创寻德育契机

要想在小学英语课堂教学中融合德育，那么应该先努力为学生创设一个和谐的德育环境，充分满足学生追求真善美的要求，使得整个英语课堂和谐温馨。

例如，在2BM4U2 Mother's Day教学中，上课初始，教师先不急于介绍有关母亲节的内容，而且先让学生仔细想想，回答"What can your mother do?"的问题，通过回忆以及教师的图片提示，孩子们纷纷回答"My mother can ... for me/with me. (cook, read, play, sing and dance ...)"一个个全能妈妈、勤劳妈妈的形象跃然眼前。当学生爱妈妈的情感渲染到位，这时，教师再提问"What can you do for Mum?"学生对"你可以为妈妈做什么？"的问题充满了好奇和兴趣，带着对妈妈的爱去学习母亲节的知识。最终，学生们通过学习，不仅学到了I can ... for Mum. (make a card, have a kiss, have a hug, make some tea/coffee ...)等语言知识，而且加深了对母亲的爱，感恩母亲的德育渗透贯穿整节课，温馨又自然。

在教学过程中，教师应该始终以自身饱满的热情来感染和引导学生，让学生随时保持积极乐观的心态，每节课的教学活动都是充满智慧的实践活动，在根据单元主题创设的德育情境中需要教师及时把握住德育契机，让学生产生心灵上的共鸣。

3. 研修作业，探寻德育延展

在英语教学中，教师可以根据教材每个模块单元的不同主题，从各个方面对学生的价值观、人生观做出正确全面的引导，鼓励学生努力实践，形成良好的道德品质，也可以根据单元主题渗透德育理念巧设课后作业，让学生不仅在学科知识上有所操练，在情感的培养上也得以熏陶。

在《牛津英语（上海版）》4B和5B的M4U2单元中，分别介绍了中国传统节日和西方节日。节日，是学生喜欢的话题。但对于各国节日及其相关内容学生了解并不全面，甚至是作为华夏子孙,对中国传统节日也没有清晰的认知。因此,教师对这一单元的教学可以融合德育"传播中国文化",对学生从小树立文化自信有着深远的意义。同时,作为第二语言的学习,了解西方国家的重要节日也是理所应当的。虽然中西方节日存在不同点,但热爱自己的祖国,传承经典文化的种子要从小培育。通过学习,学生对各个节日的名称、日期、传统活动及经典食物有了全面的了解。教材篇幅有限,没有面面俱到地介绍完整,教师抓住机会,鼓励学生完成拓展作业:制作相关节日手抄报 My favourite Chinese festival 或 My favourite Western holiday。学生需要结合教材上的语篇信息,就自己最喜欢的节日上网查找资料,并进行构图上色、誊写文字。在手脑并用中完成作业的同时,学生对中外文化的理解和对优秀文化的鉴赏能力有了进一步提升。文化意识的培育有助于学生增强家国情怀,提升文明素养和社会责任感。

4. 及时评价,夯实德教融合

在英语课堂教学中,教师要及时评价学生的表现。对于表现出色的学生,应当及时给予"Good job!""Well done!""Great!"等非常直截了当的鼓励和表扬;对于表现一般的学生,教师也要及时给予肯定和引导,注重培养学生对英语的学习兴趣;对于表现欠佳的学生,教师一定不能训斥,应该多鼓励学生,向学生传递出"你能行"的信息,这样才能帮助学生减缓紧张害怕的心理。新课标倡导的是民主平等的新型师生关系,这就要求教师要充分尊重和关心学生,最大程度地满足学生的求知欲,同时深入学生当中,和学生成为朋友,用自己的言行举止来潜移默化地影响学生。在整个教学过程中要把学生作为课堂的中心,让学生充分体会到学习英语的乐趣,这样学生在强烈学习欲望的驱使下,就会积极向上发展。

例如,在 3BM4U1 Story time 单元中,教师在完成故事 Three little pigs 教学后,布置了故事演绎的学习任务。学生需要提前制作角色头饰,研究故事旁白,准备角色台词、道具等等,亲力亲为的参与让孩子们发出"想要做成一件事真不容易"的感想。虽然学生的演出腼腆生涩,还有许多不尽如人意的地方,但教师会及时评价,表扬优点,指导不足,看着一组组的表演越来越好,愈发自然可圈可点,大家成就感满满。同时,教师要求学生在观剧时认真观察,说一说同学表演优秀的地方,最后进行"最佳角色"的评选,大大强化学生学习的主动性,丰富学生的情感体验。

四、结束语

小学英语教学不仅是对学生进行基础知识的传授和研修,更应该注重对学生品德的培养和引导,德育也是小学英语教学中重要的组成部分。在学生学习的初级阶段,在学生的品格、意志和价值观形成的初期,深挖英语教学特点,开发课堂中的德育因素,将学科与德育有效融合,不仅能直接激发学生英语学习的兴趣和技能,而且会对学生综合素养的提升有很大的影响,更对学生的未来发展有不容忽视的重要作用。德育是教育永恒的主题,英语教师要以"学生为本,德育融合"的教育理念开展教学,在提高学生知识水平的同时,培养学生的道德品质,提升学生的综合素养。

参考文献

[1] 中华人民共和国教育部.中小学德育工作指南(教基〔2017〕8 号)[Z].北京:教育科学出版社,2017.

[2] 中华人民共和国教育部.义务教育英语课程标准(2022 年版)[M].北京:北京师范大学出版社,2022.

[3] 张德禄.2019.外语教学中的评价与品德教育[J].英语研究,2019(1):12-22.

[4] 苏霍姆林斯基.教育的艺术[M].傅任敢,译.长沙:湖南教育出版社,1953.

9 课程思政理念下初中体育教学中德育价值的探究

上海市北蔡中学　卫骏超

　　课程思政理念是指教师在课程实施过程中有意识、有计划、有目的地设计教学内容和教学环节，营造育人氛围，将国家主流意识形态所倡导的道德要求、价值观念、思想认识和政治理念有机融入教学过程，以间接内隐的方式传递给学生，使其成长为符合国家发展要求的合格人才的教育教学理念。课程思政在本质上是一种教育，目的是实现立德树人，通过知识传授与能力培养，实现价值引领。

　　初中体育课程教学目标也应在增强学生身体素质的同时，融入课程思政理念，助力学生个性化发展，提升体育教学的实质内涵。

一、基于"课程思政"理念下，初中体育教学中的德育教育的意义

　　习近平同志强调"把思想政治工作贯穿教育教学全过程"，从而开启了中国学校教育"课程思政"的改革步伐。体育是培养健全人格的最好工具，在身体的行动与体验中，感悟且落实思政教育，弥补了思政教育难以与专业课程结合的缺陷。

　　体育课程思政育人的重要作用是其他学科不能替代的。初中阶段是学生身体茁壮成长和正确的运动观念培育的重要阶段，在初中体育课堂中渗透德育教学，将德育理念与体育活动有机融合，课堂活动从学生身心特点和日常的学习生活实际出发，使得枯燥的德育教育变得更加生动有趣。完全人格，首在体育，这正是学校体育的育人价值所在。

二、基于"课程思政"理念下，突显体育德育价值的方向

（一）提升体育教师思政育人的能力

　　体育教师是推动体育课课程思政建设的主力军，其自身思政育人能力以及构建体育思政课堂的能力直接决定了其课程思政的效果。在具体实践中，可以从以下三方面入手：一是开展德育教育专项课程，让体育教师参加专项培训，为学生提供更好的思想品德教育内容；二是设计激励政策，促使教师更为用心地学习并准备课程教学内容，提升思想政治教育水平；三

是针对教师教学设计评分制度,让教师发现问题并调整课程内容,以此提升体育教学质量。

(二)明确以学生为主的教学方式的转变

在"课程思政"教学理念下,体育德育教学价值之一便是明确了以学生为主体的教学模式。从学习层面,让学生通过小组合作的方式探究、思考、学习体育知识,教师予以指导。体育竞技中,学生除了是参赛者,同样可以担任裁判员、记分员、总指挥等。

针对"课程思政"理念下的体育德育教学,应从学生的角度出发,设计体育课程教学模式,并将单一、枯燥的德育理论教学与体育生活化的活动有机结合。通过体育运动,将思想道德知识融入其中,无形中影响学生,以此达到德育教育的目的。

(三)开展多元化、生活化的体育教学模式

课程思政本身就意味着教育结构的变化,即实现知识传授、价值塑造和能力培养的多元统一。课程思政要求教师要在教育中积极探索实质性介入学生个人日常生活化的学习方式,将教学与学生当前的人生遭际和心灵困惑相结合,有意识地回应学生在学习、生活、社会交往和实践中所遇到的真实问题和困惑,真正触及他们默会知识的深处,亦即他们认知和实践的隐性根源,从而对之产生积极的影响。因此,课程思政也要求向学生传授普遍的、客观的生活化的知识,进一步提高他们的理性认知能力和生活化水平,以促进其默会知识的提升和转化。而言传知识与默会知识,或者说知识传授与心灵成长、价值塑造和生活化能力提升之间的互动,恰恰是课程思政所要达到的目的。

通过设置基于核心素养的课程目标、设计完整的课程内容及结构化知识和技能、倡导多样化教学方式、采用大单元教学、设计完整的生活化学习活动、创设复杂生活化的运动情境、明确适宜运动负荷要求、重视生活化的体能练习、制定学业质量标准、采取多样化学习评价等有效措施和方法,促进学生达成课程目标,形成核心素养,实现身心健康、体魄强健、全面发展。抓住"双减"政策机遇,在基于"课程思政"理念下,进行德育教育渗透,来推动体育课堂教学质量进一步提升。

三、基于"课程思政"理念下,初中体育教学中德育的有效路径

(一)依托团队合作项目,增强学生的团队合作意识

体育教师可以借助集体体育活动,增强学生的团队合作意识。例如,篮球比赛、足球比赛、接力赛跑、拔河比赛等都是常开展的体育项目。在足球教学课开始前,教师可以向学生介绍国际足坛两大球星罗纳尔多和梅西以及中国国家女足的故事来吸引学生注意力、激发学生的学习兴趣。课中教师可以设置教学情境的课堂小游戏诸如"脚运球""对墙传球准"

等,以小组为单位练习比赛运球、传球,给予学生适时的鼓励和正确的引导,帮助学生赢得比赛胜利。对于比赛失败的一方,同样能够通过积累经验和教训,加强团队合作意识,增强集体荣誉感。

(二)依托对抗性体育项目,培养学生坚强的意志品质

进行激烈、对抗性的体育项目,需要学生具有坚强的意志品质,能够培养学生拼搏奋斗的品质。在对抗性、竞技性的体育项目开展过程中,激烈的竞争和合理的冲撞是正常的,困难和挑战也无处不在。基于此,教师可以通过体育口号向学生培育"突破极限,超越自我""顽强拼搏,奋发冲刺""积极进取、努力拼搏"等思想意识。教师还可在课堂上与学生交流我国优秀体育运动员的事迹,例如李宁、姚明、郎平、苏炳添、全红婵等人,在讲解知识和运动技能过程中渗透优秀运动员的个人比赛故事和生活的点点滴滴,提升育人效果。

(三)依托传统文化项目,激发学生的爱国主义情感

随着人们对体育运动事业发展的关注度提高,我国传统的体育运动项目也迎来了发展的黄金时期。以乒乓球项目为例,教师可以引经据典,向学生讲述"乒乓外交"的故事,引导学生了解体育项目独特的魅力和价值,体会体育运动事业与个人发展、国家发展之间的内在关系,提升学生的文化自信,激发爱国主义情感。总之,体育教学要将爱劳动、爱祖国、爱社会主义与体育活动有机结合,培养遵守纪律、作风优良、道德高尚、精神文明的社会主义建设者。

(四)挖掘体育教材的德育内涵,提升学生的思想道德素质

体育课教学是实现体育学科育人价值的主要途径,而体育教材则是重要的德育资源。体育教材蕴含着大量生动、丰富的德育资源。通过对一线体育教师的访谈和参考已有的研究成果,本文将初中体育课教材中蕴含的德育要点整理成下表(见表1)。

表1 体育教材与德育要点对照表

	教材内容	德育要点
	基础知识	荣誉感、责任感、集体观念、民族意识和奋发向上的精神
	跑(耐力跑、障碍跑等)	坚韧不拔、吃苦耐劳、团结协作、奋力拼搏的精神
基本内容Ⅰ	跳(跳远、跳高、支撑跳跃)	突破自我、超越自我、克服恐惧、战胜自我的精神
	掷(垒球、实心球)	不断进取的精神
	垫上运动	乐观、自信的态度和战胜困难的勇气
	杠上运动	勇敢、沉着、果断等品质
	武术	民族精神教育和武德培养
	篮球	团队意识和集体主义精神

(续表)

教材内容	德育要点
基本内容 Ⅱ	
羽毛球、乒乓球、手球	机智灵敏和不轻言放弃的精神
游泳	消除恐惧,培养自信合作的精神
民族传统体育项目	民族自尊心与自豪感和爱国主义情怀
足球	善于协助和勇于竞争的精神
韵律操	认识美、欣赏美和表现美,逐渐树立社会主义核心价值观
其他(如:队列、广播操等)	自觉自律、行动一致、顾全大局的品质

教师在体育教学中,合理地选择教材,渗透德育内容,能使相关学生在体育锻炼的过程中,有效提升个人思想道德素质水平。

四、基于"课程思政"理念下,初中体育教学中实施德育渗透的方法

(一) 精心设计学练方法,创设德育情境

要想使体育课中渗透德育效果显著,教师必须在课前精心设计,创设利于德育渗透的教学情境,并且增加练习的趣味性,提高学生的学习积极性。让学生在完成学练任务的过程中潜移默化地接受德育教育。具体实施参见案例1。

案例1 巧渡金沙江

在前滚翻技术教学后,学生对重复的滚翻练习产生了一定的厌烦心理,学练兴趣并不十分高涨。这时把前滚翻练习巧妙地改成《巧渡金沙江》的游戏,创设出红军反"围剿"的情境,把学生分成两组,两组学生扮演不同的角色。一组是红军,通过前滚翻—匍匐前进—前滚翻—匍匐前进—前滚翻—跳山羊等系列动作,冲过敌人火力网完成渡过金沙江的任务。另一组是"国民党军"向"红军"投掷软式排球消灭"红军",在"国民党军""火力封锁"中被击中的"红军"退出游戏,两组轮换进行。

情景的创设使学生完全陶醉在课堂演练当中,扮演"红军"的时候学生个个勇敢顽强,情绪高涨,神采飞扬,充满着自豪感。扮演"国民党军"的学生也在努力完成任务。这样的情境创设既抓住了学生的兴奋点,提高了学练前滚翻的积极性,又培养了学生努力克服困难的能力,而且在游戏活动过程中使学生潜移默化地接受了爱国主义教育。

除此之外,体育教师还可创设各种各样的阻力环境,如各种障碍跑、跨栏、跳马等,让学生在不断克服困难、超越自我的练习中磨炼意志。在对抗性练习中可以创设打擂台赛的情境,培养学生勇于拼搏、顽强坚忍的意志品质。

(二) 运用榜样的力量，培养良好品格

榜样的力量是无穷的，在体育教学中可以适当讲述能够展现杰出体育人物优良品格的小故事，让学生学有榜样、赶有方向、行有目标。

同伴之间榜样的力量也能激励大家不断进步，在课堂教学中教师要注意树立学习榜样，经常表扬在意志品质方面表现良好的学生。

(三) 抓住偶发事件，及时进行德育渗透

教学过程中偶发事件时有发生，教师应及时地利用偶发事件，对学生进行德育教育，提高学生的道德品质。面对偶发的不良事件则指出要害，给予适当的批评，动之以情、晓之以理，形成正确的集体舆论，提高学生明辨是非的能力，具体实施参见案例2。

案例2　制止学生使用不文明网络语言

一次上体育课时，发现几个调皮的男生在使用不文明网络语言。面对这一偶发情况，教师进行了及时处理，达到了德育效果。

"你们刚刚在讲什么？"那几个学生偷偷地笑，都没回答。

"刚刚你们几个说的话好像不怎么好笑，还有点刺耳。"学生可能意识到要挨批评，都低下了头。

"今天老师不批评你们，就是想和你们聊聊，了解一下网络语言，你们放轻松点。"

"为什么说那些词语呢？"　　　　　*"就是觉得好玩，说习惯了就成了口头禅。"*

"那你会在家长面前说出这些口头禅吗？"*"不会。"*

"为什么不会？"　　　　　　　*"因为不好听。"*

"你们也知道这些词语是不文明的，对吗？"学生们点点头。

"那你们为什么会在同学圈里面说呢？"　*"就是觉得很新鲜，大家都在说我就跟着说了。"*

"其实你们说的也属于从众心理，不是什么大的错误，但是你们既然知道这些话不文明，还使用，是不是就有点不符合我们学生身份了呢？"学生都不说话，显然意识到了错误。

"大家改掉这个毛病，好吗？"学生们点头表示同意。

"那我们就做一个约定，以后不许再使用那些词语，你们几个同学相互监督。如果发现，咱们也像'我是歌手'里面的海泉一样，发现一次五个俯卧撑，怎么样？"*"好！"*学生们爽快地答应了。

谈过之后，学生之间使用不文明网络语言的现象不见了，而且那几名调皮的男生也起到了监督其他同学的作用。

(注：斜体文字为学生讲话)

（四）运用教学比赛，开展德育教育

比赛法是体育教学中常用的方法，教学比赛具有明确的目标和规范要求，既有竞争对抗，又有团结协作，不但能提高学生的练习兴趣，而且能展示学生勇敢拼搏和团结协作的优秀品质。调查显示，有78.4%的学生希望以比赛的形式练习学过的运动技术（见表2）。体育教师一定要用好教学比赛法，使之产生最大教学魅力，既满足学生的自我表现欲，又能督促学生处理好个人与集体的关系，从而树立强烈的竞争意识和集体荣誉感。

表2　你是否希望以比赛的形式练习学过的运动技术？（N=231）

选项	是	一般	否
人数	181	43	7
百分比	78.4%	18.6%	3.0%

五、结束语

课程思政建设作为新时代全面落实立德树人根本任务的重要举措，是对"培养什么样的人""怎样培养人""为谁培养人"这一教育根本问题的深刻探索，必须坚持不懈做好课程思政建设。

体育教师应该理解和把握新时代课程思政理念，与初中体育教学有效结合，发挥其德育价值。通过这样的方式，为学生提供更为良好的生活化学习环境，使其成为品学兼优的新时代青年。

体育教师更应该遵循教育教学的规律，落实立德树人根本任务，发展素质教育。坚持德育为先，全面培育学生的运动能力、健康行为和体育品德等方面的核心素养。

当然，每个体育教师才是自己学生的主角，如何在课程思政理念下，在初中体育教学中挖掘德育价值，上好每一节体育课，答案不是唯一的。学校体育教学中的德育价值也远不止这些，它可能包括育人、育体、育心、育德、育智等多个方面，这也是接下来我们要去挖掘的方向。

参考文献

[1] 陆平.新时代体育课程思政育人研究[J].中国多媒体与网络教学学报（中旬刊），2021(11):82-85.

[2] 熊竹馨,赵岩,李萌.课程思政融入小学体育课程的育人新模式[J].体育视野，2021,6.

[3] 郭剑,陈娟.育人为本理念下青少年体育价值观培养研究[J].青少年体育，2020

(12):26-27.

[4] 王振萍.高校体育课程与思政教育协同育人路径探究[J].当代体育科技,2021,11(34):147-149.

[5] 徐阿根.上海市中小学体育学科育人价值的研究[J].上海教育,2012,7.

[6] 季浏.坚持"三个导向"的义务教育体育与健康课程标准(2022年版)解析[J].体育学刊,2022,29(03):1-7.

[7] 王学俭,石岩.新时代课程思政的内涵、特点、难点及应对策略[J].新疆师范大学学报(哲学社会科学版),2020,41(02):50-58.

[8] 杨海文,蒋润轩,唐强.中小学体育课程思政建设的时代价值、内容体系与实施路径[J].体育教育学刊,2023,39(02):17-22.

10　整体语言教学视域下的初中英语主题式写作复习教学

上海市新云台中学　倪凤英

一、引言

“教材是英语课程的核心资源。为了充分利用和有效开发教材资源，教师应深入分析教材，准确把握教材设计理念和内容，熟悉教材编排特点。教师要深入研读教材，在教学中根据学生水平和教学需要，有效利用和开发教材资源，激发学生的学习兴趣，开阔学生的视野，拓展学生的思维。”①本人作为一名上海公办初中英语教师，从业 10 多年，发现上海版牛津

Contents

Module	Unit	Reading	Listening and speaking	Writing	Language	Now listen	Using English	More practice
1 Garden City and its neighbours	1 Writing a travel guide (p. 2)	Shanghai—an interesting city (p. 4)	Tour suggestions (p. 2)	A travel guide (p. 6)	• *Wh-* questions • modal verb: can • connective: if	A holiday plan (p. 28)	Managing your time (p. 29)	*• A one-day tour plan (p. 30) • Pronunciation (p. 31)
	2 Going to see a film (p. 9)	Choosing a film (p. 9)	The way to the cinema (p. 12)	The shortest routes (p. 13)	• prepositions: into, along • So .../Neither ...			
	3 A visit to Garden City (p. 16)	Relatives and their jobs (p. 16)	Visiting Garden City (p. 18)	A report about jobs (p. 17)	• prepositions: for, since • present perfect tense			
	4 Let's go shopping (p. 21)	Going shopping (p. 21)	Trying on clothes (p. 25)	The clothes I like (p. 24)	• prepositional phrases and adjectives to describe objects • simple present tense			
2 Better future	5 What can we learn from others? (p. 32)	The happy farmer and his wife (p. 32)	Model students (p. 34)	Learning from model students (p. 35)	• connective: although	Changes in ten years' time (p. 55)	Brainstorming (p. 56)	*• When the sun shines (p. 57) *• A more enjoyable school life (p. 57) • Pronunciation (p. 58)
	6 Hard work for a better life (p. 38)	• A poem (p. 38) • The grasshopper and the ant (p. 40)	About the seasons (p. 39)	Things in different seasons (p. 39)	• adjectives to describe events • start *doing*			
	7 In the future (p. 44)	Our hopes (p. 46)	Talking about the future (p. 44)	Life in the future (p. 45)	• simple future tense 'will' • agreement and disagreement			
	8 A more enjoyable school life (p. 49)	My ideal school (p. 49)	Ideas about the future of our school (p. 51)	Changes of the classroom (p. 52)	• modal verb: would • reflexive pronouns to identify people			
3 The natural elements	9 The wind is blowing (p. 59)	Mr Wind and Mr Sun (p. 59)	Our kites (p. 61)	When the wind blows (p. 63)	• adjectives to make comparisons and describe people • adverbs of sequence • pronouns to identify possession	*At the electrical appliance store (p. 81)	Finding books in a library (p. 82)	*• The solar system (p. 84) • Pronunciation (p. 85)
	10 Water Festival (p. 67)	Preparing for the Water Festival (p. 67)	A game about signs (p. 70)	Water safety (p. 71)	• connective: when • imperatives • prepositions: near, at			
	*11 Electricity (p. 74)	• Electricity around us (p. 74) • The Airport Express (p. 77)	Public transport using electricity (p. 78)	The importance of electricity (p. 75)	• *Wh-* questions • *How* questions			
*Project: The importance of electricity (p. 86)								
Word bank (p. 92)								

注：打*部分为拓展性学习内容，供学有余力的学生选学。

图 1　上海版牛津英语教材七年级第二学期学生用书

① 中华人民共和国教育部.义务教育英语课程标准(2022 年版)[M].北京：北京师范大学出版社，2022.

英语教材的每一个模块后有 Now Listen，Using English 和 More Practice 三个部分（见图1，以七年级第二学期学生用书为例），这些是模块与模块之间的联结点，可作为复习模块的主题写作内容。教师创设情境以主题式写作复习为切入点进行整体教学，展开以主题为纲、以深度学习为手段、以语言运用为目的的模块复习教学，推进学生学习的深度，建立主题意义知识之间的联结，增强学生迁移知识的能力，培养学生解决问题的能力。

二、整体语言教学与主题式教学的核心概念

整体语言学习始于20世纪80年代，最初用于美国中小学教授本族语的语言艺术及阅读教学。它强调由学生主动参与，并遵循教学内容从整体到部分的教学过程。在教学中，应让学生在教师的启发下看到整体，然后逐步挖掘教学内容，并且每一部分的学习都应有意义。"整体语言教学强调学生的中心地位，要求教师尊重学生的个体差异，从需求、动机、目的、兴趣等出发，让学生在有意义的整体语言活动中综合学习。"[①]整体语言教学反对碎片式和孤立的知识学习，注重提升学生在真实情境中调动各种知识解决问题的能力，与《义务教学英语课程标准（2022年版）》提出的"以主题为主线，整体设计教学活动"的理念一致。

"主题式教学以主题单元或者循环出现的主题内容为核心，将语言技能的教学与社会研究、自然科学、艺术、数学等相关的内容相结合，强调有意识地运用语言来交流重要信息。主题教学围绕某一主题，借助各种探究手段和活动，以及与主题相关的各类资源，使学生认知发生迁移，提高解决问题的能力以及主动探究的精神。"[②]整体语言教学模式围绕主题进行教学，能够使一个主题概念多角度多层次地反复出现，使学生有机会把过去的知识和经验与现在的学习任务结合起来，让学生在丰富有趣的情境中，围绕主题意义，通过感知、模仿、观察、思考、交流、展示等活动，感受学习英语的乐趣，学会解决问题，从而增强自信心。

三、主题式写作复习教学的实践

"教师要充分认识语料的重要性，善于挖掘其人文价值和育人功能，如在写作教学中，注重培养学生的作文审题能力、语言表达能力、知识迁移能力，帮助学生探索多角度思考、多样

---

① Goodman, K.S., Bird, LB. & Goodman, Y.. The Whole Language Catalog[M]. Santa Rosa, CA: American School Publisher. 1990.
② Stroller, F.L. & Grabe, W. A six T's approach to content-based instruction[A]. In M.A. Snow & D.M. Briton (Eds), The Content-Based Classroom: Perspectives on Integrating Language and Content[C]. New York: Longman. 1997.

化表达的写作方式。"①受此启发，教师在教学中尝试了以情境为依托，以提升学生的思维能力为目标的主题式写作复习教学。本文将引导学生以现有的教材文本为支架展开主题式写作复习，在新旧知识之间建立联系，挖掘主题意义，加深对课程内容的理解，树立文化意识，形成写作复习策略，落实在体验中学习、在实践中运用、在迁移中创新的英语课程新理念。

（一）依据文本和学情，确立复习重点

《义务教育英语课程标准（2022年版）》将主题分为"人与自然""人与社会"和"人与自我"三大范畴，并进一步细分为十个主题群。以七年级第二学期第一模块"Garden City and its neighbours"（以下简称"7B Module 1"）为例，该模块按主题内容要求属于"人与自我"范畴"生活与学习""做人与做事"主题群，包含了"丰富、充实、积极向上的生活""自我认识，自我管理，自我提升"等子主题内容，涵盖不同的语篇（见表1）。教师尝试了依托"A holiday plan"为情境，进行主题式写作复习教学，以情境串联模块内容，帮助学生复习7B Module 1 的同时，提升学生思维能力和解决问题能力。

表1 7B Module 1 的语篇

语篇	语言技能	课时标题	语篇类型	语篇主题	主题意义
Unit 1 Writing a travel guide	Listening and speaking	Tour suggestions	日常对话	介绍上海的概况、著名景点和地标	了解上海的城市概况和著名景点，爱脚下的土地
	Reading	Shanghai—an interesting city	说明文		
	Writing	A travel guide	应用文		
Unit 2 Going to see a film	Reading	Going to see a film	日常对话	介绍电影的类型以及电影指南的基本要素	对电影文化有初步的了解并学会从不同的电影中汲取不同的文化知识，拓展自己的视野
	Listening and speaking	The way to the cinema	日常对话		
	Writing	The shortest route	应用文		
Unit 3 A visit to Garden City	Reading	Relatives and their jobs	对话	介绍不同职业的工作职责	了解不同职业的工作职责，懂得爱岗敬业，明白生活中每种职业都有其重要价值
	Listening and speaking	Visiting Garden City	对话		
	Writing	A report about jobs	其他语篇类型		

---

① 上海国子监发布.专家点评2022年上海中考英语试卷：素养立意，以文育人.https://www.shmeea.edu.cn/page/03500/20220712/16530.html. 2022.

(续表)

语篇	语言技能	课时标题	语篇类型	语篇主题	主题意义
Unit 4 Let's go shopping	Reading	Going shopping	对话	介绍制订购物计划及进行商品挑选的过程	感受我国日渐发达的经济给人民生活带来的便利
	Listening and speaking	Trying on clothes	对话		
	Writing	The clothes I like	其他语篇类型		

教师发现学生无法将模块内单元的语篇之间建立联系,也无法准确理解文本内容、语言与现实生活的关系,常常出现逻辑混乱、语言运用不当等问题。本模块的主题式写作复习处于国家"五一"小长假前,结合学生的实际情况和模块文本内容特点,教师将本模块复习教学从《义务教育英语课程标准(2022年版)》主题群"生活与学习""做人与做事"出发,创设收到朋友来信,希望得到假期出行计划的建议的情境,教学重点为从内容、语言和结构三个维度,梳理和挖掘主题意义;依托问题情境,分析如何制订假期计划以及根据真实情境推荐适合的活动;结合实际,运用课堂所学撰写一封信件。

(二) 引导学生复习,构建主题知识网络

在日常教学过程中,教师要全面关注学生的听、说、读、看、写等语言综合能力,既强调语言基础知识,又注重融会贯通,学以致用,达成深度学习。"深度学习是学习者根据自己的学习兴趣和需求,在理解的基础上主动地、批判地学习新知识和新思想,运用多样化的学习策略深度加工知识和信息,建立多学科知识、多渠道信息、新旧知识等之间的联系,建构个人知识体系并有效迁移应用到真实情景中来解决复杂问题的学习。"[1]整体语言课堂教学模式就是把听、说、看、读、写的教学活动围绕一个实用价值的主题展开。教师以"Garden City and its neighbours"模块最后的 Now Listen、Using English 和 More practice 中一封关于 A holiday plan 的回信,运用模块中四个单元的上海地图、电影指南图、商场楼层平面图、职业描述的表格等,组织听、说、读、看活动复习语言知识并建立模块中单元之间的主题知识网络,以写作活动输出主题式复习。(见图2)

1. 创设情境,串联主题知识

学生由教师引导进入情境:阅读一封来自朋友 Betty 的 E-mail,Betty 在邮件中表明一家将在"五一"期间来到上海旅游,她希望能够得到4天游历上海的建议(见图3)。教师要求学生在阅读电子邮件的时候,带着几个问题:Who wrote the E-mail? What is their plan for the coming International Labor Day? Why did the writer write the E-mail? What will they do during their stay in Shanghai? 问题链的设置呼应主题式复习,引领学生学习方向,

---

[1] 张浩,吴秀娟,王静.深度学习的目标与评价体系构建[J].中国电化教育,2014(7):51—55.

帮助学生把握 E-mail 的学习支架,使学生仔细阅读文本,找寻文本的主旨及细节信息,抓住重点,明确深入学习的方向,找到解决问题的立足点。

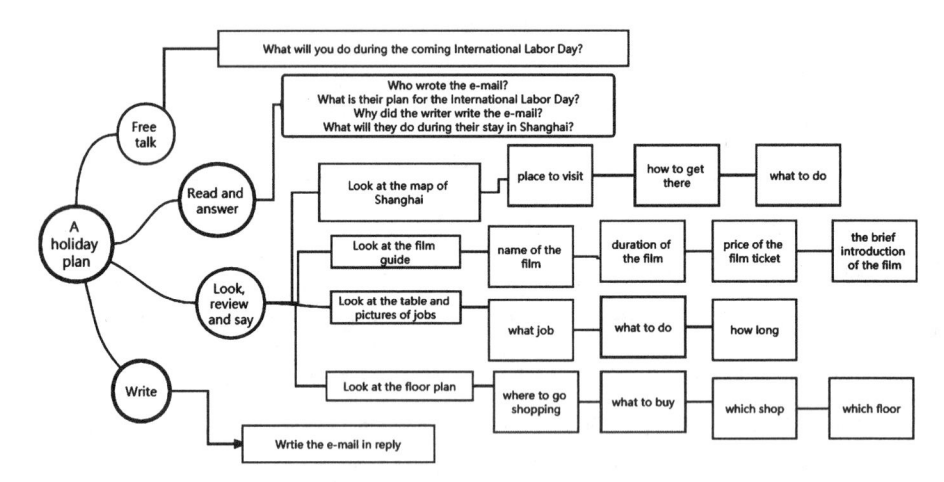

图 2　主题知识网络图

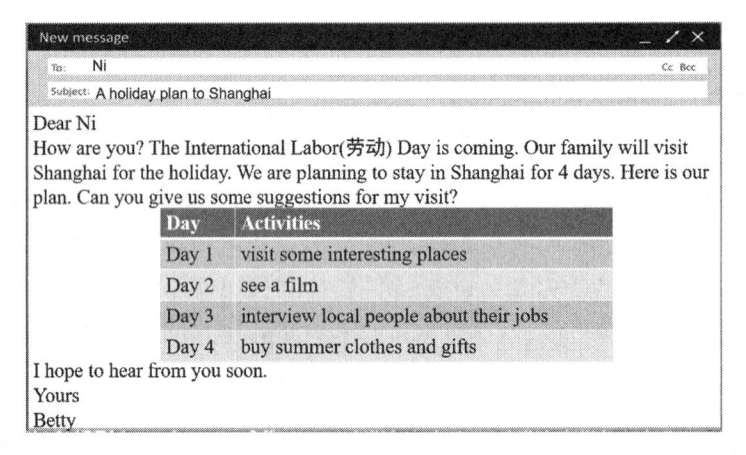

图 3　一封 E-mail

2. 梳理教材文本,建立单元联结

《义务教育英语课程标准(2022 年版)》在原有听说读写四项语言技能的基础上增加了"看(viewing)"的技能。"'看'的技能是指对语言、视频、图像、颜色等多模态形式语篇加以理解和有效表达的能力。"[1]上海版牛津教材七年级第二学期第一模块"Garden City and its neighbours"中有各类图片和表格,如上海地图、电影指南图、商场楼层平面图、职业描述的表格等。教师运用教材文本的这些图片和表格作为主题式复习教学的切入点,开展综合性语言活动和思维活动,对学生提高听说读写看的语言技能,丰富思维方式和提升核心素养具有重要的意义。

---

① 中华人民共和国教育部.义务教育英语课程标准(2022 年版)[M].北京:北京师范大学出版社,2022.

学生看着上海的地图，按方位和时间顺序厘清 Which places to visit? How to get to the places? What to do there? 等问题，考虑在时间和空间的允许下，合理安排第一天的计划（见图4）。接着，学生看电影指南图，通过前期网络搜索到"五一"期间上映的电影信息，找到电影的名称、时长、类型、上映影院等信息（见图5）。在这之后，学生根据采访父母得到的职业信息和图片及表格（见图6），通过讨论，了解到上海职场中的不同职业信息，从而理解父母的工作及上海的风土人情。最后，学生看商场平面楼层图，从图中找到适合 Betty 在 E-mail 中提到的购物需求（见图7）。

Day 1: A tour plan

Time	Place to visit	How to get there	What to do
In the morning			
In the afternoon			
In the evening			

图 4　第一天计划图示

```
Name of the film:
Duration: _____ mins    Ticket price: ¥ _____
What kind of film is it?
What is the film about?
...
```

图 5　电影指南图

Day 3: An interview plan

Name	Job	What does he/she do?	How long?

S1: What's ...'s job?
S2: He/She is a/an ...
S1: What does a/an ... do?
S2: A/An ...
S1: How long has he/she been an architect?
S2: She has been a/an ... since ... for ... years.

图 6　职业信息图

Sunshine Shopping Centre
INFORMATION

Ground floor	1st floor	2nd floor	3rd floor
Sam's Supermarket	Girls' Fashion	Fun and Toys	Flower Time
Tasty Food	Boys' Fashion	Super Shoes	Digital Product World
Popular Bookmall	Cool Clothes	Shanghai Gifts	City Furniture

S1: Where can Betty go shopping?
S2: She can go shopping in _____.
S1: What does she need to buy...?
S2: She needs to buy... in ...
S1: Which floor is it on?
S2: It's on the ... floor.

图 7　商场平面图

图 4 至图 7 分别取材自模块"Garden City and its neighbours"中的"Writing a travel guide""Going to see a film""A visit to Garden City""Let's go shopping"四个单元，学生看图说话，复习这一模块所涉及的内容同时，建构知识网络，提升综合素养。"多媒体工具或其他符号资源为学习者模拟更真实的语言学习情境，并刺激学习者的听觉、视觉、触觉等

感官,使学习者尽快理解所学内容。通过使用多模态符号资源来刺激学习者的视觉,帮助他们更有效地学习教学内容,最终达到提高学习者语言输出能力的目的。"[1]因此,教师在主题式复习教学中利用各类图片等多模态资源或面部表情和手势等多模态肢体语言能有效地提高教学效率。

3. 联结主题与实际,解决真实问题

学生经过听—读—看—说的学习步骤后,从各类图片等多模态渠道输入并梳理出回信所需要的信息,包括上海有趣的景点、正在上映的电影、本土人的职业信息及购物适合的场所。从课本文本到真实情景问题,学生结合实际,写回信,输出与主题 A holiday plan 相关的语言信息。教师在主题式复习教学过程中,从大—小—大的顺序,从总—分—总的顺序,把复杂的学习任务逐步进行分解,让学生循序渐进地经历语言积累、语言重组、语言创新的实践过程,逐步提升语言能力,积淀核心素养。

通过听说读看写,教师将评价的任务嵌入到学生学习过程中(见图8),让学生成为评价活动的设计者、参与者和合作者。英语课堂中的各类活动以学生为中心,学生的分享回信环节,教师让其他同伴参与到分享当中。学生以小组为单位读回信的时候,同伴们可以根据前几个学习任务中的表格进行评价,让其明白所写 E-mail 的优缺点,有利于课后修改回信;同时,在倾听小组其他成员的回信时,学生可以对比自己和同伴所梳理出的图7表格内容,找出同伴优秀的地方,直面自身学习过程中的失败与缺失,从而有方向性地改善回信,进一步完善自己的学习成果。教师参与到小组评价中,通过观察、提问、追问等方式认真聆听学生的话语,多给些鼓励,增强他们的自信心。这也让教师能够根据学生需要提供支架和及时反馈,以评促学,以评促教。

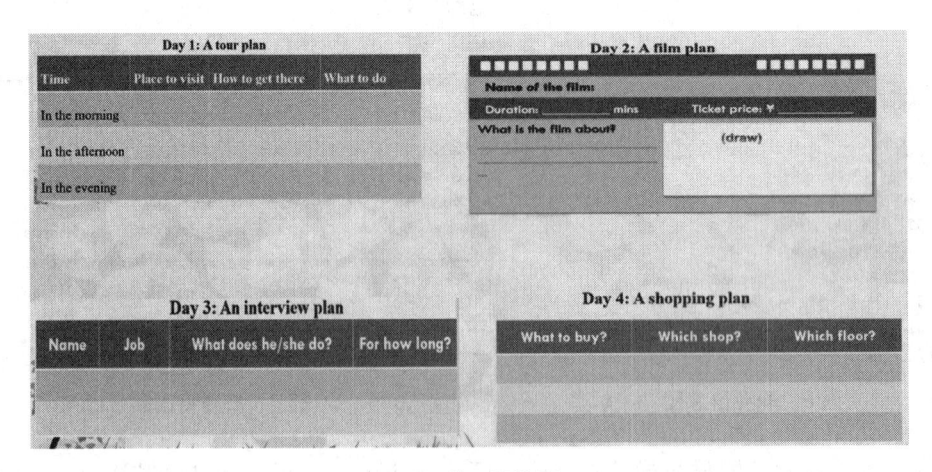

图 8 学习评价图

---

[1] 范青青.多模态理论在高中英语教学中应用现状的调查研究[D].吉林:吉林外国语大学,2022.

（三）延伸课堂温度，提升学习质量

通过听、说、读、看、写的过程，教师将教—学—评串联在一起，落实教学评一体化，帮助学生找到学习的支点，也提醒学生假期出游时，应时时养成良好的卫生习惯，做个文明有素质的游客。在本模块复习的最后，教师带领学生回到 Betty 的 E-mail，提出 How many days are there during the International Labor Day? 和 What will Betty and her family do on the fifth day of the holiday? 两个问题，引发学生思考，提升学习的质量。如何规划"五一"假期的第五天，学生有许多想法。有的学生提出可以调整作息，为即将到来的上学日做准备；有的学生提出五一劳动节，应该应景帮助父母打扫卫生，或者做些其他家务等劳动事宜；有的学生提出第五天可整理书包，写假期作业；有的学生提出想要和同学相约一起打电子游戏等。通过考虑假期第五天如何安排，学生进一步思考假期安排的合理性，针对青少年易受电子产品吸引的特点，教师也正面地引导学生认识"五一"假期与其他传统假期的区别，鼓励他们控制视屏时间，与家人一起付出劳动，创造美好生活，体会劳动最光荣的意义。

四、主题式复习教学的思考

"教师反思能力的发展贯穿整个教育实践过程，最终形成一种教学自觉，通过实践—反思—再实践—再反思螺旋上升、循序渐进的方式，促进教师将教学经验转化为个人实践理论"。[①]教师以坦诚的态度与学校英语教研组教师、授课班级学生就整体语言教学视域下主题式写作复习教学开展交流，了解他们的真实想法和反馈，为教师反思及下一阶段的教学设计提供直接的参考依据。

学校英语教研组肯定了以主题"一次假日计划"将模块中 4 个单元串联在一起复习的教学设计，通过导入真实情境帮助学生理解按照时间和空间的顺序合理规划假期，指导学生过一个有益身心的假期的同时，体会五一劳动节的节日意义，从而实现从课本到实际的迁移。教研组在进行课后评价的时候，就几个细节提出了建议：学生进行第一天的假期规划时，设计了一天内从崇明—松江—市中心的顺序游历，可以提醒学生虽然上海交通比较便利，但需考虑时间成本；一天的游历相对于其他三天的安排行程比较满，可以挪到后面几天，如前往电影院的途中游历上海浦江两岸的风景，品尝上海本土美食，又如采访职业的时候，可以推荐学生采访身边的劳动模范，让学生进一步感悟职业的价值和上海社会经济环境的变化和发展；对于假期第五天的规划，学生提到了劳动，教师可有目的地引导学生参加日常劳动，让学生动手实践、出力流汗，接受锻炼、磨炼意志，唤醒学生正确劳动价值观和良好劳动品质，将学科育人的理念以润物细无声的方式落入日常教学。课后，通过与学生的交谈，教师了解

---

① 梅德明,王蔷.义务教育英语课程标准(2022 版)解读[M].北京：北京师范大学出版社,2022.

到课时容量较满,学生阅读回信评价的时间较短,是否可以将写的 E-mail 和阅读放到钉钉平台的班级圈,供大家学习和评价。

　　课后作业是课堂学习的延伸,也是语言知识和语言技能的迁移和拓展运用。教师围绕课堂所学知识,依托与主题有关的语境,设计能够彰显学生思维力和创造力的课后作业。"学习素养的本质是心智的灵活转换。学习者在新的情境中,运用所学解决问题,创造出新意义与新知识。项目化学习促进学习者大脑的发展,知识、能力和态度的整合,奠定学习者心智自由的基础。"[1]微项目化学习是项目化学习中所覆盖的知识范围最小的一种,可作为课后实践类型。教师引入微项目化学习,基于 A holiday plan 的情境,结合即将到来的"五一"假期,让学生带着课堂中所提到的驱动问题以图示和文字的方式完成假期规划,绘制游览景点的地图,观看电影指南,提出假期活动预算及细化时间安排等,加深学生对于"生活与学习""做人与做事"主题意义的理解,鼓励其付诸实践与劳动,敢于创新。以立足主题式复习教学的结构化知识,学生秉持完成作业时的积极态度,通过自主设计适合自己最近发展区的作业,使知识得到迁移,将能力转化为核心素养。

　　通过整体语言教学视域下的主题式复习教学设计、实践、反思、修正,创造性地展开以主题为纲、以深度学习为手段、以语言运用为目的的复习教学,搭设支架培养学生解决问题的能力。从同教研组教师观课、评课及学生中得到的反馈、课后作业设计将课堂延伸至生活,帮助教师以生活反哺教学,吸取所得与所失,将教学中的细节再处理,如让学生考虑行程安排的时间和空间成本,进一步完善回信并将其上传至信息平台的班级圈供互评,从所失中吸取心得,为更好地开展基于主题意义的整体复习教学指明了方向。

---

[1] 夏雪梅.项目化学习设计:学习素养视角下的国际与本土实践[M].北京:教育科学出版社,2021.

11 寻找丢失的课堂
——家庭教育指导案例

上海市北蔡中学　李祎祎

一、案例背景

厌学现象是初中阶段困扰家庭与学校教育的越来越凸显的问题。主要表现在学生学习缺乏主动性、学习习惯差、完不成学习任务、课堂效率低、作业拖拉、找各种原因请假缺课，最严重的情况是失学在家，再也不愿意走进课堂。

小林同学成绩优秀，会拉一手小提琴，长得眉清目秀，一进入中学就获得了同学和老师的喜爱。一个月过去了，突然有一天小林同学不见了，一天、两天、一个星期……总是找种种借口不愿意到学校学习，班主任老师多次家访也是见效甚微。

父母强行架着孩子来学校，双方在校门口发生争执，小林的双手把妈妈的手臂抓红了，小林的脚踢到了爸爸胸口，深深浅浅的脚印烙在爸爸的深色西服上……

一次又一次、一天又一天，小林几乎没有连续在校一整天的表现，要么只来半天，要么干脆不来。就这样，小林慢慢地丢失了原本属于每一个孩子的精彩课堂。

二、案例分析

那么，为什么原本聪明、学习优良，又多才多艺的小林选择离开课堂，选择与同龄人不一样的人生呢？

问题一：弟弟的出生

分析：在弟弟出生，家庭重心被转移的过程中，小林在家庭环境与氛围中情感失重，但是父母没有及时关注小林情感体验的变化，没有及时介入疏导，导致小林形成心结，随着时间的推移越来越严重，无法通过自我调节得到解决。

问题二：妈妈的辞职

分析：小林无法接受在多了一个弟弟后，妈妈还为弟弟辞职了。小林认为妈妈不爱自己，更爱弟弟。他的内心独白是：我可是外公外婆带大的，凭什么弟弟由妈妈自己带，妈妈一定更爱弟弟。小林沉溺于这样的想法,备受精神折磨,无法自拔。

问题三:家庭教育的缺失与滞后

分析:父母只看到了小林的懒惰,不肯学习,不爱弟弟,认为这孩子怎么会是这样。然而忽视了产生这些问题的真正原因,以至于错失了对小林最佳的教育引导时机。

三、家庭教育指导策略及结果

为了帮助小林找回丢失的课堂,让小林能够和同龄人一样在校园生活中汲取知识的养分,感受集体生活的欢乐,我积极采取行动,通过家庭教育指导有效改变小林的家庭现状,安抚小林的情绪,帮助小林从情感深处真正接受弟弟,找到情感的平衡点。

(一) 与父母面对面

第一步,约见妈妈。

家庭教育的主体是父母,但是根据实际情况我采取了分步走的方式。妈妈是全职太太,在这个家庭里,孩子的教育主要由妈妈负责,妈妈陪伴孩子的时间是最长的,所以第一步,我先约见了妈妈。

当神情沮丧、一脸疲惫的妈妈出现在我办公室门口的时候,我一下子感觉到了心疼。这个拥有两个孩子,家庭条件还算优越的30多岁的女子原本应该是幸福灿烂的,怎么就让自己的人生走到了如此境地? 这一刻,我想到的就是一定要帮她,帮这个家庭走出困境。

首先,我选择了倾听,倾听妈妈的讲述,讲孩子在家的表现、和二宝的关系,讲家庭同住成员的构成,以及彼此的关系、家庭的氛围等。通过倾听我了解了小林同学家庭环境的总体情况,初步了解了这个家庭的教育氛围。

小林从小由外公外婆带大,外公外婆对他宠爱有加,甚至是溺爱。在他三年级的时候,在征得小林同意后,家里添了个弟弟,妈妈因为生了二宝,所以辞职在家做全职太太。去年外公去世了,外婆比较唠叨。爸爸平时上班很辛苦,负责赚钱养家糊口,有时妈妈管教孩子实在束手无策时,爸爸会参与教育,结局往往会给孩子一顿暴打(但比较少)。前年动迁了,目前借居过渡。

小林平时在家基本是和外婆、妈妈共处,平时在家不愿意和弟弟玩,也不让弟弟进他房间,但在外面时,愿意看护弟弟。

我的分析:

1. 隔代教育问题。

2. 从小被过度溺爱,二宝出生后关爱转移后的情感失重。

3. 家庭条件的优越,让孩子缺失物质上的追求与获得过程的体验,从而影响到精神层面。

4. 男孩女教,与爸爸交流较少,简单粗暴式的管教,养成了孩子情感细腻、脆弱的性格。

5. 对弟弟爱恨交加,有仇恨也有亲情,心情矛盾。

我告诉妈妈一个细节,之前找小林谈心时,问他:"爸爸妈妈生弟弟时有没有征得你的同意?"小林当时的表现是:眼泪夺眶而出,说自己想外公了,因为外公最宠爱他。而事实上,小林是在掩盖自己真实的情感,真正让他不能接受的还是弟弟的出生。妈妈先是一愣,转而低下头,表情凝重,继而眼泪刷刷地流淌。我告诉妈妈,小林之所以会这样,最重要的原因是这个被打破的平衡没有被正视,经历三年依然没有处理好。我让妈妈先不要急,给自己改变的时间,同样给孩子足够的时间,等他长大。

第二步,约见父母。

一个星期后,同时约见父母。在这一星期里,我让妈妈和爸爸进行深度沟通,把我的分析说给爸爸听,让他们夫妇就这些问题进行讨论和思考,设计改变对策。同时,我让班主任每天和妈妈沟通孩子的情况,加强家校合作,观察孩子的表现。

第一次见爸爸,一位儒雅健谈的男子,感觉不像是会暴打孩子的父亲,可见孩子的问题带给这个家庭多大的伤害。

这次约见我安排了班主任和学生发展中心主任一起参与,一方面让家长感受到学校的重视,另一方面也是最重要的,希望通过这次多方会谈形成教育合力,改变父母的教育方式,和学校教育融合,让孩子能重返校园。

当讲到孩子对二宝出生不能接受的问题时,爸爸抢着说:"当时小林同意了,我们才生二宝的。"我问爸爸:"当时小林几岁?""八岁,差不多小学二年级,当时妈妈生产时,小林还主动陪妈妈去医院呢。"我说:"小林爸爸,你能做到对说过的每句话都不后悔吗?何况是一个十岁都不到的孩子。当二宝出生,改变了家庭的格局,以及他所感受到的被分爱、被忽视,难道,还不允许他后悔吗?"爸爸沉默了。紧接着我说:"小林从小由外婆外公抚养,可弟弟一出生,妈妈就辞职全程照顾弟弟,难道还不允许一个小学三年级的孩子吃醋?不能接受?"妈妈说:"这样算来,小林确实是从三年级弟弟出生开始发生改变的,我现在很后悔生二宝……"说着说着妈妈又开始哭泣。"唉,我老婆是一个悲观主义者。"爸爸一脸无奈。我说:"小林妈妈千万不能这样想,这样对二宝同样是不公平的。你要想,有三个男人一起爱你,你该是多么幸福的人啊。妈妈是家里的太阳,妈妈的情绪在一个家庭里是特别重要的,你首先要阳光起来,坚信自己的孩子会改变,要有信心,这样你的光才能照到、传递给家里的每一个人。从今天起,我们要正视这些问题,敢于面对这些问题,慢慢走进小林真实的情感世界,帮助他打开心结。毕竟三年多了,冰冻三尺非一日之寒,我们要有足够的耐心让孩子慢慢改变。"妈妈说:"可是小林也愿意照顾弟弟的,比如去游乐园,他会保护弟弟不被别人欺负。"我说:"你们有没有看过徐峥的《囧妈》,儿子和妈妈平时格格不入几乎难以共存,但当面临生死之际,两个人都用生命来保护对方,这就是亲情。我们一定要打开小林的心结,对症下药,一定会越来越好的。"

(二)众人拾柴,家庭教育指导形成合力

小林是这个案例的主人公,因此所有教育的有效都必须基于小林的真实想法和内心的感受。在这个过程中,我通过多种方式找机会和小林同学促膝长谈,通过倾听孩子的心声,了解、分析孩子的内心世界,想办法和孩子在情感上交互,让他能够敞开心扉。

我也深知,要帮助小林找回丢失的课堂,必须形成家校共育的合力。因此,在整个案例的处理过程中,我邀请班主任和学生发展中心老师一起全程参与。老师们鼓励家长要平等对待两个孩子,有时甚至可以偏重一点大宝,关注家庭氛围的细节,及时给予鼓励与肯定。班主任老师也谈了对孩子改变的信心,并且要发挥小林的艺术特长,让他为班级和学校争光,教育同学不歧视小林,鼓励同学和小林交友,给他一个宽松的学习环境。在家庭方面,先从每天按时起床开始,制定家庭早锻炼计划,让爸爸陪小林一起晨跑,晨跑时进行两个男人的交流。

解决三个问题:

1. 让家长认识孩子真实的内心世界,试着走进孩子心里。
2. 鼓励家长配合学校营造宽松的学习环境,让孩子先迈出"回到学校"的第一步。
3. 改变家庭氛围,平衡对两个孩子的关爱;多和小林谈心交流,组织亲子活动,让孩子的情感有宣泄口;要有意安排小林和弟弟的接触与交流,培养手足之情;鼓励孩子、肯定孩子,多关心孩子的爱好和特长;找出小林的情绪爆点,尽量避免,降低情感落差,构筑家庭温馨港湾。

(三)面对特殊学生展开个性化教育

冰冻三尺非一日之寒,丢失的课堂要找回来,需要爱心和耐心,更需要个性化的教育方式。

孩子不肯来学校,我们就上门家访,一次不行就两次,两次不行就三次……直到孩子愿意打开房门,愿意交谈;孩子不愿进课堂,那就换一种方式,先让孩子每天到校跟着最信任喜欢的老师,一对一全程导育,先让孩子能走出家门,恢复规律的学习生活;父母对孩子的教育学会换位思考,养成倾听孩子内心世界的好习惯,营造和谐友爱的温馨家庭氛围;鼓励孩子参与各种学校活动,通过活动慢慢接近同伴,和老师同学友好互动起来……小林终于再次走进课堂,丢失的课堂回来了!

四、总结与反思

在多方力量的努力下,小林同学终于返校了,但是还有起伏。通过这个案例总结反思如下:

1. 孩子的教育绝不可能是一蹴而就的,伴随孩子成长的一定是长期的教育,教育需要把握时机,不断地发现,不断地更正。

2. 孩子的教育需要多方齐抓共管,形成合力。学校教育和家庭教育更不能孤立起来,各管各的,要保持教育的一致性,及时沟通、及时弥补。

3. 教育者要研究孩子的心理发展规律,要善于总结提炼来自实际教育教学工作中的成败经验,不断提升家庭教育的指导能力。

4. 教育者要沉得下心,研究每一位特殊学生的问题成因,与教育同伴(任课教师、家长等)一起,达成共识,制订个性化的学生发展规划,团结互助、各司其职,形成合力。

学生厌学的成因各有不同,本案例是典型的二胎家庭情感处理问题,也是目前较多厌学、失学学生的问题。二胎家庭更加考验父母家庭教育的能力,也更需要得到学校教育的帮助与协同。

一辈子做老师,一辈子学做老师!

做家长一辈子,学做家长一辈子!

12　思政教育一体化背景下的小学道德与法治教学的创新策略

上海市绿川学校　陆非儿

摘要：思政教育一体化背景下，小学道德与法治教学要实现创新，就要在实际的教学中运用多样化教学手段，将"思"和"政"深度融合，加强小学学生道德教育，推动学生全面发展。因此，在教学中应把思政、情有机地结合起来，引导学生形成正确的价值观，为实现小学思政一体化目标而努力。在小学德育方面，要以立德树人为根本任务，重视德育、智育、体育、美育的有机统一，使德育与智育有机融合。小学教师应充分发挥道德教育的积极作用，通过德育活动引导学生的德智体美劳全面发展，使学生形成健全人格。

关键词：思政一体化；小学；道德与法治

随着我国教育信息化的不断发展，小学阶段的道德与法治教学也应紧跟时代的步伐，积极尝试与思政教育一体化相关的创新策略，将思想政治理论课融入道德法治教育中，使学生对道德和法治知识有更深刻的理解，从而将道德与社会联系起来，让德育与智育相互促进，实现全面发展。

一、小学道德与法治教学现状

近年来，随着国家对小学德育的重视程度逐步提高，小学道德与法治教学也逐渐受到关注，但目前仍然存在许多问题。小学教师和家长的观念差异，导致小学阶段的道德教育内容缺乏系统性、针对性，小学校园道德建设难以得到有效落实。因此，在小学的德育与道德教学中，教师要充分认识到德育的必要性，加强教育引导，对德育进行有效的渗透。小学德育和法治教育存在一定的问题，主要表现在思想道德建设滞后、学校治理机制不健全、教师队伍薄弱等。第一，小学道德和法治教育内容单一，缺乏系统性。第二，学校课程设置不合理，德育课程开设不深入，对德育的重视程度不够。第三，教师专业素养不高，对学生道德素养的培养没有给予足够的重视。第四，学生对道德观念的接受程度不高。第五，在道德教育与法治教育工作的衔接方面存在问题。

二、探究小学道德与法治教学创新策略

（一）培养良好的互动形式，创新教学导入形式

在思政教育一体化背景下，教师不仅要学会使用各种沟通方式，更要学会运用多种教学方法。教师在开展教学活动时，要将思想政治课和道德与法治课的教学方法结合，运用于不同的教学内容。

在小学道德与法治教学中，教师可以采用多种互动方式进行教学。如可以进行一些学生喜闻乐见的游戏活动，如小组讨论、小组合作、游戏讨论等，让学生在玩游戏的过程中，学会相互合作、相互监督。这样不仅可以激发小学生的求知欲和探索欲，增强学生的自信心和学习兴趣，让他们在自主探索中得到发展；还可以培养学生的团队合作精神，如在小学道德与法治一年级下册《干点家务活》的教学过程中，教师可以通过组织学生进行小组活动的形式，培养学生良好的沟通模式与亲社会能力。在课堂中，首先可以利用多媒体技术，通过一些图片或者视频演示作为范例，让学生在小组活动中进行角色扮演，让学生懂得并学会做一些简单的家务事，知道自己是家庭的一员，有责任分担家务。随后教师根据学生的反应，展示一些生活常识以及干家务的小技巧，如热水能更好地清洁油污等。

教师与学生之间要多交流，提高沟通效率。在教学中，教师要善于与学生交流沟通，使学生对知识有更深入的理解，从而提高教学质量。教师也需注重丰富教学导入的形式，激发学习热情。比如在教授《我们爱整洁》课程时，可以以学生喜闻乐见的寓言故事为导入形式，让学生从寓言中了解相关知识。在课堂教学的过程中，教师需要使用正确的方法与态度与学生进行沟通，在学生遇到疑惑时，教师要对学生进行引导，并鼓励他们大胆地去尝试。最后，教师还可以通过播放有关家务活的动画视频，使学生在观看视频的过程中了解道德知识以及树立为家人服务的意识，能够用自己的方式表达对父母的爱。良好的沟通方式能够激发学生的学习兴趣，促进学生思维的完善，培养良好的学习习惯。在教学的过程中，教师应该充分发挥学生的主体性，引导学生主动学习，在课堂上，师生之间、生生之间进行交流，从而让学生感受到教师的关心和理解，使学生在学习的过程中积极主动地学习，培养学生的独立思考能力。教师在教育的过程中应加强与学生的交流和沟通，通过学生与教师之间的交流来提高教师的教学能力，进而激发学生的潜能。

（二）恰当使用生活化案例，提高法治课堂教学实效

在小学阶段，教师应将生活中常见的道德与法治案例进行分类，根据学生的实际情况对案例进行分析，从而提高法治课堂效果。

生活化案例是运用生活经验，用具体的语言、图片和视频来表达思想和情感的一种教育

方式。小学生在学习法律知识的过程中,往往喜欢以生活实际为主,将课本上的知识与生活紧密联系,在教学中教师要能够通过生活中的实例,来体现法律条文的内涵。如在小学道德与法治高年级的《宪法是根本法》教学中,教师可以创设一些学生熟悉的生活中的案例来帮助学生理解法律,让学生能够了解法律的适用,提高学生的法治观念,进而提升教学实效并帮助学生体会法律对国民的益处。在课堂中,教师可以组织学生进行小组讨论,让学生自行探究,讨论中发现问题、得出结论,这样的小组合作可以提高学生的学习效率,也能激发学生积极参与课堂的积极性。

在教学中教师可借助生活中的案例来指导学生的探究学习。在生活案例中可以培养学生的自主探究能力和合作探究能力,学生能够通过小组内讨论、小组汇报和小组评价来表达自己的观点,从而提高学习的主动性,有利于学生形成良好的学习习惯。在教学过程中,教师应该充分地利用生活化的案例,结合学生的生活经验来开展教学活动,在课堂上,学生可以运用生活化案例来表达自己的看法,通过这些案例让学生体会和理解法律的优越性,从而提高课堂的实效。例如在学习《感受生活中的法律》这一课时,可以通过播放一些生活中常见的案例进行讲授,让学生知道什么是道德,什么是法治,学会运用法律去保护自己,用法律武器去维护自己的合法权益。在日常生活中,要经常观察学生是否遵守法律,遵守道德和法治的行为。如在上课时老师可以用生活中的一些案例进行分析,比如在讲授"什么是法律"时:同学们,你们知道在法律面前,有什么样的行为,为什么可以对法律进行维护,如果知道,那么我们就可以对这行为进行制止。课后,我们还可以利用生活中的案例来进行教学,如教师在教授《法律保护我们健康成长》这一单元时,通过生活化的案例观察可以发现,生活中存在很多不法分子。如果没有法律约束,自己就会受到不法分子侵害的影响,所以应该在课上用一些生活案例来提高法治课堂教学效率。

(三)由"生活"走向法治,在认知冲突中获得知识

小学阶段的学生,其认知发展不平衡,思维不活跃,所以,教师可以利用学生认知发展的规律,让学生对所学知识进行加工,对这些知识加以运用,从而形成自己的知识体系。

在小学阶段,学生正处于一个过渡时期,他们的思维和行为也正从以"生活"为中心转变为以情感和价值观为中心。在这种过渡阶段中,学生的主体地位和主体作用逐渐丧失,在思想政治课中融入道德与法治的内容,可以激发学生的情感和道德情感,使学生产生对道德的认同感和归属感。通过这种教育方式,学校可以进一步改善教室的软文化,让学生在教学过程中感受到道德和法治的熏陶。教师也可以在课堂上与学生进行面对面的交流,通过对话,教师可以了解学生的内心感受,引导学生正确看待道德、法治和生活之间的关系,并学会运用道德来解决生活中的矛盾和问题。在小学道德与法治教学中,学生需要通过教师的引导,通过日常的生活活动,来解决生活中的一些问题。小学道德与法治教学的实施离不开生活,

所以教师要能够将生活融入教学之中,将学生的日常生活与学习的情境结合起来,让学生学会学习。如在部编版小学道德与法治五年级下册的《公民的基本权利和义务》时,教师可以设计一个生活情境,让学生们在体验中学习形成权利与义务相统一的概念,并且将学习过程与生活相结合,学生在参与过程中,体会法律的威严。再比如老师在教学《知法守法,依法维权》的时候,可以组织学生们去学习《劳动法》《劳动纪律》等相关法律知识。学习通过网络搜索、翻阅文献资料等方法了解公民享有的权利和保护公民权利的相关部门法。最后,通过一系列的教学活动,使学生在快乐的氛围中,体验法律的重要性,提高学生的法治思维。

（四）灵活使用教材内容,实现道德与法治的完美融合

教材是教师进行思政教育的基石。小学道德与法治课是学生了解国家政治、经济、文化、社会及生态文明建设以及社会主义核心价值观的重要载体,教师应根据教学内容灵活运用教材,将道德教育融入教材中,为学生开展教学提供良好的条件。

例如:教材是学生进行道德与法治教育的基础,也是道德教育的起点,它决定着学生的道德素质和素养,是道德和法治课程的重要内容,因此,在小学道德法治教学中,教师要灵活使用教材内容。教师要善于引导学生使用教材,将教材内容与学生的日常生活紧密联系起来,让学生理解教材的内涵,激发学生学习教材的兴趣。比如在讲授《我们受特殊保护》时,教师可以选取"国家宪法""宪法与法律""刑法""反家暴法""社会主义法治"等为经典案例,以这些案例为出发点,通过讲述国家法律、宪法、法律与道德之间的关系,引导小学生树立正确的法律观念。教材中包含德育内容的相关内容,能够帮助学生进行正确的道德观念和道德行为,促进学生道德素养的提升。如在课堂中实现思政教育一体化是小学品德与法律教育的核心内容之一,要帮助学生理解法律的基本含义和价值,把握道德的基本原理,掌握法律的规范要求,从而促进学生的法治意识和法律素养的发展。《论语》中,"子曰:君子立而用之,小人立之则小,君子治之而治大,大者立大矣",从侧面体现了孔子对人伦道德、道德规范和行为准则的重视,也体现出孔子对道德以及法律观念的尊重。所以,在课堂中为了让学生在教学过程中了解法律,明白法律的重要性,更好地运用法律去约束自己的行为,需要教师灵活运用教材内容。教材作为学生学习的载体,其内容的选择与运用直接影响着学生的道德素养。因此,在教学中,教师要根据教学内容进行教学设计,引导学生在学习的过程中,通过教材的合理安排,促进学生道德素质和法律素养的提升,帮助学生实现品德与法律的融合,以期实现德育和智育的统一。

三、结束语

综上所述,在思政教育一体化背景下,运用先进的教学方式和教学方法,在课堂上进行

道德和法律教育,使学生在日常生活中养成良好的道德风尚,提高学生的道德意识,增强学生的法治意识和道德精神,有利于学生德智体美劳全面发展。

参考文献

[1] 雷小花.核心素养下小学道德与法治教学的创新策略[J].读写算,2022(25):12-14.

[2] 李鹏飞.大中小学思政课法治教育一体化研究[D].青岛:青岛大学,2022.

[3] 李静.推进中小学思政课教学中爱国主义教育一体化建设研究[D].苏州:苏州大学,2021.

[4] 何晓阳.小学法治教育一体化建设研究[D].银川:宁夏大学,2020.

图书在版编目(CIP)数据

润心养性 启智立德：浦东新区北蔡学区以"思政一体化"为导向的实践探索 / 史炯华主编 .— 上海：上海社会科学院出版社，2024
 ISBN 978-7-5520-4286-3

Ⅰ.①润… Ⅱ.①史… Ⅲ.①思想政治教育—教学研究—中学 Ⅳ.①G631

中国国家版本馆 CIP 数据核字(2023)第 253531 号

润心养性 启智立德
——浦东新区北蔡学区以"思政一体化"为导向的实践探索

主　　编：史炯华
责任编辑：路　晓
封面设计：杨晨安
出版发行：上海社会科学院出版社
　　　　　上海顺昌路 622 号　邮编 200025
　　　　　电话总机 021-63315947　销售热线 021-53063735
　　　　　http://www.sassp.cn　E-mail:sassp@sassp.cn
照　　排：南京理工出版信息技术有限公司
印　　刷：浙江天地海印刷有限公司
开　　本：787 毫米×1092 毫米　1/16
印　　张：13.25
字　　数：277 千
版　　次：2024 年 1 月第 1 版　2024 年 1 月第 1 次印刷

ISBN 978-7-5520-4286-3/G·1289　　　　　　　　　　　定价:68.00 元

版权所有　翻印必究